2014年度河南省哲学社会科学规划项目：中国
生态建设模型研究（项目批准号 2014BZX018）；
省高等学校重点科研项目（项目编号 15A880034）

# 传统文化研究

CHUANTONG WENHUA YANJIU

舒坤尧◎著

中国水利水电出版社
www.waterpub.com.cn

## 内 容 提 要

本书运用历史学、教育学、哲学、社会学、建筑学、文学等多学科知识，并运用综合交叉研究的方法，全面系统地对中国传统文化和社区生态文化建设相关内容进行了分析、梳理以及整合，对传统文化在我国社会发展中的地位和作用进行了厘清。

本书可既可供文学、哲学、心理学、社会学、管理学、经济学等学科科研工作者参考，也可供政府有关部门、科普工作者等读者阅读，同时，还可作为高等院校艺术、文史、建筑、管理等专业的人文素质教育教材，尤其适合哲学社会科学方面的研究生研读。

## 图书在版编目(CIP)数据

传统文化研究/舒坤尧著.--北京:中国水利水电出版社,2015.9（2022.9重印）
ISBN 978-7-5170-3710-1

Ⅰ.①传… Ⅱ.①舒… Ⅲ.①中华文化－研究 Ⅳ.①K203

中国版本图书馆 CIP 数据核字(2015)第 239247 号

策划编辑:杨庆川 责任编辑:陈 洁 封面设计:崔 蕾

| 书　　名 | 传统文化研究 |
| --- | --- |
| 作　　者 | 舒坤尧 著 |
| 出版发行 | 中国水利水电出版社<br>（北京市海淀区玉渊潭南路 1 号 D 座 100038）<br>网址:www.waterpub.com.cn<br>E-mail:mchannel@263.net(万水)<br>　　　sales@mwr.gov.cn<br>电话:(010)68545888(营销中心)、82562819（万水） |
| 经　　售 | 北京科水图书销售有限公司<br>电话:(010)63202643、68545874<br>全国各地新华书店和相关出版物销售网点 |
| 排　　版 | 北京鑫海胜蓝数码科技有限公司 |
| 印　　刷 | 天津光之彩印刷有限公司 |
| 规　　格 | 170mm×240mm　16 开本　17.5 印张　227 千字 |
| 版　　次 | 2016年1月第1版　2022年9月第2次印刷 |
| 印　　数 | 2001—3001册 |
| 定　　价 | 54.00 元 |

# 前　言

　　民族振兴伴随着文化的繁荣,国家富强要有强大的文化来支撑,文化是决定国家未来的重要力量,是一个民族的精神和灵魂,是国家发展和民族振兴的强大力量。正是基于对当代中国文化所处的时代背景和历史方位的判断,基于对文化在世界发展趋势中的作用的判断,充分认识和准确把握文化新的地位和作用,通过加快文化发展来积蓄和壮大文化的力量。在历史文化发展的过程中,具有 6 000 多年文明史的城市历史相比 300 万年的人类社会历史是短暂的,人类在没有城市的自然状态下生活了 99% 以上的时间。

　　但不可否认的是,人类自从踏足城市文明以来,整个社会就进入了加速发展阶段,尤其在进入工业化时代后,城市的物质环境得到了重大改善。然而在这一过程中,人类付出的代价是地域文化的多样性和特色逐渐衰微、消失……城市文化出现趋同现象和特色危机。针对这一情况,人们开始意识到城市建设的重心需要从以物质生产和单纯经济增长为中心的城市发展模式转向以人为中心和保持生态环境与人文环境协调、平衡的发展模式。与此同时,越来越多的国家意识到城市的标准化使城市特色逐渐衰退,人们已经开始对这种快速发展所造就的"成果"提出质疑。

　　文化的发展,除了满足人民群众的精神文化需求之外,还发挥着引导社会、教育人民、推动发展的功能。当今世界,文化对提高民族素质、促进社会进步、推动经济发展的作用越来越重要,文化正在深刻影响着人民群众的生存方式和生活方式,深刻影响着经济社会发展的走向。人类的发展历史反复证明,一个国家和民族最具有生命力和创造力的标志,不在于一时拥有多少财富,而在于是否拥有持久强大的精神力量和优异的文明素质,能否占领人类道德的制高点。文化的发展，带来民族素质的提高、社会的进步和经济的持续发展。

民族区别于其他民族的根本标识是文化，要增强民族认同感、归属感和凝聚力，就必须培育和形成共有的精神家园。维系一个民族的生存与繁衍，最重要的因素不是经济发展水平的高低和财富占有的多少，而是要有共同的价值观、道德准则和普遍遵循的行为规范。这样它才有强大的向心力，也才能立于世界民族之林。文化的复兴，必然伴随着一个民族的崛起。文化教育建设有利于人的全面和谐发展，提高人的素质，营造良好的社会环境。文化建设对于经济发展和政治进步有很大的影响力，能够促进社会的整体性发展。

**作者**

2015 年 6 月

# 目　　录

# 第一章　生态文化建设的意义和现状分析

随着我国社会主义经济建设的高速发展,各大城市经济建设也在快速地发展,全国区域性中心城市按照新的城市功能区标准,着眼于建设千万人口的现代化大都市的目标进行规划和建设,在建设的过程中要重视生态文化软实力的建设,以社区生态文化为代表的城市文明需要与之和谐发展。社区生态文化是城市基层社会的文化现象,它表现为社区居民的信仰、价值观、伦理道德、思维方式、组织制度、历史传统与生活方式等内容。经济可持续、社会可持续和生态文化的可持续归根结底在于人,在于人的认识能力和实践方式,在于人的修养和素质高低。加强社区生态文化教育,帮助人们全面地、科学地认识和处理人和自然的关系,使人们在改造自然的活动中受到理性和道德的约束,自觉地处理好人和自然的关系,走可持续发展道路,这是生态文化建设的重要组成部分。新型社区建设不仅仅是简单的形式上的人口集聚,或者"大鱼吃小鱼,小鱼吃虾米"的重组,而是在推进过程中,应有效保护居民利益,要充分考虑政府和居民的承受能力,并为今后居住形态的演化留下余地,同时要不遗余力地保护具有地域特色的元素,包括文化、生态、空间以及特色的生活方式。只有这样,才有可能在快速建设的进程中做到真正的因地制宜、富有特色的社区建设,才能有效避免出现大规模形式雷同和缺少内涵的社区出现。从区域和个体的角度,对其进行研究,整体探求生态文化建设的研究,丰富和发展城市。由于我国经济建设步伐的加快,城市管理重心逐步下移,市场经济体制改革的不断深入,越来越多的单位人转变为社会人。人们在社区学习、工作、栖息、休闲、娱乐,把大部分时间花在了社区,这给社区生态文化建设提出了新的要求,需要社区生态文化增添新的内涵和功能,不断满足广大社区居民的精神需求。

生态文化建设的现实是生态环境较脆弱。随着经济的快速增长和城镇化、市场化、国际化进程的加快,郑州市面临资源日益匮乏、生态环境较脆弱的形势,这必然会成为社会发展的障碍。生态文明是人类对传统工业文明进行理性反思的产物,重视生态文明建设,建设生态文明,可以通过提高人口素质;加强宣传,增强公众生态意识;建立具体的制度保障;依靠科技的力量推动;并以法律、法规来进行约束等措施来实现。十八大报告中提出建设生态文明,这就要求我们必须加强生态文明建设,倡导文明的生产方式、生活方式、消费方式,牢固树立生态文明观念,促进人与自然和谐相处。社区实现科学和谐发展需要重视生态文明建设,由于生态文明是人类对传统工业文明进行理性反思的产物,在工业文明时代,人类取得了前所未有的辉煌成就,但也遇到了前所未有的社会危机和生态危机。工业文明的社会危机主要表现为巨大的贫富差距、人口剧增、传统道德的失范及信念危机等。工业文明的生态危机主要表现为环境污染、资源短缺和生态失衡等。要解决这些危机,我们需要寻找一条新的发展道路以实现由工业文明向生态文明的转型。建设社区生态文明,使社区内部树立人与自然和谐共处、平等相待的观念;树立生态伦理观念和环境权利上的公平和谐观念;增强可持续发展能力,从而进一步实现郑州社区生态文化建设的科学发展与和谐发展。

生态文化建设的现实是公众的生态意识亟待提高。这主要表现在以下几方面。

第一,公众生态意识需要不断提高。生态文明建设不仅仅包括生态伦理素养与生态环境知识教育的生态精神文明建设,还包括发展生态经济的生态物质文明建设,建构生态政治制度的生态政治文明建设等。从公众生态意识方面来分析一下郑州生态文明建设中公众"生态意识"亟待提高。传统的生产方式、消费方式和观念的改变任重道远。据调查,很多人患有"节约冷漠症"。比如我们对办公室的空调、灯、电脑经常开着不关无动于衷;对家里的电视机、VCD、空调等家用电器待机状态熟视无睹。从消费观来说,大家刚刚富裕起来,消费欲望很强烈,自己消费自己享受的传统观念根深蒂固,往往会导致物质消费泛滥。而个人消费需要对环境负责任,这样的观念还没有建立起来。我市的环保教育还处于初级阶段,公众普遍的环境素养与法律意识还不强,人们的环境道德观念、生态哲学、生态美学和生态伦理的教育亟待加强。

第二,公众在生态建设与环境保护方面参与度不强。调查显示,公众比较关心我们的生态建设与环境保护,但是参与度不强。一方面由于公众参与主要在社区主导下,往往很难独立地表达自己的观点和意志,从而无法有效实现;另一方面有些社区的群众对如何参与了解较少。

# 第二章  传统文化与自然经济、社会政治结构的关系

从生物的人到社会的人靠文化教化,人类从野蛮到文明靠文化进步。文化能确立人们的个性气质情操、崇高与渺小、各种各样的人生观和价值观。当今世界关于文化的定义据统计已经有两百多种。文化是一个内涵丰富、外延宽广的多维概念。文化作为人类社会的现实存在具有与人类自身同样长久的历史,一部人类史就是人的文化史,人类生活的方方面面都与文化有着千丝万缕的联系,如民族文化、企业文化、饮食文化、酒文化、陶瓷文化、服饰文化等等。本章主要论述的是传统文化与自然经济、社会政治结构的关系。

## 第一节  文化和影响传统文化发展的因素

### 一、文化

#### (一)文化的内涵

先从文化进行分析,首先古人认为文的本义是指各色交错的纹理,我们的祖先重视观察自然与人类自身,从自然界与人类自身领悟道理,概括为八卦来通天地万物之神妙,来分类归纳万事万物的情状。现代科学研究,中国的八卦应该看作是逻辑数理的祖先,计算机使用的二进制计算方法就是借鉴了八卦的进位方法。这里主要是用文来表示动物身上的纹理。后来,在此基础上,文字又有许多引申意义。其一,引申为文字、文章,在此基础上又引申为诗词曲赋;其二,引申为古代的礼乐制度,在此基础上又引申为法令条文;其三,引申为精神修养,在此基础上又引申为

文彩；其四，在礼乐制度和修养的基础上还引申为美、善、德行之义。总之，文在古人心目中，起初指纹理，后来又引申出近十几种引申义，其中，文字、文章、修养、德行与现在人们理解的文化一词的意义最为接近。化的本意有三个方面：一是变化，二是生成，三是造化。主要指事物动态变化的过程。以上三个本义最基本的是指改变、变化，即事物形态或性质的改变。在此基础上，后来又引申为风俗、风气教化等等。化字的引申义与现代人理解的文化一词最相近的是教化，也即伦理德行的化成，如潜移默化。文与化并联使用，但不是一个整词。古人认为日月往来，阴阳并陈，刚柔交错成文，这就叫作天文。文化教育旨在使人行当所行，止当所止，叫做人文。治国者观察天文，用以认识自然界的变化规律；观察人文，用以教化，造就天下的人。这里所说的天文既指自然变化规律，也指人对自然变化规律的认识。这里所说的人文既指社会变化规律，也指人对人伦社会规律的认识。天文、人文大致相当于我们今天所说的自然科学和社会科学。西汉以后，文与化经常一块连用，后来渐渐凝固为一个词。但并未出现现代意义上人们常用的文化一词。按照古人的理解，文化就是以文教化。近代五四前后，在译介西方有关语汇时，借用中国固有的"文明""文化"等词赋予新义，就产生了我们今天通常所理解的文化一词。文化作为一个内涵丰富、众多学科探究的对象，实际上发源于近代欧洲。西方语言的文化一词与汉语的文化有相近的一面，又有相异之处。《牛津词典》把1510年作为文化的精神、人文用法在英语首次出现的时间。但此时的文化主要指栽培、种植的意义以及由此引申出的性情陶冶、品德教化。自中世纪起，文化与今日的文化概念相当，英语中的文化"culture"的本义指精神文化，即人文——宗教文化，中国文化一开始就有精神和人文的指向，因此，各国对文化的理解稍有差异，但也有共同之处。英国人类学家泰勒认为文化是作为一个精神文化的综合整体的基本含义。这对后世产生了重要影响。美国学者克罗伯和克拉克洪认为文化既是人类行为的产物，又是决定人类行为的某种要素。我国冯天瑜先生认为文化便是人与自然、主体和客体在实践中的对立统一物。这里所说的主体是指人,客体是指自然,人是指整个人类。人是自然界的产物,是自然界长期演化的结果,是自然界的一部分。这里所说的自然不仅指人类赖以生存并与之相对立的自然,也包括人类本身的各种自然属性与生理属性,比如人脑具有自然属性与生理属性。人类运用发达的头脑,在认识、改造自然过程中逐渐掌握了自然的规律,创造了文化,也改善了人类本身。比如说,一块黏土不具备文化意蕴,但经过人类烧制,并且绘上图案,成了彩陶,注入了人类的审美观念和劳动技能就成为彩陶文化。又如一个山洞,人类钻进去只是为了遮风避雨,繁衍后代,似乎这个山洞算不上有什么文化味。但一座建筑物经过设计师的精心设计和建筑人员的精心施工,把自己的审美情趣和意境追求通过石头、木头和沙子体现出来了,那么这座建筑物就可称作体现文化价值的建筑艺术。由这两个例子我们可以引出:文化的实质性是人化或人类化,人类改造自然界而逐步实现自身价值观念的过程。简言之,自然的人化,也即人化自然是文化的本质。我们研究的是精神文化,即文、史、哲为骨干的传统文化,这是我们中国古代与现代人精神生产最美丽的花朵和智慧外化的结晶。

与自然相对的广义的文化指人类所创造的文明成果,涵盖面非常广泛,为大文化。大文化的结构与构成最简单的是划分成两层,即物质文化与精神文化。物质文化就是实体文化,是指人类用各种材料对自然加工造成的器物的、技术的、非人格化的、客观的东西,如城池、宫殿、祠庙、长城、桥梁、器皿、工具、服饰、饮食等。精神文化又称虚体文化,是指人类对自然进行加工或塑造自我过程中形成的用语言或符号表现出来的精神的、人格的、主观的东西,如文字、语言、宗教、哲学、音乐、绘画、书法、风俗、制度等。实体文化与虚体文化组成文化统一体。比如,建造宫殿,是先设计后建造的。设计建筑物时,表现为精神文化;当建成这一建筑时,表现为物质文化,同时这个建筑物体现了这个设计师的建筑思想。建筑是工程,又是艺术。所以说,建筑是物质文化与精神文化的统一体。影视先是实体，后是虚体，最终成为欺骗眼睛的艺术。根据学者的研究，文化体系的构成有三层说、四层说、五层说、六层说等。其中，四层说是从文化形态学的角度来分层的，主要包括物态文化层、制度文化层、行为文化层、心态文化层。

第一，物态文化层约相当于物质文化，表现为物体形态，故称物态文化，它是人的物质生产活动及其产品的总和，属实体文化。如服饰文化、饮食文化、建筑艺术文化均属物态文化层，大运会上有传统服饰表演，展示的是中国传统物态文化。物态文化以满足人类最基本的衣食住行等方面的生存需要为目标，直接反映人与自然的关系，反映社会生产力的发展水平。

第二，制度文化层指各种社会规范，它规定人们必须遵循的制度，反映出一系列的处理人与人相互关系的准则。如家族制度、婚姻制度、官吏制度、经济制度、政治法律制度、伦理道德。科举制度也属制度文化层。中国古代的三纲五常、三从四德、兄弟共妻、一夫多妻均属于制度文化层。新颁布的《婚姻法》《户籍改革规定》也属制度文化层。

第三，行为文化层多指人际关系中约定俗成的礼仪、民俗、风俗，即行为模式。这是一类以民俗民风形态出现，见之于日常起居动作之中，具有鲜明民族、地域特色的行为模式，如宋代至清代的聘礼，男方给女方送茶，用茶不能移植来寓意一女不嫁二夫。行为文化有三个特征：一是集体约定俗成，并反复履行，如春节、五月初五端午节、八月十五中秋节，西方的复活节、圣诞节、情人节等；二是形式类型化、模式化，如春节要贴对联、放鞭炮、包饺子，端五节包粽子，八月十五吃月饼；三是时间上上一代传下一代。好的风俗会随着时间的推移逐步扩展开来，如西方的情人节、圣诞节已经被中国年轻一代广泛接受。当然，有些传统风俗是可以改变的，移风易俗是文明进步的表现，如开始于宋朝的妇女缠足的习惯，到了近代被彻底改变了。

第四，心态文化层指价值观念、审美情趣、思维方式、心理活动等。这是文化的核心。心态文化大致相当于通常所说的社会意识,可以再细分为社会心理和社会意识形态。社会心理是暂时的,有流动性和变化性,如要求、愿望、情绪、风尚。如唐代以肥为美,魏晋时期以清瘦为美。社会意识形态则是多指经过社会科学家系统加工过的社会意识,并且经过物化形态,如书籍、绘画、书法、雕塑等固定下来,传播天下。比如冯梦龙的"三言"反映了宋元明三代小市民的心态。

需要指出的是,四层说也有交叉的情况,如建筑,既可归入物态层,可以居住,又可归入心态层,因为建筑有可供观赏的艺术的一面。

另外,有狭义的文化之说,指人类所创造的一切观念意识形态成果,是人类精神文明的一个组成部分,专注于精神创造活动及其成果,为小文化。关于狭义文化的涵盖面和界说,最早的权威是1871年英国人类学家泰勒的观点,他认为文化包括知识、信仰、艺术、道德、法律、习俗和任何作为一名社会成员而获得的能力和习惯在内的复杂整体。他强调的是精神文化。在汉语体系中以文教化属于小文化,在一般平民心目中,文化泛指一般的知识尤其是语言文字知识,某人有文化是指有一定的知识。实际上这种界定也属小文化的范畴。我们以小文化为主要研究,也就是说主要讨论涉及精神领域的文化现象,主要论述文化结构四层次中的心态文化层,包括历史、文学、哲学、教育、戏剧、音乐、美术、书法、考古、科技、宗教。我们在研究精神文化现象时,不能忽略物质文化的基础和决定作用。在研究有关心态文化的问题时,不能忽略物质文化、制度文化、行为文化对于心态文化的影响、制约。比如,研究饮食文化,我们不能仅仅从心态角度分析食物如何美观,有观赏品位,我们的饮食文化是建立在满足食欲的基础之上的。总之,不能把小文化与大文化割裂开来,不能把精神文明与物质文明割裂开来。

(二)文化具有民族性、地域性或者国度性

每个民族都有自己的文化,比如汉民族、藏民族都有本民族的文化,电影《红河谷》之所以获得成功,在很大程度上是因为它显示了藏民族的文化特征。与民族性紧密相联系的是文化的地域性,或者称国度性,比如,意大利的礼仪与中国不同:送客不出门,老人不用扶,吃饭随便坐,各顾各。不同地域的人群形成具有区域性的特有的文化。不同国度的人又形成不同国度的文化。比如中国文化、日本文化、泰国文化等,不同的国家都有显示本国特色的文化。西安、北京是古城,上海是中国最发达的经济区。民族性、地域性很强的文化很容易成为世界文化。中国文化是中华民族根据自己的美学或哲学观点与思维模式,在认识与改造自然、社会与民族自身过程中所创造与积累的全部文明成果,具有自身的民族与国度特色。在这个概念中,有如下几个要点。

其一,中国的内涵经历了一个逐次扩展的过程,上古时期的华夏族即汉族自称,主要活动于黄河流域,自认为居天下之中央,故称中国,中心之国之意。秦汉之后,中国由分散状态逐渐朝着集中统一的状态迈进。元代中国疆域最辽阔,元代的中国版图曾一度扩展到中亚地区和南俄。清代疆域包括今蒙古国全境和俄罗斯的部分领土。新中国成立后中国的疆域最终确定,我们在论述中国文化时,在地域范围上,以现有的雄鸡形为界。

其二,中华民族是中国文化的创始主体。中华民族是现今中国境内由华夏族(汉族)及 55 个少数民族的总称,"中"意思是居四方之中。"华"本义为光辉、文采、精粹,用于族名,蕴含文化发达之意。在漫长的历史年代里,中国各民族都参与了建设中国文化的共同活动,都为中华民族的统一做出了自己的贡献,如蒙古族建立了元代,满族建立了清帝国,其饮食、服装对汉族有很大影响。

其三,中国文化具有自身的民族与国度的特色,主要包括以下内容:一是独具特色的语言文字,方块字,表义、表形、表声;能把写字作为艺术、书法。二是浩如烟海的文化典籍,经学、史学、类书和丛书等。三是惠及世界的科技工艺,西汉透光铜镜、四大发明等带动了世界文明的发展。四是精彩纷呈的文学艺术,诗经、诸子散文、唐诗、宋词、元曲、明清小说。五是充满智慧的哲学宗教，先秦百家争鸣时期的哲学，孔子、孟子、老子、庄子的哲学著作，起始于中国的道教，中国化的佛教。六是完备深刻的道德伦理，三纲五常、三从四德等维持了当时的人伦关系。这些既是中国民族与国度的特色又共同构成了中国文化的内容。

中国文化历史悠久，源远流长。旧石器时代、新石器时代的文化暂且不提，从彩陶文化算起到现在，至少已有 6 000 多年的历史，形成世界上最丰富的文化积累。中国传统文化通常指 6 000 年前至鸦片战争(1840)时期的中国文化。在漫长的历史发展过程中，各个历史时期都留下了宝贵的文化遗产。殷墟 3 000 年前的妇好墓、陕西临潼的秦始皇兵马俑、湖南长沙马王堆汉墓的挖掘向全世界证实了中国古代文化曾经达到的高度，每一个中国人无不为之自豪。中国传统文化是我们的宝贵财富，了解中国传统文化具有重要的意义。

第一，了解中国传统文化的独特魅力和深刻内涵有助于更加准确地认识我们民族自身。作为一个现代人，受过高等教育的人，都应当具有一定的文化素养，对祖国文化的过去和今天有一定的了解。更不用说从事某些专业的人，如旅游、财税、金融、贸经、企管等，都应当把中国文化概论作为必修课程。因为各学科互相渗透、相互交叉，而文化知识的各个部分，也都是不同程度、不同范围地互相交叉、互相依存、互相影响、相辅相成的。很难设想，一个缺乏基本中国文化常识的人，他能在中国这片土地上有什么发展。假如中国土地上用的都是英文，吃的都是麦当劳，过的都是洋节，那么中国文化还存在吗？

第二，了解中国传统文化有助于继承优秀传统，创造美好未来。因为中国文化包含着德育、智育、美育的要素。中国传统文化是我们的先人留给我们的一份宝贵遗产，继承传统是我们每个人应当担负的责任，在此基础上创造新文化是我们的目的。中国文化有着辉煌的历史。在社会主义现代化建设的伟大实践中我们一定会创造出更加绚丽多彩的、有中国特色社会主义的文化，对人类文明做出应有的贡献。

第三,有助于全面提高人文素质,避免高等教育陷入了"智育第一"的误区,忽视学生人文素质的培养。

人文教育以人类文明的一切成果教育年轻一代,使受教育者心灵得到净化,情感得以陶冶,品格得以完善,心智得以充实,培养健全的人格,使身心得到和谐发展。人文教育是铸造人文精神的教育,也可以说是一种人性教育,它以人的心性完善为最高目标。教育不能忽视人文教育和文化教育。人可以说是文化的动物,文化是人类世界区别于动物世界的最基本特征。人的世界就是文化的世界。人类创造了文化,创造了一个文化世界,又把人从自然界的生物群落中分化出来,改变了人作为动物的属性,变成了文化的人。教育是培养人的社会活动,教育的本质是文化的传递。教育的核心问题是要培养人的文化素质,也就是人的完善的人格。中国古代教育就是人文教育。商朝时教育内容以"礼、乐、射、御"四艺为主,周代以"礼、乐、射、御、书、数"六艺为主,通过学习这些科目,其目的不仅是传授一些知识和技术,还在于使学生明君臣之义、长幼之序,并且以之陶冶思想情操。孔子的教育思想在中国统治了两千多年,他提倡的"文、行、忠、信"四教和《诗》《书》《礼》《乐》《易》《春秋》六经,突出体现了人文教育的特点。在漫长的中国古代封建社会,基本上一致独尊儒术,以培养儒士为目标,"四书""五经"被尊为经典,仍延续着人文教育传统。

在西方,从古希腊和古罗马开始,直到19世纪中叶,一直突出人文教育思想,他们教体操,重视发展健美的体格和柔美的动作;他们教演说技巧和雄辩术,也教哲学和政治学,同时非常重视文学和艺术教育,学生必须学习音乐、唱歌和朗诵诗歌。柏拉图、亚里士多德都很重视艺术教育和道德教育。他们反对教育中的狭隘的实用主义,学生必须学习绘画和音乐等艺术知识,才能发展品格,使人生完美。在西方,人文教育方面最有成就的是文艺复兴时期的意大利。人文主义的倡导者歌颂世俗,蔑视天堂,宣扬以人为中心,肯定人的尊严,要求发展人的个性,包括反对禁欲主义,提倡个性解放。在教育方面他们提出以发展人格、个性为主要目的,培养身心健康、知识广博、多才多艺的新人。意大利最著名的人文主义教育家是维多里诺,他要求教师以爱的情感去教育学生。他自己也因而被称为"仁爱之父"。德国最重要的人文主义教育家拉伯雷,提出了德、智、体、美、劳教育全面发展的思想,强调整个教育过程都应当富有美感。到了19世纪中叶,英国教育发生了大变化,为了适应工业革命需要,开始重视科学技术教育,以培养实用人才为目的,削弱了人文教育。也是在19世纪中叶,美国的高等教育也开始由古典、文科为主转向实用技术训练和专业教育,并创办了专门的工学院和理工学院。英美高等教育的这种变化,对世界教育产生了广泛而重大的影响。削弱和取消人文教育,片面强调科学技术等专业教育是危险的,这主要表现在以下几方面。

第一,受教育者综合素质下降。片面强调专业教育,忽视人文修养的教育,会加剧人的心理失衡。有些现代青年由于人文素质差,常处于矛盾和困惑之中。他们有自我奋斗的愿望,但缺乏人生理想;渴望成才,但自身素质不足;崇尚自我实现,但无基本的社会责任感;追求美,爱美,但又常常美丑不分。有些大学生只懂技术,没有文化品位,因而常常精神压抑,思想苦闷,情绪消沉,甚至理性丧失,灵魂堕落,做出不道德的事情。

第二,导致人与自然的冲突,科学主义泛滥。人与自然的关系,不是消极的适应关系。如果人们只知道向自然索取,毫无节制地去利用自然、改造自然、征服自然,会加剧人与自然的冲突,也会遭到自然的报复。例如,在现代社会普遍存在的生态平衡问题、环境污染问题、能源危机问题等等,反映出人与自然关系的失调越来越严重。中国的先哲强调天人合一,借鉴古人的观念就能改变这种状况。另外,科学技术必须与人文精神相辅相成,缺乏人文内涵的科学主义是不可取的。如人们在原子能、生物工程、外层空间探测和信息技术等领域取得了辉煌的成就,但新技术的发展破坏了人际关系。比如有高效率的机器和电脑,人们就业更加艰难了;有了电话等通信设备,人们面对面的接触少了。不管我们是从事什么专业的,我们的目的都是一致的,要使科学、文化、经济、社会协调发展,使人类社会和自然界和谐一致,不断推动社会文明进步。加强人文教育、文化素质教育,可以使我们在更广阔的领域理解人生的意义和目的,提升我们的人生境界、道德精神、审美意识,全面提高综合素质,促进身心的和谐发展。

**二、影响传统文化发展的因素**

每一种文化都有它产生和发展的特定的历史环境和地理环境,即历史上的地理环境。地理环境包括自然地理环境和人文地理环境。自然地理环境对人类的进化和人类文化的发展产生过至关重要的影响。人文地理环境对人类文化的发展同样也产生过深刻的影响。中华文明是世界上为数不多的具有独立起源的文明之一,是四大文明古国中唯一没有中断的文明。中国历史地理环境对中国传统文化的形成、发展和影响是多方面的,主要有以下几点。

(一)在自然地理环境方面,地形、地貌及气候对中国传统文化的影响

首先是气候。中国气候类型多种多样,从南到北,既有热带,又有寒温带,国土的大部分处于温带地区。季风气候明显,冬季多刮北风,夏季多刮南风,降雨量多集中在 7、8、9 三个月,大陆气候强。冬季寒冷,夏季炎热,气温年差较大。以上三点是中国气候的总体特征。总的来看,有史以来没有实质性变化。但在漫长的历史时期,中国的气候状况还是有一定的变化的,最明显地体现在温度与湿度两个方面。比如温度的变化:从距今约五千年的新石器时代到 17 世纪(清代),我国气候的总趋势是由温暖转向凉爽;但是到了 20 世纪后半叶,全球温度上升,受厄尔尼诺现象影响,中国的气温也迅速上升,如今,青藏高原上千年的冰山开始融化。再比如湿度的变化:距今五六千前的新石器时代至两千五

百年前较湿润,洪水频繁,这从古代史书记载可以看到,古代受人尊敬的英雄,都是治水有功的人;到了近五百年,我国的旱灾多于水灾,北方尤其明显,而南方的水灾更加频繁,这实际上与气温变暖、冰山融化有关。另外,人口急剧增长,北方民族不断南侵,各民族文化相互融合都与气候的变化有关系,甚至连治世和乱世也与气候的变迁有关,汉代的文景之治,唐代的贞观之治、开元盛世,清代的康熙、雍正、乾隆三朝盛世等等都与当时的气候宜人、风调雨顺有关。中国气候对中国文化有影响。中国特定的气候对中国文化的影响突出表现在以下几点。

一是节气文化与气候。我国古代以农立国,节气文化是为适应农业需要而很早就发展起来的。春争日,夏争时,农民们世世代代就像打仗一样按二十四节气种地,否则人误地一时,地误人一年,连收成都成了问题。二十四节气不仅指导了我国古代农业,而且深深融入我国民族风俗习惯和文化之中,有的节气还成了民间重要节日。最喜欢过节的是仡佬族。仡佬族几乎每月都有节日。三月初三婆王节,各村寨都要祭祀;四月初八牛节,这天要让辛劳一年的牛休息;五月初五端午节,大家田间驱虫,以保丰收;八月十五是后生节,青年男女走坡社交搞对象。最热闹的是依饭节,依饭节在每年立冬以后的吉日,人们从清晨开始便鼓声咚咚,歌声不断,人们抬着猪羊到祠庙中祭祖,祈求人畜平安;白天耍狮舞龙,晚上燃起火把看戏。可见,仡佬族的节日与节气有着密切的关系。

二是中国古代诗词文化与气候。我国是世界上四季最鲜明的国家,鲜明的四季影响到诗人的日常生活、创作环境和灵感。于是,古诗中有大量的咏怀四季的诗句,如"清明时节雨纷纷,路上行人欲断魂""好雨知时节,当春乃发生""二月春风似剪刀"等这些咏春的佳句。在四季中诗人们对气候体会最深的要数夏季的炎热。杜甫遇到酷热天气就会:束带发狂欲大叫,恨不得"安得赤脚踏层冰"。王维在《苦热》一诗中,热得想到大气层之外去凉快凉快。总之,正是四季分明的气候使诗人创作出咏怀四季的美妙诗句。

　　其次是地形和地貌。中国是一个多山的国家,山的风格主要体现在以下几点:一是雄伟,如泰山、喜马拉雅山;二是险峻,如华山;三是幽深,如四川青城山;四是奇特,如黄山,峰奇、石奇、松奇、云奇;五是秀丽,如四川峨眉山。中国历代的山水画,从一个侧面体现了中国文化的一个特征就是天人合一,以及对大自然的崇拜。中国文化里较少人对大自然的征服,而是更多地讲究人与自然的和谐相处。这和西方文化有着显著的不同。中国的地势西高东低,高低相差很大,自西向东构成"三大阶梯"。青藏高原海拔在4 000米以上,有"世界屋脊"之称,为最高的一级阶梯。青藏高原以东到大兴安岭、太行山、巫山、雪峰山之间为第二阶梯,海拔多在1 000～2 000米,主要由山地、高原和盆地组成,东部宽广的平原和丘陵是最低的第三阶梯。沿海地区多处于第三阶梯。以上三个阶梯的地形、地貌是在漫长的地壳运动中逐渐变化的,这些变化属于"人化自然"的过程,对中国的历史和文化产生了重大的影响。比如有些湖泊消亡了,有些河海岸变成了陆地;沙漠面积扩大。我们仅从水系和古代水利工程建设上,就能发现"人化自然"的过程,发现地形地貌的变化,在原始社会末期,我国就出现了最初的水利事业,传说大禹治水,三过家门而不入,终于导水入海,治服了洪灾。公元前3世纪中叶,秦国李冰父子主持修建了著名的都江堰。至今都江堰仍灌溉着成都平原上的800万亩土地,秦统一后,派史禄主持开凿了灵渠(今广西兴安县境内),沟通了湘水、漓水,第一次将长江和珠江两大水系连接起来。秦汉以后,中原地区与岭南交通多取道于此,近代成为以灌溉为主的河渠、白渠、漕渠等。公元605—610年,隋朝开通了北起涿郡(北京)、南至余杭(杭州),沟通海河、黄河、淮河、长江、钱塘江五大水系的京杭大运河。这些古代水利工程的兴建,给原来的地形地貌带来了变化,水利工程的设计和创造为人类改造自然提供了宝贵的经验。而水利工程本身也是人化自然的实体文化。总的说来,中国特有的地形地貌对中国文化的影响主要表现在游览、文学和绘画等方面。孔子认为智者乐水,仁者乐山。特别是魏晋以后,文人墨客盛行游山玩水,在文学界形成了山水诗派,在绘画界有山水画派。许多描写山水风光的散文、诗歌和绘画,成为流传千古的名作。也就是说,中国多山多水的地形地貌,既哺育了古代文人,也造就了极富特色的中国山水文化。

(二)在人文地理环境方面,疆域、政区、民族和人口对中国传统文化的影响

人文地理环境指社会人为创造和划分的地理环境,包括疆域、政区、民族、人口、城市、交通、农业、牧业等诸多方面,其中,对文化影响较大的是疆域、政区、民族、人口。

1. 疆域

(1)夏朝:夏代约始于公元前 21 世纪。中国古代的华夏族在黄河流域繁衍发展,当时的华夏族同蛮、夷、狄等不同族类经过长期的交往和融合,形成了共同的族体华夏族。华夏族分为几个不同的部落,这些不同的部落集团先是生息在黄河及其支流一带,后来发展到淮河、泗水、长江、汉水等广大地区,建立了持续 600 多年的夏朝。夏朝的疆域,以黄河、长江为主,以今河南西部为中心,西起山西南部,东至今河南、河北、山东三省交界处,南接湖北,北到河北。

(2)商朝:中国有文字记载的朝代始于商朝。其疆域与夏朝相似。商朝的文化非常发达,达到了前所未有的水平。商代对中国文化最大的贡献是使用文字。最大的成就就是甲骨文,仅从河南安阳小屯村发现的十多万块甲骨上,已发现的单字就有 5 000 个。

(3)周朝:商周分界为公元前 1046 年。商朝灭亡后,继之而起的是延续了 800 多年的周朝。周文王姬昌用姜子牙治理国政,国运昌盛。周朝分为西周和东周两个时期,西周建都镐京,东周建都洛邑。其统治范围包括今黄河、长江流域和东北、华东大部。周朝在中国文化上最大贡献是礼乐制度。

(4)春秋战国:从东周开国到秦始皇统一中国这 500 多年,习

惯上称春秋战国。在此期间,各诸侯国之间战火不断,出现了诸侯争霸的局面,此时的疆域基本上和周朝接近。春秋战国时期的文化空前繁荣,出现了中国历史上第一次文化大交锋"百家争鸣"的现象。

(5)秦朝:秦朝是中国历史上第一个统一的封建王朝,它是在公元前 221 年由秦王嬴政建立起来的。秦王朝立国仅 15 年,它的疆域东到大海,西到今甘肃、四川,南至今云南、广西,北到长城一带。秦朝在文化方面取得的成就是多方面的。"兵马俑"和"长城"成为历史的见证。

(6)汉朝:秦朝灭亡后,公元前 206 年,西汉王朝建都长安,先后统治达 214 年,其疆域东南至海,西北到巴尔喀什湖、葱岭。西南至云南、广西、越南的中部,北至大漠,东北达到了朝鲜半岛北部。自西汉中期至唐朝末年的千余年间,越南南北部都是中原王朝的一部分。

(7)唐朝:唐帝国是一个空前强盛的封建帝国,唐朝全盛时,疆域东到大海,南到南海诸岛,西到巴尔喀什湖,东北抵达黑龙江以北外兴安岭一带。北界包括今俄罗斯的一部分,南界包括越南北部,西界包括乌兹别克斯坦的咸湖。唐以后至宋代中国的疆域有所缩减。唐的文化十分繁荣,主要成就是艺术。

(8)元朝:元帝国是中国北方的蒙古族建立的政权。元世祖忽必烈灭掉南宋后,疆域空前辽阔,北达西伯利亚,南到南海,西南至西藏、云南,西北至今新疆境内,东北达鄂霍次克海。元代的科技和文学比较发达。元杂剧是文学史上首次出现的文学样式。

(9)清朝:清代乾隆年间,中国统一的多民族国家得到了巩固和发展,疆域北接西伯利亚,东临太平洋,东南到台湾及其附属岛屿,南到南海诸岛,西到葱岭,东北到外兴安岭、库页岛,拥有一千多万平方公里的土地。这种疆域基本上与当今的疆域相似。1840 年的鸦片战争、1856 年的第二次鸦片战争、1883 年的中法战争、1894 年的中日甲午战争、1900 年的八国联军侵华战争等等,这些使中国人民遭受屈辱的帝国主义侵华战争使中国的大片领土沦为殖民地。总的来看,在中国历史上,西汉、唐代、元代、清代几个朝代的疆域都超过了中国当今的"雄鸡式"疆域。今天我们一般都认为中国的国土面积是960万平方公里。

## 2. 政区

政区是国家为便于进行分级管理而划分的区域,是人为划分的,因此属于人文地理环境范畴。研究政区应当探讨古代地方行政管理的规章制度、机构组织及权利分配。

(1)商周:中国古代行政区域制度最早产生于奴隶制时代。相传夏朝开始按地区划分居民。商朝开始在王室以外地区分封诸侯,并授予其世袭统治权。西周实行了封邦建国,受民以疆土,是典型分封制。各封国尊周王为天下共王,承担守疆土,卫王室,纳贡税的义务。诸侯在封国之内,掌握政治、经济、军事权,兼可分封下属为卿大夫。春秋时期,列国兵争,晋、楚、秦等在边地先后设立县和郡,至战国,郡县两级制,开始在全国普遍推行。郡、县两级行政长官由皇帝任免,实行年终考核,依任职情况决定升降留免,类似于今天的行政首长负责制。县以下置乡、亭、里等基层政权组织。总的来看,第一个时期,商周时期是地方分权的分封制。

(2)西汉:西汉初年,采用"郡国并行制"。长安及附近地区实行郡县制,长官有太守和都尉。其余地区是分封制。同姓子弟分封为王,功臣和亲属外戚分封为列侯。汉武帝时,诸侯王的封地分割缩小,治民之权被取消,王国变成和郡一样的地方行政机构,为加强对地方的控制,汉武帝另分全国为十三个州郡,每州由皇帝派刺史一人监察郡国。东汉取消郡尉,固定刺史为州级长官,地方行政机构演变成州、郡、县三级制。

(3)魏晋南北朝:魏晋南北朝时期,地方基本保持州、郡、县三级。但一个州所管的郡县越来越少。总的来看,秦汉及魏晋南北朝是中央集权的郡县制。

(4)隋唐:隋唐时恢复了郡县两级制。隋初取消郡,只存州、县;隋末改州为郡,实行军政分权。唐代再改郡为州,州有刺史,县有县令。并分立道(镇),成了州以上的一级政区,这就形成了"道—州—县"三级制。另外,唐在边疆设节度使,集数州的军事、财政、民政大权于一身,权势逐渐膨胀。安史之乱之后,节度使遍设到内地。实际上,节度使就是方镇,或称道。总的来看,隋唐基本上是郡、县二级制,唐代后期形成了"道—州—县"三级制。

(5)宋朝:宋朝加强了中央集权。宋太宗废止了方镇辖域制度。各地设置府、州、军、监(州级单位),其下辖县。其行政长官由京官带原衔出任,简称知府、知州、知县。府县之上,设路为监察区,路设安抚使司、转运使司、提点刑狱司,总称监司,分掌军事、财政、刑狱等职。这样一来,宋朝就形成了:"路—州(府、军、监)—县"三级制。

(6)元朝:由于疆域辽阔,确立了行省制度。全国除了西藏归宣政院外,其余地方分设十个行中书省(简称行省)。行省之下设路、府、州、县。行省长官有左、右丞相和平章政事等。路、府、州、县设总管、府尹、州尹、县尹。于是元朝形成了这样的分级管理制度:行省—路—府—州—县。

(7)明朝:明洪武九年(1376)废除行中书省。全国设十三个"承宣布政使司"(简称省,现行的省由此开始)。每省设左右布政使掌民政、财政,提刑按察使司掌司法,都指挥使司管军事,合称"三司"。三司互不相统,分别隶属于中央有关机构。省下设府(或直隶州)、县(或散州)。府里的长官为知府,县里的长官为知县。于是,明朝形成了这样的分级管理制度:省、府、县。

(8)清朝:清代地方行政机构分省、府、县三级。全国划分为十八个省、五个将军辖区、两个办事大臣辖区和内外蒙古旗盟。省里最高行政长官是总督和巡抚。一省或数省设一总督,各省均设巡抚。省下设府,距京城二百五十里设一府,也就是所谓的"府见府,二百五",如北京至保定二百五十里,故设保定府,保定府距正定(真定)府二百五十里,故设正定府。府长官为知府。府下设县,县里的长官为知县。另外历代在少数地区设过特殊机构。

（9）近代：辛亥革命前后，废除了府一级，州、所都改为县，又重划了道区，所以成了省、道、县三级制。国民党政府废除了道，实行省、县二级制。但在 20 世纪 30 年代又在省和县之间设立了行政监察专员。

（10）现代：1949 年新中国成立后，地方行政机构分省（包括自治区和直辖市）、地（包括自治州、盟）县（包括自治县、旗、自治旗）。1986 年开始废除地区、专区，实行市管县。因此形成了省、市（不包括县级市）、县三级制。

### 3. 民族

谈到民族我们首先要明确中华民族，中华民族是定居于中国境内各民族的总称。中华民族现有 56 个民族。其次要明确中国辽阔的疆域和富饶的土地是靠中华各民族人民共同开拓的。从夏朝到秦汉时期，当华夏族、苗瑶族、百越族等民族开拓黄河流域和长江流域时，边疆各民族的先民已在开发着祖国的边疆。比如，东北部和北部的东胡、乌桓、鲜卑、匈奴等民族开发了今黑龙江、吉林、辽宁、内蒙古及华北北部的广大地区；西域的乌孙、月氏、龟兹等民族开发了今新疆及其以西的广大地区；西部和西北部的羌、吐蕃族开发了今青藏高原；高山族开发了台湾岛；百越各民族开发了今广西、广东及福建、浙江等地。再次，汉族是中华民族的主体民族，在历史发展的进程中，中华各民族互相接近和融合，共同奠定了统一的多民族国家的基础。早在公元前 5 000 多年到公元前 200 多年前，汉族的前身华夏各族就已经成为黄河流域的主体民族。以后随着自身的扩张、迁移和其他民族的迁入，汉族融合了其他民族。汉族在数量上高居首位，在经济文化上保持着总体上的优势，成为中华民族的主体和核心。自从公元前 221 年，秦始皇统一中国，大多数朝代是汉族统治的多民族国家。但在漫长的历史进程上，非汉族建立的政权也不是独一无二的。公元 13 世纪初，蒙古族的成吉思汗统一了蒙古各部，建立了蒙古汗国，后来发展成为横跨欧亚两洲的大帝国。他的孙子忽必烈建立了元朝。另一个统治过整个中国的民族是满族。满族人有这样一个传说:在风景秀丽的长白山下,有一个碧波粼粼的湖泊,三位仙女降临,洗浴之后登岸。这时,一只神鹊衔来一枚红色的果子,鲜嫩异常。年龄最小的仙女佛古伦拾起来吞入肚中。结果怎么呢? 佛古伦吞下红色种子不久,便生了一个男孩,姓爱新觉罗,叫布库里雍顺。他就是传说中满族人的祖先,他的后代建立了大清帝国。1644 年,清八旗铁骑入关,占领北京,随后席卷大江南北,建立了疆域空前辽阔的清帝国。满族人的语言大师不少,老舍著有《骆驼祥子》等。总之,中国的历史是 56 个民族共同创造的,中华文化也是各民族不断交流和融合的产物。

### 4. 人口

中国这块土地是特别适应人口繁育生息的地方。长期以来,中国一直是一个人口大国。汉代,中国人口数量占当时世界人口数量的三分之一。北宋时期和近代也占三分之一。当时人口众多是优势(人力资源)。历史上,中国人口有两大特点:第一是分布不均衡。总的来看,各朝各代人口分布极具变化,但一般都是东南部和中原地区人口稠密,西北地区人口稀少。第二个特点是人口迁移频繁。人口迁移主要受战争、宗教、经济的影响,同时人口迁移又带动了文化的传播和交融。下面仅以乌兹别克人的迁移说明人口迁移状况。18 世纪中期,俄国境内的乌兹别克人陆续迁移到中国新疆,散居在新疆维吾尔自治区各地的城镇。乌兹别克人一日三餐都吃奶制品,禁酒,忌食猪、驴、骡肉,喜欢吃牛、羊、马肉及蜂蜜和糖浆。他们大多信奉伊斯兰教,在他们居住的地区大都有较大的清真寺。在公元 19 世纪中叶以前,乌兹别克人以经营商业为主。他们组成商队,赶着成群的骆驼、马、骡,往返于新疆及中亚各地之间。因此,乌兹别克人的足迹遍布新疆及邻国各地。他们把乌兹别克人的文化传播到各地,又把各地的文化吸纳过来。为促进文化的交流和融合做出杰出的贡献。从 15 世纪以来,中国人不断移居海外,当时以移居东南亚为主。在现代没有中国人的国家不多。人口过多是最大的生态失衡，也使人类自身失衡。

(三)地理环境对中国文化的作用与影响

第一，地理环境对人类和人类社会的影响。地理环境主要是指人类赖以生存和发展的地球表层。地理环境是人类赖以生存和发展的物质基础，同时也是人类产生意识或精神的基础。越是远古，人类对地理环境的依赖性越大。比如原始人，人类刚刚从动物界中分离出来，居住在热带和亚热带森林中和湖岸河边。为了对付十分困难和严峻的生活环境，人们结成几十个人的小群体即原始群，依靠集体的力量生存。在原始群中，人类对地理环境的依赖性更大。人类共同采集可食的植物，捕食昆虫，猎取野兽。人类使用天然棍棒和制作粗糙的石器，集体进行采集和狩猎，过着群居杂婚的生活。远古时期，地理环境对人类各方面的活动，几乎都起决定性作用。后来，在石器时代、青铜时代、铁器时代，人类普遍使用石头、青铜或铁器，促进了农业、手工业的发展，推动了人类的文明和进步，出现了金石文化、青铜文化。由此可见，自从石器、青铜、铁器时代，人类已经开始能动地利用环境。到了近代、现代，人类对地理环境的利用有了长足的发展，人类对地理环境的利用能力和程度越来越大，"人化自然"的能力加强了，因而地理环境对人类具体的决定作用越来越弱。比如"天不下雨，人类可以进行人工增雨，北方缺水，我们可以南水北调；地球拥挤，人类可以探讨到月球、南极居住，甚至建立海上城市"。当然，人类对地理环境的利用和开发是以不违背地理环境的内在规律为条件的。众所周知，由于高度工业化和人类对地理环境的过度开发和破坏，一系列的全球性的威胁日益严重，联合国公布：当今世界面临十大环境问题：①世界气候变暖；②森林面积日益缩小；③物种的灭绝速度在加快；④水资源不足；⑤大气污染严重；⑥土地面积减少；⑦垃圾废物成灾；⑧资源在减少；⑨农用药害严重；⑩人口膨胀。这些问题都可以看作是人化自然产生的恶果。

1998 年夏季长江中下游和东北的水灾,主要原因是气候环境变化所致,人类过度采伐森林使植被遭到破坏也是一个重要原因。四川省决定退耕还林三千亩,停止一切木材采伐和加工。

第二,地理环境对中国文化形成和延续的影响。中国的地理环境特别适合发展农业。从古至今,在中华大地上都是依靠优越的农业环境养活了大量的人口,供养着世界上数量最多的人口。正是在农业生产的基础上,传统的中国文化才得以形成和延续。中国传统文化,无论是物质的,还是精神的,都是建立在农业生产的基础上的,它们形成于农业区,也随着农业区的扩大而传播。比如,古代的石器、陶器、青铜器、铁器,实际上许多都是农业生产工具,就是漆器、礼器也是与农业生产工具紧密相关的。再以大家都熟悉的货币为例。最早的货币是牲畜、铜器、粮食,后来贝币成了单一货币,与钱有关的汉字,几乎都用"贝"字旁。刀币是刀削形状。实际上布币、刀币的形状都是农业工具的形状。再说中国的历法,年节也都是与农历(阴历)紧密相关的。二十四节气简直就是农耕日期表。此外,中国古代的各门艺术、中国古代的饮食文化、服饰文化、中国古代的科技、中国古代的宗法制度、中国古代的婚丧风俗、古代的节日等等都与农业生产、农业区有着千丝万缕的联系。因此有人甚至认为中国传统文化就是中国农耕文化。认识到这一点是至关重要的。中国古代在东亚地区是传统文化最发达的地区,也是文明程度最高的地区。在西方文明传入之前,中国的农耕文化曾经征服了周围的朝鲜半岛、日本列岛、中南半岛和东南亚各地。中国特定的地理环境造就了辉煌的农耕文化。当然我们也应当清醒地认识到,中国传统文化或者叫中国农耕文化,既是我们宝贵的财富,又是我们沉重的包袱。比如,依照中国传统,过春节是中国人的习俗,也是一年当中最大的节日。但这种节日是农业区、农耕经济下的产物。在现代高度工业化的城市愈来愈多的人感到春节是个负担。驱鬼、祭祖、吃年饭、守岁等传统活动已经在现代春节中显得极不和谐。

第三,地理环境对中国文化多样性的影响。首先,我国的地理环境有强烈的地域性,不同地区的人形成了不同的生活方式和思想观念。比如河北一带的燕赵文化、山东一带的齐鲁文化,湖北一带的楚文化和陕西一带的秦文化等。在边疆地区,既有东北、内蒙边陲的守卫者,又有西北部的拓荒者,还有西南部的主人。这些不同地域的中国人,有着不同的民族、宗教、语言、风俗习惯。仅以丧葬为例就有很大的不同,比如回族,不用棺材而用白布包尸实行土葬;藏族则通行天葬,又称鸟葬,即将尸体送到山间切成小块,然后放在高台上让秃鹫吃掉,他们认为这让死者可以升天。这说明,不同的民族和不同地域的人有着不同的思想观念和生活方式,因而使中国文化呈现出多样化的特点。其次,地理障碍对文化的传播也有很大的影响,也使中国的不同地区所受到的外来文化影响和影响程度各不相同。如秦岭一带在道路没有开辟前,四川盆地、云贵高原与中原地区的联系非常困难,而他们与西南境外的联系却很早就开通了。东南沿海地区与中原的交通极其艰险,所以他们的海上交通比内陆地区要发达得多。

第四,地理环境对开放与封闭的影响。地理环境对开放、对国与国的交流确实有影响,改革开放以来,沿海地区迈着比内地更强有力的步伐得到了飞速发展便是例证。深圳、上海的开发,就得益于其优越的地理环境。那么,中国的地理环境究竟是有利于开放还是有利于封闭,应该结合地理环境做具体的分析。首先,我们应当承认我国的地势是比较封闭的,西高东低的地形,大部分是高原、平原和戈壁沙漠,只有东南是海岸线,三面封闭,一面环海。其次,自然地理环境并非决定开放与否的唯一标准条件。西汉的张骞两次出使西域,开辟了中西文化交流的通道;东汉班超重开丝绸之路,使西域南道出现了"大漠无兵阻,穷边有游客"的景象;唐玄奘不远万里到佛国印度取经,这些人所行路线都是从长安取道西行而直达国外的,同样也促进了文化的交流。当然也有沿海而行的人。比如唐代的高僧鉴真六次东渡日本,为中日文化交流做出了贡献。另外,明朝郑和先后七次下西洋,也是沿海而行的,所以说,海洋并非开放的唯一途径,地理环境并非是决定开放与否的唯一条件。

# 第二节　自然经济对中国传统文化的作用

## 一、农耕自然经济

农耕自然经济是中国古代社会经济的主体。迄今为止,全国发现的新石器时代文化遗址共有七千多处。从这些文化遗址我们可以发现,早在四五千年前,农耕文明的发祥地是黄河中游地域。处于黄河中游的河南仰韶文化和湖北龙山文化遗址,表明了华夏民族的祖先从渔猎而向农耕生产过渡的历史风貌。从仰韶遗址和龙山遗址出土的大量文物足以证明这一点。例如,农作物、农具等,从长江中游和下游的屈家岭文化到钱塘江流域的浙江余姚河姆渡文化遗址上,人们发现先人的农业生产达到相当高的水平。近几年人们从江苏一带的河姆渡遗址发现了大量的人工栽培的稻谷,其农业生产技术,远比河南仰韶文化的农业技术水平要高,农业工具也更灵巧。说明了中国的农耕区曾从黄河流域向长江中下游和江南地区的转移,隋唐时北方战争,生态恶化以后,长江中下游区域迅速成为京都及边防粮食、布帛的主要供应地,东南财富与西北兵甲共同构成了唐以后历代社会政治稳定的基本格局。根据考古发现和专家们的意见,在远古时代至隋唐以前,农业生产首先在黄河中下游达到较高的水平,历代的政治、经济和文化中心国都也多设在这些区域。比如西安,先后有13朝均定都于此。唐以后,中国农耕区的中心逐渐从黄河流域向长江中下游和江南地区转移。有谚语为证:苏杭熟,天下足;湖广熟,天下足,都证明了唐宋以后经济重心南移的历史事实。

## 二、农耕民族与游牧民族的长期对垒和融合

由于地理环境的差异,中国北部和西北部以游牧经济为主,

而其他地区则以农耕经济为主。东北和西北的游牧民族体魄健壮,勇猛善战,依靠放牧为生,加之地理环境的恶劣和经济发展的不平衡,使他们经常南下掠夺。甚至匈奴、鲜卑、契丹、女真等北方少数民族南下,还建立过统治中原地区的政权,最典型的是蒙古族和满族建立了元朝、清朝,统治过整个中国。另外,东汉、魏晋时期,北方和西北少数民族不断内迁。内迁的少数民族有匈奴、鲜卑、羯、氐、羌等,历史上称他们为"五胡"。此时,少数民族迁移到中原定居的达几百万人。当然,我们仅仅看到北方少数民族南下征服中原是一方面。另一方面我们也应当看到,游牧民族与农耕民族之间的战争与争锋,客观上促进了经济文化的互补和民族的融合,农耕民族与游牧民族的争锋从根本上讲是不同于外族的侵略。游牧民族与农耕民族的对垒,往往以迁徙、聚合、和亲为主要形式。比如战国时期赵武灵王的胡服骑射和汉唐时期开辟通西域的丝绸之路,可以说是中原农耕文明与游牧文明的精妙结晶。再比如松赞干布与文成公主的通婚,促进了西藏经济和文化的发展。再比如 1644 年满族建立了疆域空前辽阔的大清帝国。满族统治中国近 300 年,八旗驻防全国各地,满族人的思想、文化和生活方式遍播海内。满族男人留发梳辫,穿马蹄袖袍,系腰带,于是大清帝国的各族人民都仿效满族男人的服饰,并留长辫子;满族妇女头顶盘髻,穿宽大直筒旗袍,于是各族妇女都穿旗袍。今天,旗袍已经成为典型的东方妇女服饰,风靡全球。可以说袖袍、旗袍和长裤子就是民族融合的产物。此外,中国的饮食文化、茶文化、酒文化乃至政治制度、生产方式无一例外都是民族融合的产物,如果细作考证,就会发现文化互补和民族融合的痕迹。农耕经济和游牧经济历经数千年的相互融合、互为补充,汇成气象恢宏的中华文化。

### 三、农耕自然经济下的多元化经济成分

中国农耕文明是以农耕经济为主体,但并非只有农耕经济一种成分。在原始社会,我们的先人在从事农业的同时,也从事家

畜养殖和制陶,雕刻玉石、玛瑙、象牙等手工艺制作活动,到商朝,青铜制造有了相当的规模;青铜制造是手工业生产的重要部门,其技术达到了极高的水平。西周时期已开始使用铁制农具。西汉时,已重视兴修水利;采矿和冶铁业有了很大的发展,铁制品成为主要的生产和生活工具;当时还能制作出带花纹的丝织品,漆器制作相当精美。隋朝开凿了京杭大运河后,大大便利了交通运输和南北经济交流;另外,隋朝已经能够建造高五层的大船;著名的赵州桥是当时的工匠李春所建造的。唐朝的经济空前发达,在不少地方设立商馆,进行对外贸易活动。北宋,南方经济发展较快,四大发明中活字印刷术、指南针和火药都是北宋时期发明和完善的。明朝是资本主义萌芽的时期,商品经济比较发达,在丝织行业中,出现了出资经营机房的机户即雇主和靠出卖劳动力领取工资为生的机工即雇工,机房就是手工工厂;在商业行业中,出现了通过提供原料、收购产品的方式来控制小生产者的包买商,这些都是资本主义的经营方式。清代,尤其是康熙、雍正、乾隆三朝时,多元化经济成分更加繁茂,在丝织业、棉布业、造纸业、冶铁业等行业中,手工工场有增加的趋势;商业资本数额增大,包办商人数增多;对外贸易渐渐集中到广州口岸,丝、茶、瓷器等土特产远销海外。综上所述,中国是以农耕自然经济为主的,同时农耕经济包容着工商业等多种经济成分,包括手工业、水利、采矿、冶铁、纺织、造船、建筑、贸易等。

### 四、内敛型的海洋贸易

内敛即收拢,而非开放。海洋事业的开拓,是促进欧洲文明特别是近代文明高度发展的有力杠杆,但是以农耕经济为主体的中华文明是一种主张和平自守的内向型文化,缺乏开拓海洋事业的进取精神,因此,尽管我国东南面临的是辽阔浩瀚的海洋,但我们没有充分利用沿海的优势,发展向外扩展的外向型经济,对外贸易自古以来就不够发达。我国是四大文明古国,指南针和航海技术造船技术的发达为我国开拓海洋贸易奠定了基础。但由于内敛型贸易的影响，使得我们大大落后于世界前进的步伐。西方人利用我们的指南针、航海和造船技术，在世界各地探险并进行贸易。当然，中国古代也有为数不多的海洋贸易，但在海外经济往来中，主要是一种赐贡的贸易形式，属内敛型的海洋贸易，比如明朝郑和七下西洋，船队满载的瓷器、丝绸、茶叶等中国特产，到外国后，都是把这些特产赐给当地的国王，同时接受该国的所谓贡品，比如象牙、香料、珊瑚、珠宝等特产，并不计较经济得失，属于一种以货换货的友好交往，其政治上互相往来的意义远比经济上的意义重大。明代中叶以后至清代，东海沿海私人海上贸易有了一定发展，但私人的海洋商业受到了政府的限制和歧视，因此其规模较小，没有形成气候。这种状况是中国农耕经济内向型文化的负面影响。内敛型的海洋贸易阻碍了中国古代经济的发展。20年前，外向型的海洋贸易使得中国走向新的繁荣。现如今沿海地区的经济都比较发达。

### 五、中国传统的自然经济的特征

上下五千年，中国传统的自然经济呈现出以下不同的发展阶段和形态。殷商西周时期，是土地国有的自然经济阶段。商朝是发达的奴隶社会，土地归奴隶主贵族国家所有，耕地划分为方块田，称为井田。所谓井田，是将土地划分成井字形方块而得名。殷商甲骨文中的字型，较典型的井田上面纵横着道路和渠道，在一定数量的井田外围挖掘壕沟，并将掘出的土堆在沟边形成封疆。西周建立后，仍保持了井田制，普天之下，莫非王土，意思是全国土地归周天子所有。周王把土地和奴隶赐给诸侯和臣下，并可以随时将土地和奴隶赐给或转赐给别人。各级奴隶主贵族采用井田的方法，把土地分配给自己的奴隶集体耕种。土地不得随便买卖。到了西周后期，逐渐出现了土地交换、转让的现象。总的来看，殷商西周时期，属于土地国有的自然经济阶段。东周之后，出现了土地私有化和个体生产形态。东周以后，特别是春秋战国时期，由于生产的发展和荒地大量被开垦，各诸侯国贵族的私田数量不断增加,贵族间争夺公田的斗争也逐渐激烈起来。各国实行了变法和改革,封建土地所有制逐渐确立。奴隶主变成了地主;而奴隶和平民则转变为佃农、半自耕农;土地也允许自由买卖。地主则依靠他们的权势,兼并农民的土地。如秦孝公时,商鞅变法,除井田,民得买卖,以致出现了富者田连阡陌,贫者无立锥之地这种现象。与此同时,除了地主、官僚的私有土地外,历代封建政府和皇帝还直接掌握了一部分土地,数量也很大,管理和使用的形式各个时期各不相同。如清初,满族贵族实行圈地,出现了大量皇庄。就个体生产形态而言,自东周以后至清代,基本上都是每个家庭内,男耕女织,以织助耕,或以工助耕、以商助耕的自给自足的家庭小农业,是典型的自给自足的小农经济。总之,东周以后直到清代,封建的土地私有化和家庭个体生产经营制,在我国历史上一直延续了两千多年。

### 六、商品经济的波浪式前进

中国古代商品经济对农耕经济具有依附性,缺乏独立性。因此商品经济的变迁呈现出波浪式前进的姿态。现列举几个中国历史上商品经济发达的时期,这就是商品经济的高峰。第一,西汉的文景之治。当时国家粮仓堆得满满的,朝廷积存在京师的钱有几百万万贯,因多年不动用,串钱的绳子都朽烂了。第二,唐贞观之治。贞观是历史上赫赫有名的唐太宗李世民的年号,在这一时期,监狱常常是空的;人们即使外出好几个月也不用锁门;行旅往来各地,不必自带干粮,随时可以在路上得到供应;连年的农业丰收,使国家极为富裕,国力极为强盛。第三,唐开元之治。开元,唐玄宗李隆基的年号,开元年间,物资供应十分丰富,粮价又低廉又稳定;道旁客店林立,招待过往客人食宿;此时的大唐还吸引了大批亚洲及欧洲的商人,他们主要云集在长安、广州等大城市。第四,清康乾盛世,即清代康熙、雍正、乾隆三朝。中国这个统一的多民族国家的疆域是在什么时候奠定的?是康乾盛世,中国的人口是在什么时候突破一亿大关的?也是在康乾盛世。在康乾盛世,社会经济发展非常快。首先是耕地面积迅速增加,至雍正时已达到九亿多亩,超过了以往任何一个朝代,农业空前发达。同时,商品经济也有较大的发展,全国兴起了许多新的城镇。由以上几个盛世我们可以看出,古代商品经济是波浪式前进的。盛世、治世是几个高峰,当农耕经济较为繁荣,政治较为清平之世,商品经济也随之繁荣。反之,当农耕经济走入低谷,政治腐败,发生战乱之际,商品经济的发展也受到破坏。例如,历史上的东周列国混战,西晋时的八王之乱,南朝时的侯景之乱,唐朝的安史之乱、甘露之变,宋代的靖康之变,清代的三藩之乱,明末清初的战乱都是经济的低谷期。

### 七、中国古代社会所达到的经济发展水平

中国古代社会是农耕经济占主导地位的。围绕着农耕经济,中国传统经济主要包括农业、手工业和商品贸易三个方面。在农业方面,经过上下五千年世世代代劳动人民的共同努力,为世界农业的发展做出了相当大的贡献。比如发明农具、发明织布机、兴修水利、培育良种,在当时都处于世界领先地位。蚕桑和茶叶经过历代劳动,不断得到改进,至今中国的丝绸和茶叶仍是外国人最喜欢的中国特产。在手工业方面,中国古代的瓷器、漆器、青铜器长期风靡于世界市场,造船业和冶炼业曾在历史上取得世人注目的成就。四大发明是中国古代的伟大科技成果。鲜为人知的木牛流马实际上也证明了我国古代手工业制造方面达到的水平。它是以四条活动腿为特征的、自动行走的木制运输工具。诸葛亮的木牛流马是自动行走的。古人的手工技艺令人大惑不解,说明古人的手工技艺达到了相当高的水平。在货币经济方面,中国也曾达到了相当高的水平。夏商时代,在都邑设有市井,是供人们交易的场所。市一般设在有墙堡重门防卫的邑内。另外,交易一般设在邑中的水井旁进行,井水可供交易的人畜饮用。战国时期交易活动频繁,城市人口增多,市上人来人往。唐宋时期的长安、开封等都是文明世界的大城市,明清时期的工商业集镇遍

布全国各地,各个府内都有专业商行、米行、屠行、肉行、油行、炭行、染行、绢行、杂货行等遍布各集镇。在各种交易中,大量使用货币。夏朝用贝币,秦以后使用铜钱。各个朝铸造的铜钱是中华文化中的瑰宝。汉"五铢"、唐"开元通宝"是很有名的。其中,北宋时期还出现了"交子",是我国最早的纸币,也是世界上最早的纸币。总之,中国古代的国内交易是相当发达的。

## 八、资本主义发展缓慢

16世纪明朝中叶以后,我国封建社会内部已经开始孕育着资本主义萌芽。当时,在商品经济比较发达的江南地区和东南沿海城市,大批破产农民流入城镇,投入手工业作坊或矿井作工,成为领工资的工人。因为城市人口的增加,消费品的需求量也随之扩大,从而扩大了商品流通的市场。这许多因素促成了资本主义经济因素的产生。尤其是在丝织业、冶炼业和棉布染整业的手工作坊中表现得最为明显。由于工商业的发展,出现了苏州那样纺织业比较集中的城市,江西景德镇那样的瓷都。清代到了康熙后期和乾隆、嘉庆年间,资本主义因素又有所活跃,特别是东南沿海手工业较有基础的地区,如苏杭一带的商品生产再度繁荣。手工业和丝织、棉织、造纸、制茶、瓷器、矿业、冶炼等都有超过明末的趋势。同时地区也逐渐扩大到华北、西北和西南。其中如江南的丝织业和棉布染整业、江西的陶瓷业、四川的井盐业、广东的冶炼业、云南的采铜业等都出现了工场手工业或商人包买主等形式。特别是井盐业和采矿业中雇工很多,雇工靠工资生存。以上事实都说明十六七世纪明清时期出现了资本主义的萌芽。但是,近几年许多学者一直在考察一系列问题,那就是为什么明清时期的资本主义生产方式备受挫折?为什么当时中国没有跟随同时代的西方文明,走上发展资本主义的道路?主要有以下几点原因。

一是社会经济既早熟又不成熟。早熟是指早在秦汉时期土地就可以自由买卖了,唐宋元明清时期主要的剥削形式是租佃式,同时劳役实物和货币地租长期并存,以上各种现象比西欧国家要早得多,所以说早熟。中国社会经济不成熟是指中国农耕经济受多元化结构的影响,始终未能走上成熟的阶段。比如,明清时期,特别是近代,许多工业和商业是官僚办的,官僚、地主与富商互相转化,官商甚多,表明中国社会经济结构不是纯粹的商品经济,商品经济在中国传统社会里一直没有走上成熟的道路。

二是稳定与战乱,人口增长与生产发展的周期性失调。明清中叶以后,资本主义萌芽已经出现,工商贸易已经发展到一定的程度。但在明末清初长达半个世纪的战乱,清兵入关后明清官兵之争,使明代后期繁荣的社会经济大幅衰退,这是战乱给经济带来的摧毁性影响。另外,人口增长过快也扼制了社会经济的顺利发展。

三是上层建筑对社会经济发展的箝制。最突出的是意识形态的保守性,使得中国的资本主义萌芽长不起来。自古以来,各朝代的官僚知识分子信奉的是重农轻商、崇本抑末,历代王朝包括明清两代,一直认为只有农业是关乎国计民生的根本,而商业活动不能直接生产人所必需的衣食住行。工商业的发展会让人变得奸诈贪婪,会导致社会动乱,所以,正是由于明清时期社会经济既早熟又不成熟、稳定与战乱,人口增长与生产发展的双重性失调、上层建筑对社会经济的钳制,特别是重农轻商的思想限制,才使得中国萌芽于明清时代的商品经济,最终未能在中国传统社会中发展形成占统治地位的经济主流。

## 九、中国传统经济对社会文化发展的影响

### (一)农耕经济的持续性与中国传统文化的延续性

上下五千年,农耕经济的持续性造就了中国文化的持续性。五千年来,王朝不断更替,战乱时有发生,如汉时吴楚之乱、西晋八王之乱、唐代安史之乱。中国文化也历经战乱与分裂的洗礼,不断得到充实和升华。以农立国,使得与农业有关的文化十分发达,比如说节气文化、中医文化、饮食文化、服饰文化等农业文化延续至今,在农业文明阶段,中国文化在世界一直遥遥领先。但

到了工业文明时代,农业的地位被削弱,中国文化就开始落后了。农耕经济有持续性,中国文化有延续性。

(二)农耕经济的多元结构与中国文化的包容性

在思想上,中国传统文化包容百家学说:道家老子、儒家孔子、墨家墨子,集法家学说之大成者韩非、唯物论者王充、无神论者范缜、主张"公天下"的黄宗羲、反对独治的顾炎武、唯物论思想家王夫之等,都反映了中国文化的包容性,它包容了各派各家学说。在区域上,中国文化包容了不同区域的文化,又促使不同区域的文化相辅相成,渐趋合一。比如,陕西的秦文化、湖北的楚文化、山东的齐鲁文化、河北的燕赵文化等,都被包容在中国文化里。同时各种文化又相互影响,相互融合,如京剧就是融合了多种戏剧的产物,它吸收了传统的南北各地的戏曲形式,如南戏、昆曲、高腔等。在吸收少数民族文化方面,汉代北方少数民族的器用杂物、乐器歌舞为中原农耕民族所喜爱、效法。盛唐长安胡骑胡音极盛一时;清代满族妇女的旗袍在全国各地流行。同时,满族也逐渐被汉化,以至后来连自己的文字也消亡了。在吸收外来文化方面,中国的佛教既有儒道文化的成分,又有外来佛教文化的痕迹。特别是明清之际,16世纪的耶稣会来华,显示了中华民族对外来文化也能扬弃吸收。明朝末年,耶稣会教士陆续来华从事宗教活动。他们经澳门进入我国。为了减少在华传教的阻力,他们学习汉语,穿起儒者服装,与士大夫交游,并买通宦官,得以进京朝见明神宗,同时献上自鸣钟、万国图等方物,取得在京传道的特权。此后,传教士来华者日众。其中有葡、西、意、比、法、俄、德等国的教士。清朝建立后,继续利用这些耶稣会士的技术与知识,让他们在宫廷服务,为朝廷官员画像、治病,但拒绝他们的宗教。他们也介绍了一些有关历算、水利、机械、火炮、地理、测量、建筑等方面的知识,他们先进的科学技术,曾对当时社会生产力的发展起到了一定的积极作用。

### （三）农耕经济的早熟与中国文化的凝重性

中国农耕经济的基本特点之一是既早熟又不成熟,农耕经济的这一特点造成了中国文化的凝重性。凝重性就是稳重有余,灵活不足,开放不足,保守有余。回顾上下五千年,汉唐、宋都曾有过对外经济、文化交流的繁荣时代。元朝在统一全国的同时,就开始恢复海外贸易,但一直处于时禁时开的局面。明代嘉庆年间,沿海屡遭倭寇骚扰,以后葡萄牙海盗商人又在我国东南沿海进行掠夺。明朝政府曾一度封锁全部通商口岸,禁止客商往来。清兵入关后,也实行过海禁政策,并三令五申,严禁商民下海贸易,康熙二十四年宣布废除海禁,指定澳门、漳州、宁波、六台山四处为通商口岸。乾隆二十二年,又规定只准在广州一处口岸通商。直到鸦片战争后,闭关锁国的局面才被打破。由此可见,在农耕经济条件下,中国一直是比较保守的,闭关锁国一直处于主导地位,显然这种局面与传统文化凝重的保守性格是紧密相关的。传统自然经济对中国传统文化的影响,既有积极的一面,又有负面的影响。

## 第三节 传统文化与社会政治结构的联系

宗法制度即血缘宗法制度,是中国古代解决职权和财产分配,维护世袭统治秩序的一种制度。这种制度是由氏族社会的父系家长制演变而来的。

### 一、宗法制度的产生与确立

根据现存文献和考古资料,中国古代的宗法制度产生于商代后期。宗法制度的完备和确立,是西周建立以后的事情。西周宗法制度的创立者是周公。周公确立的宗法制度包括以下三方面的内容。

一是嫡长子继承制。这是一种王位继承方式。宗法制度的核心是嫡长子继承制。周王室从成立之后推行固定的嫡长子继承制。在整个奴隶社会和封建社会中，君王为了保证王位继承有人，同时也是为了满足他们的淫欲要求，都采取了广纳后妃的办法，所谓三宫六院，七十二嫔妃。君王的正妻所生的儿子叫嫡长子，非正妻所生的儿子叫作庶子。对于君王来说，无儿子很苦恼，深恐无人继承王位而政权旁落，但儿子太多也有问题，因为争位的危险也可能造成混乱。为了在思想上和组织上保证君王死后政权的顺利传递，于是从周公开始规定只有嫡长子才有资格继承王位。如果嫡妻无子，就只能立庶妻中级别最高的贵姜之子。嫡长子继承制的优点在于定名分，即王位早有归属，嫡长子只有一个，只有他有权占据王位，这就杜绝了兄弟之间为争王位而造成的祸乱。嫡长子继承制的弊端也是显而易见的，嫡长子继承王位是天经地义，他的贤与不贤不在考虑之列，哪怕他是个傻子照样继续王位。比如公元209年，西晋武帝司马炎死后，他的傻儿子依照嫡子继承制当了皇帝，即晋惠帝。惠帝非常傻。有一次，他在花园里听见蛤蟆叫，就问随从，这叫着的蛤蟆，是属于官家的，还是属于私家的？这是毫无意义的问题，只有傻子才会产生疑问。有一年发生灾荒，百姓饿死的很多。惠帝知道后问道：他们为什么非等着饿死，他们挨饿的时候为何不吃肉粥？喝点肉粥不就饿不死了吗？这样的皇帝自然无法掌管朝政，只能由别人代管，于是便引出了八个宗室亲王为争夺中央统治权而进行的连年混战。由此可见，嫡长子继承制有太多的弊端无法克服，太多的矛盾无法解决，矛盾激化到一定程度就会为了争夺王位而兄弟相残。历史上这种例子数不胜数。大家都知道，唐太宗李世民不是嫡长子，他发动了政变，杀死了太子李建成，强迫高祖李渊让位。通过弑兄篡夺王位的还有很多。这些嫡长子继承制的反叛者，都证明了嫡长子继承制原本想制止兄弟间为争王位而残杀的初衷没有实现。

二是封邦建国制，即分封制。分封制是古代国君分封诸侯、巩固政权的制度，这种制度也是周代创立的。周王室灭商和东征胜利后，为控制广大被征服地区，把王族分封到各地做诸侯，使他们受民受疆土,对地方进行分区管理。诸侯在分封国内,享有世袭统治权,对天子承担服从王命、定期朝贡、提供军赋、护卫周室等义务。诸侯又按照天子的办法分封卿大夫。卿大夫依此比例分封士。士是西周统治阶级中最低的一个阶层,一般要靠自己的技艺和本领为卿大夫服务。这就形成了王封诸侯、诸侯封卿大夫、卿大夫封士的分封制。秦统一全国后,废除分封制,推行郡县制。但以后历代王朝还有不同程度分封,只是性质不尽相同罢了。同嫡长子继承制一样,分封制也是企图以血缘纽带巩固政权。实际上,分封制往往造成诸侯割据,连年征战不止,如东周列国。

三是宗庙祭祀制。宗庙是包括天子在内的各级大宗供奉祖先神位的场所。宗庙祭祀制度是为了达到维护宗族团结而发展起来的一种制度。核心是强调尊祖敬宗,家族本位。据史书记载,周天子为七庙,诸侯为五庙,大夫为三庙,士为一庙。宗庙祭祀制度,即祭祀几代祖宗的制度,自周代开始,经过秦汉,曹魏至清代基本上保持了下来。只是有些朝代的宗庙的数量有增减。唐开元十年立九室——祭九代祖先。这种宗庙祭祀制度,在长期的发展中形成了中国传统的礼乐文化。祭祀时有严格的程序和隆重的仪式,乐队兴师动众,人员众多。它对维护宗族团结、维护宗法制度起到了一定的作用,影响了一代又一代的中国人的宗族观念。今北京故宫前左侧的劳动人民文化宫便是明清的太庙,右侧的中山公园是明清的社稷坛,还有祈年殿、天坛、地坛、日坛、月坛,都是明清皇帝祭祀的地方。中国传统的宗庙祭祀制度不仅世代相传,影响到世世代代中国人的宗族意识,而且也影响到周边国家和地区。日本人、新加坡人、中国香港人也很讲究祭祖,大户人家现在仍然设堂室祭祖。近年常有一些港台人到河南省新郑黄帝故里祭祖。

**二、宗法制度影响下中国传统社会结构的特征**

纵观整个中国历史不论政权怎样交替,战乱如何频繁;不管是汉人统治全国,还是北方游牧民族统一全国,万变不离其宗,那就是宗法制度深深地影响了一代又一代的中国人,各朝各代宗法制度的模式基本上循而未改,世代相传。在相传几千年的宗法制度的影响下,中国传统社会结构具有以下四个特征。

第一,家天下的延续。在中国古代家天下自周代确立,一直延续到清代。可以说一部中国史就是一部家族史。周代统治天下是姬姓家族。秦朝是嬴姓的天下;按照秦始皇的设想,从他开始做皇帝,以后各朝代应当是嬴姓的一代一代地传下去。汉代刘邦曾与大臣们约定:"非刘氏而王,天下共击之。"这种家天下的思想不仅统治者有,就是一般的平民、普通的知识分子也受其影响。《三国演义》的作者罗贯中,之所以在整个一部著作中扬刘抑曹,把刘备看作正宗,无非是站在刘氏江山天经地义的立场上来演义历史。西汉末年农民起义时如果觉得自己争天下理不直气不壮,就是去找西汉皇室的后裔作为自己的旗帜。唯有《西游记》里的孙悟空喊出"皇帝轮流做,明年到我家"的口号。家天下的主要特点是:一姓家庭统治一个朝代,只要这个朝代不灭亡,这个家庭就一直统治下去。姓嬴的秦朝传了三代,姓刘的西汉传了十二代,姓司马的东晋传了十一代,姓杨的隋朝传了两代,姓李的唐朝共传二十一代;姓赵的宋朝传了十二代;蒙古族姓铁木真的元朝传了九代;姓朱的明朝传了十六代;满族姓爱新觉罗的清朝传了十三代。由此可见,中国历史,就是一部部家族统治史,一个家族接一个家族的长达二三百年(清),短则十来年的统治(秦)构成了中国的政治史。家天下的统治有许多弊端,一人得势,鸡犬升天,而且世代相传。

第二,封国制度不断。封国制度本是西周宗法制度的主要内容之一。秦始皇统一中国后曾废分封,建立郡县。汉代却又采纳分封制。魏晋以后历代王朝仍然沿用了分封制,只是叫法不同而已。皇帝的家族和亲戚一直享受封邦建国的特权。历代皇帝几乎无一例外地都把自己的家族和亲戚成员分封到某个地区做官。这种制度保证了权利集中在一个血缘家族之中,同时也存在着容易引起叛乱等弊端。

第三，家族制度长盛不衰。整个中国古代五千年，战争、动乱时有发生，战争和动乱的结果都是一样的，那就是一个旧家族的灭亡和随之而来的新家族的诞生。各朝各代，都有一些豪门贵族和大的家族在产生、发展和壮大。汉代，据史书记载，出现了一些政治上拥有巨大权利，而且广占良田的大家族。汉末政治家仲长统曾描述过这些大家族的气派。魏晋南北朝时期，王导家族势力极大，以至于在东晋司马睿登上皇帝宝座时，拉王导同坐，接受文武百官的朝拜，只是王导坚决推辞才未成。东晋时流传"王与马共天下"的谚语，如实地反映了王导家族势力的强大。此时，顾荣、贺循也是江南著名家族，建有豪华的私人园林，权势很大。以后各朝，尤其是宋代以后，豪门大族不计其数，他们虽然不属皇姓，但权势极大，有自己的庄园或园林，有大量的土地，享受着荣华富贵，且历代相传。民国时期，中国的四大家族是蒋、宋、孔、陈。由此可见，上下五千年，各朝代家族制度一直长盛不衰。族权和神权、政权和夫权一起统治和束缚着新中国成立前的中国人民。家族制度在经济领域内有一定的积极意义。中国的老字号企业几乎都是某一个家族承办的。家族制度运用得好，有利于增强企业的凝聚力和向心力，因为这是最佳的利益共同体。

第四，家国同构。家国同构是指家庭、家族和国家在组织机构方面的共同性。古代的人们认为天下每一寸土地都是君王的，每一个臣子都是君王的臣民。家国同构的格局导致了忠孝相通，孔子的一个弟子认为对家长的孝和对国家的忠一样，可以相提并论。孝敬父母就是忠顺皇帝，忠顺皇帝就是孝忠国家，忠孝同义。这种宗法制度下的产物使得许多中华民族历史上的爱国英雄以忠于皇帝为初衷，以忠孝国家为结果。齐国管仲、秦相李斯、西汉萧何、汉朝誓灭匈奴的霍去病、蜀汉诸葛亮、唐朝中兴名将郭子仪、南宋抗金名将岳飞等都是在家国同构的社会里，既效忠皇帝又热爱祖国的英雄，既是为国捐躯，又是为皇家献身。

### 三、专制制度与中国社会政治结构

中国与欧洲的政体存在差异。专制制度属于上层建筑，是政治体制的组成部分，所以我们首先把中国与欧洲同时期的政治体制加以比较，以便更好地了解中国专制制度的特征及其对中国文化的影响。

政体是指国家政权的组织形式，政体是与一定的国体相适应的。古代中国与欧洲政体有以下差异。

第一，欧洲王权一开始就有一个宗教势力与之抗衡，从古代埃及、罗马一直到中世纪，宗教势力对王权形成巨大的冲击。而中国的神职人员只是统治者的奴仆，宗教常常为统治者服务，因此，中国的王权没有与之相抗衡的阻力，能够长期延续。

第二，欧洲多元经济结构，尤其是工商业海上贸易，推动了资本主义生产方式的成长，人们的眼界开阔，民主意识强，因此冲击了王权专制，而中国的农耕经济使专制传统得以发扬光大。

第三，欧洲的君主专制在维护封建贵族利益的同时，也鼓励资本主义生产力发展，而中国的君主专制制度则极力维护农耕经济，压制工商业发展，即重农抑商，发展农业，抑制商业。

正是由于以上三个不同，使得中国的君主专制能延续数千年。中国历史从踏入文明门槛的那一天就进入了专制社会，这种专制社会的阶级基础是奴隶主和地主，所依赖的经济基础是小农业和手工业相结合的自然经济，统治者普遍采取对工商业和贸易压制的态度，重农抑商成为历代统治者的基本国策。

中国君主专制制度的特点有以下几个。

第一，以武力为先导，控制宗教势力，专制时间漫长。中国的君主专制主义在中国历史上延续了数千年。它形成于战国，确立于秦汉，延续到清末。其社会基础是封建宗法制度，核心是君主专制集权的皇帝制度。皇帝握有国家最高权利，凌驾于一切臣民之上，并终身享有这一特权和地位，会将其传于子孙。君主专制的支柱是庞大的官僚集团和军队，以及宣扬君主神化和君主至上的宗教势力。在武力的征服下,宗教往往为君主专制服务,其教义必须要符合统治者的利益。历史上的"三武灭佛"很能说明这个问题。所谓三武灭佛是就北魏太武帝、北周武帝、唐武宗与佛教的斗争。佛教自西汉传入我国,兴起于魏晋,盛行于南北朝,繁荣于隋唐。在这个时期,出现了几个皇帝灭佛的事件。最早的是北魏初期的魏太武帝,他认为自己是皇帝的子孙,不相信胡神即佛,在经济上为了与寺院争夺榨取对象于公元446年下令灭佛,杀和尚,捣毁寺、塔,烧毁佛经、佛像,并严禁佛教流传。但他死后佛教又复活了。到了北周即后周武帝时,又掀起了灭佛运动。北周武帝吸取了魏太武帝灭佛的教训,在灭佛前,亲自主持召开了七次会议,为禁佛灭佛大造舆论。公元574年下令禁佛、灭佛。宣传佛不净,命令和尚一律还俗。没收寺院的土地和财产。当时僧尼还俗达两百多万人。951—958年北周废佛寺3 336所,毁佛像铸铜钱。俗传所铸铜钱能治病助产,算卦极灵。到了隋唐时期,佛教又重新繁荣起来。唐王朝中后期,有些寺院的方丈拥有众多的庄园,养了大量奴婢。比如河南少林寺,有个柏谷码庄,是少林和尚经营的庄园,占良田四十顷,还有水碾一座,简直成了地主庄园。唐武宗为了恢复专制主义,反对割据,于公元845年下令灭佛,捣毁大小寺院44 600多所,给寺院庄园经济以沉重打击,还俗僧尼660 500余人,从此佛教在中国逐渐衰落。在武力的征服下,佛教势力受到致命的打击。三武灭佛的事例说明古代皇帝往往以武力为先导,控制宗教势力。

第二,农耕经济基础稳定。君主专制制度的经济基础是农耕经济。因为没有广大农民的存在,也就没有封建统治,所以历朝历代都曾进行过一系列土地制度和赋税制度的改革。如商周的井田制、曹魏的屯田制、西晋的占田制、北魏的均田制、唐朝的租庸调和两税法、明朝的一条鞭法、清朝的摊丁入亩等,这些制度的建立,都是为了维护君主专制制度赖以存在的经济基础——农耕经济。君主专制依赖于农耕经济,在农耕经济下君主专制愈演愈烈。

第三,君主专制中央集权走向极端。中国封建社会君主专制的集权制度,从总的趋势上来看是日益强化的。秦始皇时天下之事无大小皆决于上。秦始皇设三公即丞相、太尉、御史大夫和九卿辅助皇帝料理国事。其中三公中的丞相辅佐皇帝治理国家;御史大夫是副丞相,负责监察百官;太尉主管军事。秦汉之际,三公、九卿辅助天子料理朝政但皇帝常常和三公九卿发生矛盾。说到底都是因为皇帝对三公九卿不放心,企图实行绝对的集权统治。魏晋以后,随着尚书省、中书省和门下省的建立,三公九卿的权力逐渐被代替和分割。到了隋唐,三省六部替代了三公九卿,三省即中书省、门下省、尚书省。六部即吏、户、礼、兵、刑、工六部,具体执行各项行政工作。明代的内阁、清代的军机大臣都是皇帝的办事机构。从秦代的三公九卿到清代的军机处,国家的权力机构不断变化,主要是为了实现皇权专制统治,一旦原有的办事机构失去控制,皇帝为了把大权牢牢掌握在自己手中,就会另外更换机构,并委之以亲信。作为对君主专制的补充,我国古代的办事制度也有回避制度,也就是在办理案件时,涉及的亲属不得参与,这种制度对西方的文官制度曾有一定的影响,但总的来看,中国的君主专制制度弊大于利,权力绝对集中,重人制轻法制,缺乏必要的民主机制。

第四,对人身控制严密。中国古代对平民百姓的人身控制主要是通过严密的户籍制度和颁布有关法令来实现的。随着土地私有制的出现,开始有了户口和土地管理制度。西周金文中在记载人民臣仆奴隶数量时,除了以"人"和"夫"为计量单位外,还出现了以"家"为单位的统计法。公元前548年,楚国对管辖的土地、兵卒、车马数量进行过统计调查,并编成册籍。战国时各国普遍采用了以25家为一社的"书社制度"。秦献公时,建立了"户籍相伍"的制度,商鞅变法时,实行"什伍连坐法",规定:五家为保,十家为连,一家有罪,如不检举,十家连坐。公元206年,刘邦率军队入咸阳,萧何先收取秦的户籍地图,从而掌握了境内的户口、土地的基本情况。唐代规定居民自报年龄及田地面积,由官府编成薄册,"每岁一造计账,三年一造户籍"。元明清时期的户籍制度又进一步,户口的类别更为复杂,根据居民的职业、民族、宗教、阶级身份以及所纳贡赋的不同而分为不同的户别。以此来平均徭役负担,作为征发赋役的根据。历代户籍制度和法令,使居民失去了流动的可能,国家便可以按郡县、乡里、什伍系统来征收税赋、摊派、徭役和兵役。帝王的指令能很畅通的达到每一个家庭,这样帝王对每一个人的人身控制就轻而易举的实现了,于是世世代代的百姓就成了世世代代不离故土的顺民。

传统社会政治结构中的宗法制度和君主制对中国文化的影响是巨大的。宗法制度和君主专制制度首先使中华民族具有很强的凝聚力,上至群臣,下至百姓,既要忠君又要报国。其次在严密的人身控制之下,人们只能生活在一定的圈子内,处理好人际关系,处理好家庭关系,成为人一生中的主要任务。再次在宗庙祭祀制度的熏陶下,各层人士都得尊祖敬宗,讲究家族团结。

总之,在专制性很强的中国政治结构的环境中生活,中华民族的整体观念加强了,国家利益至上的观念被强化了,千百年来,中华文化表现出了强大的生命力和凝聚力。

# 第三章　文化演变和社区生态文化研究

## 第一节　文化的发展演变

### 一、上古：中国文化的产生

上古是指几百万年以前，至有文字记载以前的历史阶段（殷商之前）。在中国传统文化史上，我们可以把上古界定为从 170万年前至殷商的 4 000 多年前这段时期，野蛮时期和蒙昧时期不包括在内。广义的文化指人化自然或叫自然的人化，因此有了人就有了文化。一部人类文明史就是文化史，中国文化的起源应该从中国人的起源说起。迄今为止在中国发现的最早的人类是"元谋猿人"。1965 年在云南元谋县上那蚌村出土了两颗早期人类的牙齿化石和一部分遗物。经科学家研究，元谋人距今已有 170 万年。元谋人更像古猿。他们在密林中采摘果实，追猎野兽，还能蹒跚直立行走。1927 年以来，在北京周口店龙骨山的洞穴内陆续发现了不少猿人的牙齿、头盖骨、肢骨等化石，这种猿人被称作"北京猿人"。在距今四五十万年前，北京猿人为了抵御灾害和获取生活资料，不得不几十个人结成一个群体，在一起生活，形成原始群。他们白天采摘果实、猎取野兽，到晚上返回龙骨山的山洞里，边烤火边休息，边用简单的语言和手势交谈。1933 年，在北京市周口店龙骨山顶部发现了距今 1.8 万年以前的人类遗骨化石。这种人被称为"山顶洞人"。山顶洞人比北京猿人有了很大进步。山顶洞人的文化生活比较丰富，有了装饰品。根据考古学家和人类学家的研究结果，中华大地出土的大量人类遗址足以证明人类起源的各个环节。根据人类学分类，中国人属于蒙古人种，元谋人、北京人、山顶洞人都具有典型的蒙古人种的特征。在古代，人们对人类的起源是缺乏研究的,于是就有了盘古开天地、女娲团土造人的传说。

(一)原始物质文化

原始物质文化是指原始社会人化自然过程中所创造的实体文化。我们可以把原始物质文化分为旧石器和新石器时代加以介绍。

旧石器时代,相当于人类历史上从原始群到母系氏族公社出现的时期,共经历了大约二三百万年。主要特征是猿人使用的工具是简单加工的石块。中国猿人在那个时代的工具主要是用石英岩和燧石制成的大型砍砸器、小型尖状器和刮削器。另外北京猿人已经熟练地使用火。能使用天然火,这是北京猿人征服自然、人化自然的重要本领。火能用来驱寒照明,围捕猎物,还可以烧烤食物,熟食能促进身体和智力的发明。火的使用标志着人与动物的最后诀别。

新石器时代,开始于公元前 7000 年。中国人广泛使用经过磨光或钻孔加工的工具器型有石斧、石刀、石铲、石凿和石梨等。粗糙的陶器也广泛出现。迄今为止,我国已经发现的新石器时代的遗址有七八千处,其中在山东泰安大汶口遗址中,墓里一个男子伸直肢体仰面而卧,旁边一个女子侧身曲肢面向男子。这说明当时的社会已实行一夫一妻制。男女合葬说明男子在社会生活中占统治地位。接着我们还能看到遗址中有大量的谷壳谷粒,家畜骨骼,显示出当时五谷丰登、六畜兴旺的景象。我们还能看到多种新型生产工具。大汶口文化遗址还出土了不少人的头骨。奇怪的是这些头骨都没有上门牙,而且下牙染成黑色。据考古专家考证,先人们把上门牙打掉可能与他们效法反刍动物、对牛的崇拜有关,因为牛没有上门牙,下门牙染成黑色是因为他们认为洁白的牙齿是不美的,这和他们的审美观念有关。归根到底,人们打掉上牙,把下门牙染成黑色都是与当时的观念文化紧密相连的。

（二）原始观念文化

原始先民的观念文化主要可以从原始宗教崇拜的对象和原始艺术上看出来。通过先民遗留下来的崇拜物和艺术品上可以看出原始先民的观念文化。在原始先民宗教崇拜的对象方面，大致分为自然崇拜、生殖—祖先崇拜和图腾崇拜三大类。

（1）自然崇拜。对大自然的崇拜是先民最原始的崇拜形式之一。在仰韶、屈家岭等文化遗址中出土的陶器上，有不少表现太阳图形的纹饰，也有以动植物和自然物形象为纹饰内容的。这些反映的就是原始先民对大自然的崇拜。自然崇拜对保护环境、维持生态平衡起到了积极作用。

（2）生殖—祖先崇拜。先民对自身的繁衍非常关注，由此产生炽热的生殖崇拜。而且，生殖崇拜与祖先崇拜是紧密联系在一起的。生殖崇拜根源于祖先崇拜，祖先崇拜包括对女性和男性的崇拜。女性被先民认为是繁殖人种的决定因素，因此，人们把女性作为创世神、始祖神加以顶礼膜拜。后来，随着男性在社会生产中的地位日益重要，便转向了男性崇拜。

（3）图腾崇拜。图腾是印第安语"它的亲族"词的音译。原始人认为自己的氏族与某种动物、植物或想象出来的生物之间有一种特殊的亲密关系，于是便以它作为整个氏族崇拜的对象。与自然崇拜和生殖—祖先崇拜相比，图腾崇拜是较为高级的宗教形式，这种原始宗教是原始时代观念文化的主流。

在原始观念文化中，原始艺术也有长足发展，主要艺术形式是原始彩陶、陶绘，原始雕刻和原始岩画。

（三）原始社会组织

人与人之间的相互关系，在上古时代主要有婚姻关系、氏族关系，其组织形式包括原始群、家族、氏族、部落、部落联盟等。就婚姻关系而言，在原始社会，中华先民经历过以下几个阶段：首先是血亲杂交（群居杂婚，母子、父女也可能有性关系、导致人口繁殖能力和体质低下）；其次是血缘群婚（形成血缘家族的婚姻关系称血缘婚）；再次是族外婚（禁止族内群婚，本族的人必须同别人的氏族公社实行族外群婚。在母系氏族社会，是一群外族男子嫁到另外的氏族姐妹的家中，在父系氏族社会，是一群外族姐妹嫁到本族的男子家中）。婚姻关系的不断变化，证明人类逐步走向文明。就氏族关系而言，经过了母系氏族和父系氏族两个阶段。母系氏族是以母亲的血缘关系结成的原始社会的基本单位。在母系氏族社会里，妇女在生产和生活中起着主导作用。大致说来，母系氏族社会从旧石器时代晚期开始，贯穿整个新石器时代。中国上古神话传说中的女娲氏、庖牺氏、神农氏、有巢氏、燧人氏都是母系时期中华先民创造的神，其中后代所称的三皇，即地皇神农氏、人皇伏羲氏、天皇燧人氏。父系氏族社会是以父亲的血缘关系为中心结成的原始社会晚期的基本单位。随着男子劳动地位的改变，使他们逐渐取代了妇女在生产和生活中的支配地位。在父系氏族社会里，人们按照父亲的血统确定亲属关系。父系氏族社会大约产生于青铜时代和铁器时代早期。传说中的五帝（黄帝、颛顼、帝喾、唐尧、虞舜）就生活在这一时期。尧舜禅让是这一时期制度文化的折光。禹的时代开始了夏文化的进程，其特征是为：①工具形态由石器、陶器过渡到青铜器；②农业生产已有相当发展；③私有制确立；④中国文化史上的第一个国家政权建立起来。

（四）上古文化的分布

人类学家、民族学家、文化史学家对上古文化分布的划分众说纷纭。我们依据考古学、民族学、民俗学及神话传说将上古旧石器、新石器时代的文化分布，划归为以下三个文化集团。

（1）华夏文化集团，包括仰韶文化和龙山文化分布区。它发祥于黄土高原、后沿黄河东进，散布于中国的中部及北部的部分地区。黄帝、炎帝就生活在这个区域。黄帝和炎帝是传说中的中国原始社会晚期的两个部落首领。他们的部落原先都居住在今天的陕西境内,后来沿着黄河两岸向东发展到达今天的山西、河北、河南、山东一带。炎帝和黄帝被尊为华夏族共同祖先。黄帝墓在今陕西黄陵县。中国人和海外华侨、华人经常到华夏文化区拜谒。

（2）东夷文化集团,大致在今山东、河南东南和安徽中部一带,即大汶口、龙山文化和青莲岗文化江北类型分布区。射日的后羿就生活在这个生活区。蚩尤也生活在东夷文化区域内。

（3）苗蛮文化集团,主要活动在湖北、江西一带,即大溪文化、屈家岭文化分布区。东部的河姆渡文化、良渚文化也可归入此文化区。传说中伏羲、女娲都生活在这个区域。传说伏羲、女娲是一对兄妹,他们相婚而产生了人类。又传说女娲曾用黄土捏人,炼五色石补天,折鳌足用以支撑四极,杀死猛兽,治理洪水,使人民得以安居。又传说伏羲教民结网,从事渔畜牧业。八卦也是由伏羲创制的。

三个文化集团经过多年征战,最后由华夏文化集团占据了统治地位,从此,华夏族在漫长的中国历史中一直成为中国人的象征。华夏族的最终形成大约是在春秋战国时期。春秋战国时期,在长达500多年的时间里,经过几百次的兼并战争,以华夏为主体的中原民族与周边各族不断融合,在语言文字、生活方式、政治制度、礼仪文化等方面,其他区域的文化与华夏文化趋与一致。就文化区域分布来看,春秋战国时期已经不存在上古时期的东夷、苗蛮文化区域,华夏文化集团在中华大地占据了绝对的统治地位,这些都为秦始皇统一中国奠定了基础。

**二、殷商西周:从神本走向人本**

在远古时代向奴隶社会过渡时期,中国出现了第一个奴隶制国家夏朝。它从约公元前2070年开始,共传14代17王,历时约500年。夏朝的社会组织结构方式、婚姻演进方式,经济生活方式,以及包括图腾崇拜、生殖崇拜、祖先崇拜、巫术等精神生活,都和其他民族的原始文化大体一致。

（一）殷商神本文化

商朝是我国最早有文字记载的朝代。凭借商代的甲骨文人们能够对商朝的历史进行更多的了解。商部落原是一个活动在山东半岛渤海湾的从事畜牧业生产的部落。大约在公元前14世纪,长期流动不定的商族多次迁都。到盘庚(商代第十代君主)在位时,迁都至殷(今河南安阳小屯村),所以历史上又称商王朝为殷商。据考古所及,南越长江,北达辽西,西抵陕西,国土面积大大超过了夏王朝。殷商文化非常发达,有5 000多个单字。商代的历法也很进步,甲骨文中有关于天文现象的记载。此外,商代的青铜器和古都建筑都标志着殷商的商人文化也有相当大的发展。商朝的文化观念,集中体现在"尊神重巫",表现出强烈的神本文化的特色。比如,国家大事都要由巫师占卜决定,并常常举行规模盛大的祭祀活动,来表示对鬼神的敬意。祭祀时要用许多牲畜,在上古还有用活人祭祀的现象。商周之际以神为本的文化开始了向以人为本的文化过度。

（二）周人的文化维新

周部落原来活动在渭河流域,周的始祖是姬弃,后经周文王姬昌广求人才,四面征战,统一了一些部落,周武王姬发继位后,在河南孟津与800诸侯会盟,兴兵灭商。从公元前11世纪到公元前256年,周朝存世约800年,共传30代37王。商周的分界是公元前1046年。电视剧《封神榜》反映的就是周王灭商的过程。周王朝建立后,进行了一系列文化维新。

1. 确立了宗法分封制

周朝为了有效地控制被征服的广大地区,分封姬姓贵族子弟和功臣、还有殷商后代(兴灭国、继绝世的文化传统)到各地去建立政权。西周初年一共分封了71个诸侯,其中姬姓的达53个之多。另外,规定周天子的王位和诸侯的封爵由嫡长子继承。

### 2. 确立了礼制

周公着手建立了周王朝的一整套典章制度。这些典章制度主要见于《周礼》一书。周礼的内容丰富多彩,最重要的是确立了君臣的礼仪原则。一是"亲亲",贯彻血缘宗族原则,强调父子、兄弟关系来维系宗族;二是"尊尊",执行政治关系的等级原则,分清君臣上下的等级,其宗旨就是要"别贵贱,序尊卑",体现了君臣、父子、兄弟、夫妻的上下尊卑之别。周礼的形式为"仪",即各种礼节和仪式。依照周礼各级贵族祭祀、用兵、朝聘、婚丧都要遵循合乎其等级身份的礼节仪式(分吉、凶、军、宾、嘉五礼)。比如各等不同的贵族应乘几匹马拉的车,祭祀时应使用什么乐队都有严格的规定。周代的礼制既是典章制度的总汇,又是当时各级人士政治、经济、社会、家庭生活各种行为规范的准绳。它为后世各朝各代的统治阶级所推崇,特别是得到了后世,儒家对其进行了继承和发扬光大,使其以强劲的力量规范着中国人的生活行为、心理模式和是非观念。中国传统的"礼文化"或"礼制文化",即创制于西周。周人推行的种种典制,实质上无不渗透着一种强烈的伦理道德精神,他们提出的"以德配天""敬德保民"等重要思想,是中国传统文化中的德治主义、民本主义、忧患意识乃至"天人合一"趋向的根本源头。

### (三)夏、商、周文化的成就

第一,在天文、历法和医学方面。相传在四千多年前的夏朝,就已经有了历法,今天的农历,又叫"夏历",就来源于夏朝。到商朝时,历法逐渐完备。一年分为 12 个月,大月 30 天,小月 29 天,闰年增加一个月,商朝的历法中还有农事的安排,告诉人们什么时候下种,什么时候收获等。夏朝时古书记录了我国最早的一次日食。在医学方面,商朝的文字里,记载了 16 种疾病,周朝已经有了医学分科,如内科、外科、营养保健和兽医等,商朝文字里有关虫牙的记载,是世界上最古老的牙病记录。商朝的名臣伊尹,也是一位名医。他发明了煎药,首创用汤药治病的方法。商朝的外科医生,已经使用手术刀一类的器械。河北的一座商朝墓葬中,发现了一个漆盒,里面装有一件形似镰刀的工具,专家认为是用来切腐肉、肿瘤或放血的手术刀。

第二,青铜艺术方面。商周的青铜器,有各种动物和怪兽的形象,造型美观,形态生动逼真。商朝的四羊方尊造型雄奇、工艺高超,是青铜器中名闻中外的精品;商朝的玉器也有很高的艺术水平,安阳妇好墓出土的一对玉象,形态逼真,活泼可爱;周朝的青铜礼器最有价值,如商代的司母戊大方鼎。

第三,音乐和舞蹈。夏商周几代都很重视音乐和舞蹈。传说中舜作的《韶》乐在夏朝盛行,这是一种既可歌唱又可伴舞的音乐。春秋时孔子在齐国听到韶乐"三月不知肉味",一直沉浸在优美乐声的回味中。商周时期的乐器已有不同种类,有打击乐器钟、磬、鼓等,西周时有成套的乐器,音乐有表现大禹治水的大型歌舞《大夏》和表现武王伐纣的《大武》。

第四,在文字方面,商朝的甲骨文和商周时期的金文是中国文化史上的一场革命。

### 三、春秋战国:中国文化的"轴心时代"

从周平王迁都(公元前 770 年)到秦始皇统一中原(公元前 221 年)这 500 多年间,习惯上划分为春秋和战国两个时期。公元前 476 年以前为春秋时期,这段时期同孔子所编的鲁国史书《春秋》的时间大体上差不多。公元前 475 年到秦统一中国为战国时期。战国时期发生大小战 220 余次,因此春秋和战国是中国历史上一个动荡与变革的时期,就是在这动荡与变革的时期,中国文化却奏响了辉煌的乐章。有关专家总结了中国历史,发现动荡与变革时期,是人们的精神发生变化的时期,是思想最活跃的时期,也是为各门艺术提供最佳素材的时期,因此动荡出文学,动荡出艺术,动荡出辉煌的文化似乎成了一个规律,因为在中国历史上,春秋战国时期、魏晋南北朝时期、辽夏金元时期都曾产生了辉煌的文化。而安逸、舒适的生活可能意味着思想的僵化,文学和艺术的衰退,文化的堕落。我们在这里称春秋战国是中国文化的"轴心时代",是文化史家借用了德国学者雅斯贝尔斯提出的概念。其主要含义是当时诸子百家创造的各个学派,使得中国文化精神的各个侧面都得到了充分的展开和升华,中国民族文化从此大致确立了。主要依据有以下几点:第一,在社会生产力上,由青铜时代进入了封建社会;第二,在民族方面,以华夏为主体的中原民族与周边各族不断融合,形成了华夏族;第三,在文化上进入了空前繁荣昌盛的时期,哲学思想尤为活跃,为中国文化的发展奠定了基础。

（一）春秋战国时期的文化背景

春秋战国时期的文化之所以能达到中国文化的颠峰状态,是由以下几点原因决定的。

第一,社会大变革,为思想家们发表自己的主张提供了历史舞台。由于战争不断,在战争中衰败的诸侯大臣们,他们蓄养的家庭文人乐师流落四方,促使了学术下移,形成了从学在官府到学在四夷的转变,因而形成了诸子百家。诸子百家纷纷著书立说,广收门徒,互相争辩成为可能。

第二,礼崩乐坏的社会大动荡,使士阶层迅速崛起。士阶层的崛起意味着一个以"劳心"为务,从事精神生活创造的专业文化阶层从此形成。在周代,统治者分为四个等级,天子、诸侯、卿大夫、士,士是处于最低层的统治者。到了春秋战国时期,士取得了独立的地位,再加上诸侯争霸,渴求人才,养士之风大盛,更助长了士阶层的声势。战国"四君子"即齐国孟尝君、赵国平原君、魏国信陵君、楚国春申君,在当时都是以培养贤士,用人所长而闻名的。

第三,激烈的兼并战争,提供了文化重组的机会。在相互兼并过程中,不同的文化相互渗透、相互传播和影响,各种不同的新文化应运而生。

第四,竞相争霸的诸侯列国,尚未形成统一的文化观念。学术氛围活泼浓厚,滋养了不同的文化学派。

第五,宫廷文化官员周游列国,走向民间,推动了私人学术集团的兴起,也进一步促进了当时诸子峰起、学派林立的局面。

正是由于以上几个原因,在春秋战国时代,出现了中国文化史上最为辉煌的一页。

(二)百家的兴起及其学派特征

诸子百家的"诸"是指各个;"子"是对"士"的尊称,百家是指学派林立的现象。西汉司马谈将诸子百家概括为"儒、墨、道、法、名、阴阳"六家,刘歆又补充了"农、纵横、杂、小说"四家,形成了十家有影响的学派。各学派都有自己鲜明的观点和特征,我们主要介绍其中最有影响的几家。

1. 儒家

儒家代表人物是孔子。孔子(公元前551—公元前479),名丘,字仲尼,鲁国人。中国春秋末期伟大的思想家和教育家,儒家学派的创始人。孔子的远祖是宋国贵族,殷王室的后裔。周武王灭殷后,封殷宗室微子启于宋。孔子先祖遂由诸侯家转为公卿之家。弗父何之曾孙正考父,连续辅佐宋戴公、武公、宣公,久为上卿,以谦恭著称于世。孔子六祖孔父嘉继任宋大司马。按周礼制,大夫不得祖诸侯,故其后代以孔为氏。后宋太宰华父督作乱,弑宋殇公,杀孔父嘉。其后代避难奔鲁(孔氏为鲁国人自此始),下降为士。孔子曾祖父防叔曾任鲁防邑宰。祖父伯夏的事迹无考。父亲名纥,字叔,为一名武士,以勇力著称。叔梁纥先娶施氏,无子,其妾生男,病足,复娶颜徵在,生孔子。孔子生年为鲁襄公二十二年,而生月生日未记,换算为当今之公历应为公元前551年9月28日生。孔子生在鲁国。鲁襄公二十九年(公元前544年)吴公子季札观乐于鲁,叹为观止。鲁昭公二年(公元前540年)晋大夫韩宣子访鲁,观书后赞叹"周礼尽在鲁矣!"鲁国文化传统与当时学术下移的形势对孔子思想的形成有很大的影响。孔子早年丧父,家境衰落。年轻时曾做过委吏即管理仓廪,做过乘田即管放牧牛羊。虽然生活贫苦,孔子十五岁即"志于学"。他善于取法他人,学无常师,好学不厌,乡人也赞他博学。孔子三十而立,并开始授徒讲学。凡带上一点"束脩"的都收为学生。颜路、曾点、子路、伯牛、冉有、子贡、颜渊等,是他较早的一批弟子。就连鲁大夫孟僖子其子孟懿子和南宫敬叔也来学礼,可见孔子办学已声名遐迩。私学的创设,打破了学在官府的传统,进一步促进了学术文化的下移。鲁国自宣公以后,政权操在以季氏为首的三桓手中。昭公二十五年(公元前 517 年)鲁国内乱,孔子离鲁至齐。齐景公向孔子问政,齐政权操在大夫陈氏,景公虽悦孔子言而不能用。孔子在齐不得志,遂又返鲁。鲁定公九年(公元前 501 年)阳货被逐,孔子才见用于鲁,被任为中都宰,是年孔子五十一岁。遂由中都宰迁司空,再升为大司寇。鲁定公十年(公元前 500 年)齐鲁夹谷之会,鲁由孔子相礼。孔子早有防范使齐君想用武力劫持鲁君之预谋未能得逞,并运用外交手段收回了被齐侵占的郓、讙、龟阴之田。鲁定公十二年(公元前 498 年)孔子为加强公室,抑制三桓,通过任季氏宰的子路去实施。由于孔子利用了三桓与其家臣的矛盾,季孙氏、叔孙氏同意各自毁掉费邑与后邑,但孟孙氏被家臣公敛处父所煽动,反对堕成邑。定公围之不克。孔子计划受挫。孔子仕鲁,齐人闻而惧,恐鲁强而并己,乃馈女乐于鲁定公与季桓子。季桓子受齐女乐,三日不听政。孔子政治抱负难以施展,遂带领颜回、子路、子贡、冉求等十余弟子离开父母之邦,开始了长达十四年之久的周游列国的颠沛流离生涯,是年孔子已五十五岁。孔子一行人先至卫国,始受卫灵公礼遇,后又受监视,恐获罪,将适于陈。过匡地,被围困五天。解围后原欲过蒲至晋,因晋内乱而未往,只得又返卫。曾见南子,此事引起多方的猜疑。卫灵公怠于政,不用孔子。后卫国内乱,孔子离卫经曹至宋。宋司马桓魋欲杀孔子,孔子微服过宋经郑至陈,是年孔子六十岁。其后孔子往返陈、蔡多次。卫出公欲用孔子。孔子答子路问曰,为政必以"正名"为先。返卫后,孔子虽受"养贤"之礼遇,但仍不见用。鲁哀公十一年(公元前484年)冉有归鲁,率军在郎战胜齐军。季康子派人以币迎孔子。孔子遂归鲁,时孔子年六十八。孔子归鲁后,鲁人尊以"国老",但始终不被重用。孔子晚年致力于整理文献和继续从事教育。鲁哀公十六年(公元前479年)孔子卒,葬于鲁城北泗水之上。

孔子面对春秋末期急剧变革的社会现实,汲取夏商的文化营养,继承周代的文化传统,创造了以"仁""礼""中庸""教"与"学"为主要内容,包括哲学、政治、伦理、道德、教育等思想在内的完整学说。孔子的学说内涵丰富,自成系统,在中国历史上产生了深远的影响。孔子的弟子辑录而成的《论语》一书集中地体现了孔子的思想学说,是研究孔子及原始儒家思想的最直接也最可信的资料。

(1)"仁"

"仁"是孔子思想学说的核心。孔子以前已有"仁"的概念,但孔子丰富了"仁"的内涵,升华了"仁"的意义。孔子的"仁",其内容有四个含义,一曰"仁者,人也。"认为"仁"是人与生俱来的本性。二曰"仁"即"爱人"。这是一种深刻的人本主义哲学思想,这种思想贯穿于孔子思想学说的各个方面。三曰亲亲而仁民,仁民而爱物。他认为政治的最高境界是以"仁"治天下,像尧舜一样。还认为,"仁"既是每个人必备的修养,又是治国平天下必须遵循的原则。教导学生以坚韧不拔的精神向"仁"的方向努力。对于为政施治,他倡导立足于对人的关心爱护,以教化的方式来达到治国安邦的目的。"德"是"仁"的精神体现。他又提出"道(治理)千乘之国"的基本原则。孔子在倡导"仁""德"的基础上,进而提出了一种大同的社会理想,这种大同的社会,实际上就是"仁"的精神得到充分而全面体现的社会。"大同"的理想难以实现,孔子退而提出"小康"社会的理想。这是初步贯彻"仁"的精神的社会。

(2)"礼"

"礼"是孔子思想学说的一个重要范畴。"礼"作为一种社会行为规范,由来已久。孔子认为,到了周代,"礼"发展得最完备,因此,他最为崇奉的是周礼。在孔子看来,"礼"是从天子到庶人,必须人人遵守的行为规范。孔子所谓的"礼",包含内在精神和外在形式两方面。其内在精神是维护当时的宗法等级制度及相应的各种伦理关系。他明确指出:讲礼,更重要的不在于形式,而在贯彻其内在精神。"礼"的外在形式,包括祭祀、军旅、冠婚丧葬、朝聘、会盟等方面的礼节仪式。孔子认为,注重"礼"的内在精神固然重要,而内在精神终究还要靠外在形式来体现。所以对这些礼节仪式,孔子不但认真学习,亲履亲行,而且要求弟子们严格遵守。因为"礼"的内在精神是维护宗法等级制度,所以和每个人的地位名分又是相通的。行为上恪守自己的名分就是守"礼",越出自己的名分就是违礼。因此,孔子不但明确提出"正名"的主张,而且还通过编修《春秋》,对种种违礼的行为进行了讥刺贬斥。"礼"所讲的行为准则,也具有教化性质,要义是要求人们通过加强修养,自觉地约束自己,达到人际关系的协调,因而在精神上与"仁""德"互相渗透贯通,所以孔子明确地把二者结合起来。在政治上,他反对使用强制性的刑法,主张"道之以德,齐之以礼"(《为政》)。孔子崇奉、维护周礼,但并非泥古不化,而是根据情况变化,对周礼有所损益。

(3)"中庸"

孔子的"中庸"思想,既具有哲学方法论的意义,又具有品德修养的意义。就方法论来说,其要点有二:一是"中",二是"和"。孔子所谓"中",不是折衷与调和,而是指在认识和处理客观事物时,要做到"适度""恰如其分",而"适度"和"恰如其分"的基础就是从实际出发。排除固执主观成见,尊重客观事实,引导人们排除认识上的片面性,获得对事物的正确认识。孔子主张君子和而不同。所谓和而不同就是指不同事物之间,不是单纯的一方依顺另一方,而是两方在地位和伦理关系上、责任和义务上各有不同,甚至在对待事物的观点方法上也有所不同,但通过彼此间的谅解与协调,可以达到关系的和谐与统一。孔子还提出了"和为贵"的观点。"礼"本来是用来显示不同等级之间人们身份差别的,强调"和为贵",就是强调差别之间、不同等级之间关系的协调与和谐。这种强调协调与和谐的观点,脱离开其维护宗法等级制的内涵,在处理人际关系上,乃是一种有社会普遍意义的原则。对于这种"中"与"和"的思想,孔子主张不仅要作为一种认识和处理事物的方法来看待,而且还应该通过修养和锻炼,把它融入自己的性行和品质中,成为人的美德。

(4)"教"与"学"

孔子一生,学而不厌,诲人不倦,在教学中积累了丰富的经验。"教"与"学"的思想是他思想学说中重要组成部分。孔子学无常师,一生虚心好学。孔子以前,学在官府,教育者和受教育者都是贵族。孔子创办私学,提出"有教无类",改变了学在官府的旧局面,打破了贵族对文化教育的垄断。他的学生来自十一个诸侯国,有各种出身的人。对于学习目的,孔子支持平民出身的学生从政施展才能。在教学方法上,孔子善于发现学生各自在性格和学业上的特点,主张因材施教。他提倡奋发学习,讲求学习方法。在知识的形成积累上,强调学与求的重要性。他强调学与见闻结合,学与思结合。一方面要求把思考分析建立在学习探求的基础上,另一方面又要求把学到、听到和见到的东西加以分析研究,变成自己的知识,丰富提高自己。他还强调学与行结合。孔子的教育实践与经验,为中国传统教育理论的形成奠定了基础。

从上述内容我们可以得知,儒家思想是以"仁"为内在思想核心,以"礼"为外在行为规范,以"中庸"为其辩证思维方法,以"知、行、学、思"为认识论的一套严密的关于人伦道德的学说,他们重视血亲人伦,重视现世事功,重视道德修养。

儒家思想的学派特征,主要有以下几点:①在天道观方面,儒家继承了西周史官文化以"天命"与"人德"相配合的思想,把自然的信仰放到了现实人生的从属地位;②在历史观方面,他们将捍卫三代的典章文物当作自己神圣的使命,同时也不排斥对不符合时代潮流的礼俗政令加以适当的修改;③在社会伦理方面,他们以"仁"释"礼",试图把社会外在的规范化为个人内在的道德伦理意识的自觉要求;④在修身论方面,他们设计出一套由小及大、由近及远的发展人格和安邦定国的方案,为巩固封建政权体制提供了切实可行的途径,也就是说,儒家思想学说,守旧而又维新,复古而又开明,这样一种二重性的立场,为正在消逝的贵族分封制宗法社会和方兴未艾的封建大一统宗法社会之间架起了一座桥梁。

### 2. 道家

先秦时期道家的代表人物是老子和庄子。

(1)老子

老子,春秋末期陈人,在先秦古籍里,通称老聃,据说他一生下来就满头白发,故号称老子。老子仕于周,曾经做过周天子的征藏史,相当于现在国家图书馆的馆长,管理着国家的史册、文诰和典籍。周景王死后,周室发生争夺王位的大内战,公元前516年,王子朝失败,老子所掌管的图书被王子朝带走。老子离开周后,曾去鲁,游于秦,居于沛,大概常住在陈地,后楚灭陈,老子遂逃亡他国。由于老子是周之征藏史,所以他熟于掌故,精于历史,明于天道,正是由于对天文和历史的研究,以及对历代兴衰替代的观察,使他的思想博大而弘远,可以说老子是一个能预知古今的旷世奇才。老子虽未开庭设教,但向他问学的有很多,孔子就是其中之一。老子到底有多大学问呢?孔子对他有过一极高的评价。公元前518年,孔子奉鲁昭公之命,前往周都洛阳,学习周朝的礼乐制度。此次出行,孔子专门问礼于老子,老子向孔子传授了些什么,我们已不得而知,但孔子回来后曾向弟子们描述过老子其人。

老子思想的核心是"道本体论",其特征主要有以下几个方面。

①道是万物之本源

在老子眼里,道就是宇宙和自然社会发生、发展的规律。

他认为"道生一,一生二,二生三,三生万物,万物负阴而抱阳",所以在《道德经》开篇首章就提出了"道可道,非常道;名可名,非常名",这句话的直解是"道是存在的,然一般人所说的道,并非自然之道;名是要用的,然一般人所命之名,并非自然之名。"推究老子原意,他既反对孔子的"正名",也反对邓析所创的"刑名"。所以,他也从"道、名"两处入手,世人讲道,他也讲道,世人用名,他也用名。然而他所讲之道,与当时社会所谓人伦之道不同,他所用之名,也与当时社会所谓名器之名不同。他所说的"道"是创造一切事物的原动力,而且一切事物都包含有阴与阳之相反相成的两个方面,所谓"反者道之动",也就是说,"道"表现为既斗争又统一,既统一又斗争。如果道(统一体)没有斗争(反),道将成为死体,当然就不存在运动;如果道不是对立的统一,斗争也无从产生。所以我们说老子之"道"既不是创造天、地、人、物的上帝,也不是超越时空处在世界之上的绝对精神,更不是任何其他超绝的形而上学的本体,而是存在于万物之中,为世界内在的原因和永久的基础。故万物由是以生,也由是以灭,大道周行,无所不在,其化而生成万物,却并不离万物而独存。所以说,老子的"道"是万有的本原及可视为道所生的结果之万有的总体,简单说就是道在一切事物里面,一切事物在道里面。

②"有"与"无"的辩证统一

老子哲学中最基本的一个问题就是关于"有"与"无"的关系。《道德经》中有"道统有无"之说,所以要想认识大道,必须从有与无两面来体察。老子认为,"无"是宇宙万物的原始,"有"就是天地万物的理由。"无"即中国哲学上所常说的"气","有"即中国哲学上所常说的"理",而且,老子以"道"涵"有""无",即"有",有待于"无","无"有待于"有",是有无相生,万物以成。唯道是自本自根、无待而自然的。从本体论上看,道统有(理)无(气),有气必有理,有理必有气,理气对立而统一。从发展看,道涵有(实)无(虚),则虚实相对,也是对立之统一思想,表明原始物质是在时空变化中而凝结成天地万物。

③无为而治的思想

无为而治是老子宇宙观和社会观的统一。也就是说,老子的无为而治的政治原理是本之于他的天道自然观。老子的"无为而治"中的无为,并非消极的无所作为,而是积极遵道以行。此是针对当时统治者之间的国土之争、奢侈之风、烦苛之征而言的。老子认为,治理国家,不能以私心处事,以私利损之,而应遵循自然的法则,因势利导,使人各安其生,各得其所。老子认为只要能顺天之时,随地之利,因人之力,则天下各尽其用矣。在政治上,要为无为,事无事。无为则顺道而行,无事则不扰,政简则民安,所以老子说以无事取天下。掌握了事物发生发展的法则,则能预见未来,故在政治上为之于未有,治之于未乱,故不见其为,而事成,不见其治,而功立,也就是我们今天所谓的防患于未然也。

(2)庄子

庄子是道家的后起之秀,他以其绝顶的智慧和神奇的思辨,以其广阔的视野和诗一般的语言,以及近乎荒唐的叙述方式,为人们展示了道家的无我境界。庄子否定了世俗中人们关于人我关系的各种见解。现实社会中,人我之间的交往,利害复杂淆乱,每个人都有其是非善恶的观点,彼此相争相斗,至疲惫不堪都不能停止。在庄子看来,这是没有意义。他认为事物原本没有差别,只是由于人们从一己的立场上看问题,用自己的小聪明分辨事物的是非,各持己见而互相不让,以至钩心斗角,日日不停,这些世俗的成见,如果不去除,人们之间的无谓辩争至死也不可能结束,对至上的真理性认识,永远也不能达到。

3. 法家

法家的代表人物是韩非,韩非的观点主要有以下几个。

(1)论术

术就是君主驾驭臣民的权术,韩非的术实际上就是君主用各种不可告人的阴谋,考察臣僚的一种权术。我们可以把韩非关于术的运用概括为三点。第一,君主要把自己打扮得高深莫测,使臣僚对自己可望而不可及。君主对谁都不要表露其真实情感,对谁都若即若离。也不要让人知道自己的好恶,以免被人钻了空子。第二,君主要行无为之道,凡事藏而不露。第三,君主要千方百计地维护自己的独尊地位,要设法堵塞大臣和大臣、大臣和人民之间的通道,以维护自己的地位。

(2)论势

势就是位,指国君的威势,即政权。韩非重法,以法为核心,但立法的目的是维护君主集权,执法要靠君主,因而单有了法还不行,所谓君臣不能共权,大权一定要牢牢掌握在君主手中。韩非是个君权绝对论者,在他看来,君臣不同道,同时君主是最高贵的,是凌驾于万物之上的神明,君权又是不可侵犯的,即一切权力归君主。权势既然如此重要,那么,君主如何保持其势呢?第一,权势为人主独揽,绝对不能与臣下共权,为臣下所劫持。第二,君主要像防止窃贼一样警惕大臣对于君权的窥窃。君主为了保持君权,要利用一切手段防止臣民,控制臣民,组织情报网,了解危害君权的行为。第三,法、术、势三者必须结合起来,这是巩固君主专制的手段。法是公布出来让百姓遵守的,而术则只是由君主秘密掌握,用以保证法的贯彻执行的,而势则是贯彻法和术的先决条件,韩非对法术势三者之间辩证关系的见解,是他对前期法家法治思想的发展,也是他法治理论的核心。

战国时期,韩非的法治思想是具有进步意义的。他的学说适应了当时由诸侯割据过渡到封建专制的中央集权的需要,而且是行之有效的,它起到了巩固新兴封建制度的作用,促进了秦政权的统一,但是韩非基于人性恶的理论,反对儒家的仁义爱惠,实际上是主张对人民进行残酷的镇压,这是法家不及儒家高明的地方。秦始皇统一中国后,由于实行极端的专制独裁,刑法严苛,甚至焚书坑儒,对农民实行繁重的赋役和残酷的剥削,结果引起了社会各阶层矛盾的激化,秦末暴发的农民大起义,推翻了秦王的暴政,汉以后,统治者多吸取秦亡的教训,采取仁义和刑罚并重的统治策略进行国家治理,或者实施儒表法里的统治。

4. 墨家

墨家的创始人是战国时的墨子,也叫墨翟。关于其生平,《史记》上记载的很少,关于他是哪国人,历来也有分岐。一说是鲁人,一说是宋人,在西汉初年,墨翟的事迹已不能确知。可是,各家的记载都说明,墨翟的学派是孔子以后很有影响的学派。墨子是手工业者出身的士,早年曾参加生产劳动,是一个出色的工匠,其一生最辉煌的业绩是止楚伐宋,也就是制止了一场即将爆发的楚国侵略宋国的战争。这段故事如果是真的,倒是为当今世界解决两国争端,树立了良好的榜样,战争不必在战场上进行,只要两国的科学家、工程师把他们实验中的攻守武器拿出来较量一番,战争也就不战而分胜负了。

在周代,天子、诸侯、封建主都有他们的军事专家,当时军队的骨干是由世袭的武士组成,随着周后期封建制度的解体,这些武士、专家丧失了爵位,流散到各地,谁雇用他们就为谁服务,并以此为生,这些人被称为"游侠"。值得注意的是,墨子及其门徒与普通的游侠有两点不同。第一点,普通游侠只要得到报酬,或是受封建主的恩惠,那就不论什么仗他们都打。墨子及其门徒则不然,他们强烈反对侵略战争,所以他们只愿参加自卫战争。第二点,普通的游侠,只限于信守职业道德的条规,无所发挥,可是墨子却详细阐述了这种职业道德,论证其合理性、正当性,这样,一个新的学派就产生了。在中国历史上,儒和侠都源出于依附贵族"家"的专家,他们本身都是上层阶级的一个分子,到了后来,儒仍然大都出身于上层或中层阶级,而侠则不然,更多地出身于下层阶级。在古代,礼乐之类的社会活动完全限于贵族,所以,在平民看来,礼乐之类都是奢侈品,毫无实用价值,墨子和墨家正是从这个观点,来批判传统制度及其维护者孔子和他创立的儒家的。

在春秋时期,墨子与孔子享有同样的盛名。墨学的影响一点也不亚于孔学,甚至有超过孔学的可能。墨子虽然出身士大夫之家,但他是从庶民或曰贱人升上来的,而孔子正好相反,是从贵族阶层衰落下来的,这一点也是分析孔墨学说的钥匙。孔子出生于周公的封地鲁国,鲁国当时享有"周礼尽在鲁"的盛誉,孔子对于西周的传统制度,礼乐文献怀有同情的了解,他穷一生的精力都在力求以伦理的言辞论证它们是合理的、正当的。墨子则相反,他认为它们即不正当,也不适用,并且力求用简单一些,简言之,孔子是古代文化的辩护者,认为古代文化是合理的、正当的,甚至是尽善尽美的。墨子则是它的批判者,孔子是文雅的君子,墨子则是战斗的传教士。他传教的目的在于把传统的制度和规范,把孔子以及儒家的学说一齐反对掉,所以,我们可以这样说,墨子是孔子的第一个反对者。而孔学的后人子张、子夏对墨家学说也进行了针锋相对的攻击。当时,孔学和墨学并称"显学",是两个对立的学派。墨家思想的主要内容有以下几点。

(1)尚贤。就是尊重贤人,他以为凡是做官的都是贤人,他主张打破世袭制,不要父传子,而要贤传贤。

(2)尚同。把天下的人组织起来,全国都层层向上同。同时,对君主无须进贡。

(3)兼爱。他设想如果诸侯相爱,兼爱各国之人,就不会打仗了。

(4)非攻。他反对不义之战。

(5)明鬼。墨子信鬼神。

(6)天志。墨子信天神,以为天是有意志的、最高的神。

(7)非命。不要相信命运,只要做个好人,一切就会好起来。

(8)非乐。认为音乐和艺术都没有用,是浪费。

(9)节用。他认为如果贵族减少无用的浪费,财富就会增加。

(10)节葬。他认为厚葬是极大的浪费。墨子主张兼爱,这与儒家的仁爱有明显的区别。墨家的兼爱不分等差,不分亲疏,不分先后,他们对儒家仁爱理论中那种分亲疏、分等差、分厚薄,由近及远的爱人之道持否定的态度。他们认为,这种爱人的理论,正是造成天下人不相爱的根本原因所在。墨家剥除了人由于在当时的社会生活中的宗教性和政治等级性,把人与人之间看成是一种相同族类中各分子之间的完全平等的关系,从而建立了兼爱论。

当代儒学专家认为,墨子是我国历史上第一个替劳动阶级呐喊的思想家。他熟悉劳动人民的生活和忧患,并且勇敢地揭露和抗议王公大人们侈靡好战,墨子为和平和正义奋斗了一生。他学识渊博,匠心独具,他创立的墨家是当时唯一能与儒家相抗衡的学派。先秦诸子中也有一些非难他的学说,但不论是他的同情者,还是他的论敌,大都赞佩他见义勇为、劳身苦志以救天下的崇高精神和伟大品格。然而,汉以后的数千年封建社会里,地主阶级思想家囿于儒家正统思想的偏见,大都重复孟子"无父"之辞,对墨子肆意攻击,偶有一两个同情者,如韩愈,也不免戴着儒家的有色眼镜,在墨子身上看出所谓与孔学相同的地方,才替墨子说了几句好话。总之,在封建时代,不可能对墨子做出公正的评价,因而,墨学几乎成为绝学。一个最根本的原因在于墨家主张兼爱。这一思想及其实践追求,对整个封建社会的宗法制度,对维护该制度的儒家学说,都是一种否定与尖锐的批判,它脱离了家国一体的社会结构与宗法等级的社会制度,违背了中华民族家族本位的价值与心理情感,因而,墨家受到排斥和否定便是非常自然的了。到了近代的民主革命时期,墨学又得到一定的重视,可贵的就是他那一点庶民精神。

(三)春秋战国时期的文化成就

(1)先进的天文历法。春秋时,鲁国的天文学家多次观测到日食,公元前613年7月,他们观测到一颗哈雷慧星掠过北斗,留下了关于哈雷慧星最早的记录。战国时期的天文学家甘德和石申各自写出一部天文学著作,后人将其合称《甘石星经》。这是世界上最早的天文学著作。战国时期,人们已经定出一年的二十四节气,还使用了滴漏作为计时器。

(2)高超的医术。齐国人扁鹊是春秋战国之际的名医,他精通各科医术,发明了望、闻、问、切四种诊疗方法。

(3)建筑技术的进步。当时已经出现了两三层的楼房。战国初期的鲁班是杰出的建筑师。

(4)独立的绘画艺术。春秋战国时期,绘画成为一门独立的艺术,图案由简单发展到复杂。

(5)围棋盛行。春秋战国时,围棋也开始流行,围棋名手有弈秋。

(6)钟鼓之乐流行。以编钟与鼓为主,称为钟鼓之乐。湖北随县出土的编钟,反映了当时的音乐已经发展到较高的水平。著名的乐师有俞伯牙。

### 四、秦汉一统帝国与文化上的统一

在中国历史上,能称雄世界,林立于世界性大国,称得上"帝国"的有秦帝国、汉帝国、唐帝国、元帝国、清帝国。其中秦帝国是与当时地中海的罗马,南亚次大陆的孔雀王朝(即古印度),成为并立而三的世界性大国。汉帝国的版图与事功更在秦之上,与其同时并立的世界性大国唯有罗马帝国。故此我们称秦始皇创立的秦朝和汉高祖刘邦建立的汉朝为一统帝国。这是值得每一个中国人自豪的一段历史。

(一)宏阔的文化精神

秦汉宏阔的文化精神表现在以下方面。

第一,宏阔的追求成为秦汉文化精神的主旋律。万里绵延,千秋巍然的秦长城,体现了中华民族对宏阔气派的追求。据史料记载,秦时的长城长达三千余里,修建长达十年。最近在新疆发现秦汉时修建的长城废墟。秦汉时的长城西起甘肃岷县(说法有误),东至秦皇岛山海关老龙头修筑长城,全长五千余公里,号称万里长城。覆盖三百余里,隔离天日的阿房宫体现了宏阔的气势。阿房宫三百里。秦始皇陵,气势磅礴;秦俑艺术,规模浩大。兵马俑面积一万四千多平方米,成为气势宏阔的世界奇迹。水域面积超过北京颐和园五倍的长安昆明湖也体现了浩大的气势。司马迁所写的《史记》全书一百余篇。记载上至皇帝,下至汉武帝时期近三千年的历史,也体现了宏阔的气势。因此,秦汉的文化精华无不体现宏阔的气势,建筑处处体现出豪华气派壮观的气势。

第二,注重中外文化的相互交融。秦汉时期,中国文化与外部文化进行了多方面多层次的交流。最著名的是汉武帝派遣张骞出使西域,不仅沟通了西汉与西域各国的关系,还开通了丝绸之路。从此,中国的丝织品、陶瓷器、漆器等特产运向西方,中亚和欧洲的特产东运到中国,东西方的经济和文化得到交流。此外,东汉的班超再次出使西域,重开丝绸之路。班超在西域奋斗了 30 年,使 50 多个国家与东汉通好,得到了不少有关中亚各国的宝贵资料,用羊皮绘制了西域的地图,也把中国介绍给中亚各国。秦汉文化表现出一种前所未有的一种无所畏惧的兼容并包的宏大气派。

(二)文化统一与思想统一

秦汉统治者在致力于建立一统帝国的同时,还致力于文化一统。战国时期,诸侯割据。秦始皇统一中国后,在文化统一上采取了以下几方面的措施:一是书同文。统一文字,把小篆作为统一文字。二是车同轨。统一车辆形制,规定车宽以六尺为制,六尺宽的车可通行全国,同时以首都咸阳为中心在中国修建了许多道路。其中通往九原(今包头)的叫直道,通往东方燕齐地区和东南吴楚地区的两条大道叫驰道。道路畅通,促进了商业贸易和文化交流。车不同轨,不能来往。三是度同制。统一度量衡和货币。秦始皇把秦国的圆形方孔钱作为全国统一的货币。四是行同伦。统一教化,在全国各地设置专掌教化的乡官,名曰"三老",实际是专作思想政治工作的官吏,目的是统一人们的思想伦理道德,统一文化心理。五是地同域。统一版图,将东至大海,西达陇右,北抵阴山,南越五岭的辽阔版图统一于秦国之下。秦在征服了岭南地区之后,征发数十万百姓到岭南居住,对开发边疆起到了一定的作用。秦始皇还强迫六国贵族迁到咸阳附近居住,加以控制。

秦始皇的上述措施客观上有利于秦帝国的统一,为中华文化共同体的最终形成奠定了坚实的基础。秦汉时期的文化一统,主要是思想学术上的统一,他崇尚法家,反对儒家,为了实现思想统一,在秦始皇执政时,发生了"焚书坑儒"事件,这种思想学术上的统一,对中国文化其后的历程影响至深至巨。

### 1. 焚书

公元前 213 年的一天,秦始皇在咸阳宫欢宴群臣。仆射周青臣称颂秦始皇的统一业绩,说皇上平定海内,好比明月照耀,人人宾服。分全国为郡县,废除分封制,从此无战争之患,秦的天下将会万世无穷。博士淳于越自持通今博古,熟读经书,站出来驳斥周青臣。他认为要想国家长治久安,就一定要学习古代的经验,丞相李斯却认为,淳于越说的古代经验不值得学习,儒生不学当今的法令,以古非今,会扰乱百姓的思想,他建议除了国家收藏的书籍和秦国的史书、医书、占卜、农业的书以外,把其他所有的《诗》《书》等诸子百家之书和原来各国的史书一律烧掉。秦始皇听从了李斯的建议,下令大规模焚烧书籍,使无数的文化典籍化为灰烬,造成了中国文化史上的一次空前浩劫,古代的乐记就是从此消失的。这就是历史上有名的焚书。

### 2. 坑儒

焚书的第二年(公元前 214 年),又发生了坑儒事件。秦始皇为了自己能长生不老,曾多次派人寻找仙药,并请方士为他炼丹,方士侯生和卢生两个人在背后诋毁秦始皇,认为秦以刑杀为威,秦始皇知道后,非常愤怒,下令追查,先后有 400 多个方士、儒生受牵连,因而被活埋,这就是坑儒事件。

秦始皇制造的焚书坑儒事件是为了加强思想文化上的统治而采取的措施,对中国思想文化的发展起着摧残的作用。

### (三)汉儒学独尊与经学

西汉时期,为了统一思想,汉武帝采纳了董仲舒的"罢黜百家独尊儒术"的建议,因此,汉代统治者在建立一统帝国的同时,也致力于思想文化的统一。

自汉代自清代,"十三经"一直是私塾学生必修经典著作,政府也推行以经取士的选官制度。因而,传授经学和注经学也就成为专门的学问。此时的经学是以人文精神为主的。汉武帝以后,经学内部因学术派别不同,出现了今文经学和古文经学两大派别。所谓今文经即朝廷搜集当今流散民间、口头相传的儒家著作,写为定本,作为传述的依据。由于这些经书,用当时流行的文字记录整理,故称"今文经"。所谓古文经是指当时鲁共王刘余、北平侯张苍、河间献王刘德等人通过种种途径发现的古本儒家经书,这些经书是用古籀文写成,故称"古文经"。自西汉末年"古文经"出现,学者内部出现今文经学、古文经学两大派,他们在各种版本及文字的真伪上、在学术观点上进行争论。在讲解经学时侧重也有所不同。一般地说,今文经学注重探讨经义,也即经书的微言大义,强调经世致用,他们认为孔子不但保存了五经,是古代文化的保存者,而且经过他的整理,这些经书便有了新的内涵,他们把经书的"义"与政治联系起来,认为孔子是一位政治家、哲学家,并且尊孔子。古文经学则以六经为史料,注重考据,认为孔子是一位史学家,是古代文化的保存者。应该说,二者各有侧重,但由于有政治因素掺入其中,今古文经之争也就不仅限于经书本身,而是扩大到了学术思想以及政治观念等方面。从汉武帝至西汉末年,今文经学居官学正统地位。东汉至东汉末年,古文经学占了上风。东汉末年,郑玄不拘于一家之见,遍注群经,择善而从。这样,今、古文经学融和而成了一种新的经学即郑学。现在人们注解经学著作,仍多沿用古文经学家郑玄的说法。今文经学和古文经学对后世思想文化都有极为重要的影响。

（四）秦汉时期的文化成就

第一,在科技方面,当时许多科学技术门类处于世界领先地位,如西汉前期出现了书写和绘画;蔡伦改进了造纸术;东汉的张衡发明了地动仪。天文数学方面也获得了巨大成就。汉武帝制定的"太初历"是我国保存下来的第一部完整的历法。《周髀算经》和《九章算术》是秦汉时期的两部数学专著。

第二,在医学方面,良医辈出。西汉时编定的《黄帝内经》,记述了人体解剖知识和血液循环情况,是我国现存最早的一部医书。东汉的《神农本算经》是我国第一部完整的药物学著作。张仲景和华佗是当时最有名的医学家,张仲景著有《伤寒杂病论》,华佗发明了"麻沸散"和健身防病的"五禽戏"。

第三,在史学方面,司马迁著有《史记》、班固著有《后汉书》。

第四,在文学和艺术方面,汉赋和汉乐府代表了当时文学上的最高成就。两汉的绘画已经具有相当的水平。那时候,上自皇帝的宫殿,下至富家大院,大都用壁画作为装饰。长沙马王堆汉墓,出土了精美的帛画,画的线条流畅,描绘细致,是我国古代艺术的珍品。秦汉的雕塑形象自动,如闻名世界的秦始皇兵马俑。秦汉的乐舞达到了相当的水平。乐器和舞蹈的种类很多。宫廷乐师李延年是当时有名的音乐家。西汉成帝的皇后赵飞燕,善于舞蹈,据说她能在一个托盘上跳舞,身轻若燕,所以号称"飞燕"。汉时的杂技也比较有名。

第五,在体育运动方面,秦汉时的体育活动日益丰富,我国是古代足球的故乡,春秋战国时代称为"蹴鞠"。另外击剑、秋千等运动也都在民间或军队里流行。

**五、魏晋南北朝是乱世中的文化多元走向**

合久必分,分久必合是中国历史的大势。秦汉时天下一统,到了三国南北朝时,就呈现出了内乱外患的动荡局面。战乱和割据,不仅打破了一元化的集权统治,同时也出现了文化多元走向。玄学崛起,创制道教,佛教东传,中国固有的儒家学说等,相互冲突,又相互融合,形成了这个时期多元化的局面。

(一)玄学崛起

玄学是魏晋南北朝时的一种哲学思潮。当时的哲学家们将儒家的《周易》、道家的《老子》和《庄子》,并称为三玄。所以后世称这种哲学为玄学。魏晋玄学有三个主要的流派:①以玄学创始人何晏、王弼为代表的唯心主义贵无派,主张以无为本,代表作有何晏的《道德论》、王弼注释的《老子》《易经》。②向秀和郭象。他们主张无不能生有,有也不能生有,万物是突然自生自得的。③玄学的主要内容是探讨个体存在的意义和价值,以探讨理想人格为中心课题,追求在情感之中达到对无限的体验,形成了重自然轻雕饰的美学观念。玄学对魏晋士人玄、远、清、虚的生活情趣有很大影响。比如魏晋时名士阮籍、嵇康、陶渊明及竹林七贤,他们纵情山水,放任个性,对功名漫不经心,力求超脱现实。这些都是深受虚无主义思想的影响。

(二)道教创立与佛教传播

道教是中国本土的宗教,它源于远古的鬼神崇拜,是东汉时人张陵创立的。发展于魏晋,至南北朝时,首次使用“道教”一词。统一各个道教派别,与此同时,道教逐步形成了一套完整的宗教仪式、道德戒律。所以说道教创始于南北朝。隋唐是道教的兴盛时期。道教的基本信仰与教义是“道”。强调信徒修道养德,以便达到得道成仙之目的。道教最关心的是人如何不死。佛教产生于公元前6—前5世纪的古印度,东汉时开始在中国广泛传播,魏晋南北朝时期,佛教最初依附于玄学,最终则代替了玄学的地位。隋唐两代是佛教的鼎盛时期。此时的佛教盛行“般若学”和“涅槃佛性学”。“涅槃”是佛教用语,主要是指能洞照性空之理的智慧。一般指熄灭“生死”轮回而获得的一种精神境界。佛教更多的关注“人死后如何”。南北朝时期佛教的繁荣景象,我们可以从当时的佛寺、僧尼人数来作个比较。南朝:宋时僧尼 3 600 人,佛寺 1 900 多所;齐时 30 000 多人,2 000 多所;梁时 82 000 人,2 800 多所。北朝:北魏中期僧尼达到 77 000 多人,佛寺 6 000 多所,北魏末期到了 200 万人,佛寺 30 000 多所;北齐 200 多万人,30 000 多所。由此可见,佛教在南北朝时期的传播是多么广泛。

（三）魏晋南北朝时的文化成就

（1）在科技方面，三国时的刘徽，他是我国古代的大数学家，最早提出了圆周率的正确计算方法。南朝时的祖冲之，把圆周率的小数点精确地推算到小数点以后的七位数字，比欧洲早了一千多年。另外祖冲之还著有《缀术》一书，这是当时数学领域的最高成就。直到唐代，政府还把《缀术》定为学校的课本。北朝的农学家贾思勰著有《齐民要术》，是我国第一部完整的农书，北宋年间，政府将《齐民要术》刻印成册，用以指导民间农业生产。北魏的郦道元，是我国古代杰出的地理学家。他为汉魏时的地理学专著《水经》作注，即《水经注》，详细地记叙了我国江河流经地区的山川、城镇、物产、矿藏、风俗、史事等。

（2）在医学方面，西晋太医王叔和著《脉经》，是我国现存第一部脉学专著。葛洪是东晋的炼丹家和医学家，他写的《肘后备急方》是一部很有实用价值的医书，后经南朝医药学家陶弘景增补，更加完整。

（3）在文学方面，魏晋的文学被称为魏晋风骨，可见，其成就是相当有名的。建安诗人（包括曹操父子和建安七子）、陶渊明都为后代留下了不可磨灭的光辉篇章，代表了当时文学上的最高成就。

（4）在书法艺术方面，东汉末年，书法逐渐成为一门艺术。魏时的钟繇开始把字体由隶书转化为楷书。东晋的王羲之，楷书、行书、草书无不擅长，代表作有《兰亭序》，后人尊之为书圣。北魏时刻在石碑上的书法，称作"魏碑"，也是流传千古的艺术作品。

（5）在绘画艺术方面，宗教画在此时占了主要地位。同时由于山水诗的增多，山水画开始形成。东晋的顾恺之，擅长人物画，他的画线条优美活泼，人物传神，很有个性。顾恺之一生的创作很多，流传下来的有摹本《女史箴图》和《洛神赋图》。顾恺之做事非常认真，有时达到发痴的程度，史称三绝"才绝、画绝、痴绝"。他认为人物的神态，主要表现在眼睛上，因此，他画人物常常很久不点眼睛,直到考虑成熟了,才画上去。一次,他在扇面上画了文学家嵇康和阮籍,但没点眼睛。别人问原因,他说"点了眼睛,他们就会说话了,就跑了"。梁朝的张僧繇是顾恺之以后较有成就的画家。他日夜挥笔,几十年从不间断,创作了大量的寺院壁画。相传他在一座庙的壁上画了四条白龙,其中两条龙画上眼睛以后,破壁飞去。这就是"画龙点睛"的典故。

(6)在石窟艺术上,南北朝时期,为了宣扬佛教,在一些地方劈山削崖,开凿许多石窟。其中最著名的有山西大同的云冈石窟和洛阳的龙门石窟。这两处石窟群里,雕刻着成千上万大大小小的佛像,周围石壁上满刻着浮雕。这些雄伟精巧的艺术品,继承秦汉以来我国的艺术传统,也吸收了外来佛教艺术的优点,云冈石窟和龙门石窟是我国雕刻艺术的宝库,为世界所瞩目。云石窟位于山西大同的武周山西麓,东西连绵约1千米,开凿于北魏前期。现存主要洞窟50多个,雕刻了约5万个佛像,还有许多飞鸟异兽、楼台宝塔、树木花草等浮雕图案。石佛有的高大魁伟,有的容貌庄严,有的体态安详,其中,第20号窟的露天大佛,高13.7米,佛像造型雄伟,面部丰满而柔和,两肩宽厚,是云冈石窟雕刻艺术的代表作品。北魏孝文帝迁都洛阳后,人们依照云冈石窟,在洛阳南面的伊水西岸,开凿了龙门石窟。石窟里的佛像,鼻高,目长,唇厚,面颊丰满,双肩宽阔,体态端庄,衣服褶纹棱角分明。龙门石窟中还有不少碑刻,其中驰名中外的《龙门二十品》,是魏碑书法艺术的精品,可惜龙门石窟中的一些佛像和浮雕,被殖民者盗走,比如浮雕《礼佛图》现存于美国的一个美术馆。

(7)在旅游方面,旅游形成于魏晋南北朝,当时人们追求魏晋风度,纵情山水,喜欢山水田园风光,因此旅游成为一种时尚。另外,"旅游"一词从魏晋南北朝开始一直沿用至今。

### 六、隋唐:隆盛时代

公元581年,杨坚建立了隋帝国。隋朝是一个短命的王朝,到公元618年就灭亡了。可是隋朝为唐朝的空前强盛奠定了基础。在隋朝的基础上建立起来的唐帝国,是一个空前强盛的帝国。隋唐时期,中国文化进入了气势恢宏、史诗般的隆盛时代。隋唐时期文化的繁荣,与隋唐所创设的政治制度休戚相关。其中最主要的是得益于隋唐时期的用人制度,隋朝废除了魏晋时的九品中正制,推行科举制度。通过科举考试来选拔官员,改变了魏晋以来按照门第高低选用官吏的方法,在一定程度上限制了门阀世族世世代代做大官的特权。大批中下层士子,凭借自己的学识和才能,堂堂正正地进入了仕途。隋朝所创立的用人制度为后来的历朝所沿用。唐朝继续推行科举制度和均田制,政治清明,社会安定,经济繁荣。正是由于门阀世族势力的急剧没落和大批平民出身的寒士的翻身,才使得隋唐文化呈现出恢宏的气象。通过科举考试,一大批出身低贱、地位低下的士子,在中国历史上第一次凭着自己的本事,参与和掌握着各级政权,他们在内心里感激这个充满希望和大有作为的时代,他们对自己的前途和事业充满了一泻千里的热情,以极大的热情投身于国家的政治、经济和文化建设。正是因为这批精英分子的努力,使得隋唐文化出现了空前的繁荣。在文学、绘画、音乐、宗教等各个方面取得了历史上前所未有的成就,甚至有些成就是后世望尘莫及的。

(一)唐文化的宏大气魄

唐文化的宏大气魄,集中体现在以下两个方面。

第一,唐文化体现出了一种无所畏惧、无所顾忌的兼容并包的宏大气派。在文化政策上,唐代统治者,不仅在政治上比较开明,而且在文艺创作上积极鼓励创作道路的多样化。在政治上最开明的当属唐太宗李世民,他说"君子好比是船,人民好比是水,水能载船,也能翻船。"因此他采用了许多利民的措施。他知道知人善任,能够虚心听取不同的意见。魏征曾多次当面批评过他的过失,有时弄得他下不来台,但是他往往能闻过则喜,择善而从。魏征死后,李世民感叹自己失去了一面"镜子"。在文学方面,唐朝不少帝王本身爱好文学,同时鼓励作者创作风格的多样化。唐朝既有现实主义诗人杜甫、白居易,又有浪漫诗人李白。唐代的统治者对作家比其他任何朝代都宽容得多,李白几次冒犯龙颜,竟然不死,就是一个奇迹。在意识形态上,奉行三教并行政策,创造开放的氛围。在历史上,常有"儒、释、道"三教之称。其中"儒"是指宗教色彩很浓的儒学。"释"是释迦牟尼,是佛教徒对佛教创始人的尊称,在此代指佛教。道即道教。此三者于南北朝时相与激荡,已成为社会文化的主流,至隋唐时期,道教、佛教极为盛行。唐皇帝因姓李,自称是李耳的后代,故信道。但武则天信佛,据说她是佛女转世。儒家学说既是官方哲学,又是世俗之人登科及弟的必经之路,故得到朝野上下的普遍信仰。此外,来自西方的伊斯兰教也传入大唐。皇帝允许民间的百姓信仰自由。

第二,广为吸收外来文化。有关专家根据大量史料得出结论:唐朝首都长安是当时世界文化交流中心,在国际上享有很高的声誉,亚、非地区的许多国家纷纷派使臣、学者不远万里来长安访问学习。唐朝政府设置鸿胪寺,专门接待各国的使臣和来宾。唐朝政府也不断派出使臣访问各国,派宗教界人士出国进行宗教交流。大家最熟悉的例证至少有两个:一是公元 627 年,唐玄奘到佛教发源地——印度去取经;二是从公元 742 年开始,唐朝的鉴真和尚数次东渡日本,传播中国文化。在中国文化走向世界的同时,世界各国的文化也涌入大唐:南亚的佛教、历法、医学、语言学、音乐美术传入唐朝;中亚的音乐、舞蹈也传入大唐;西亚和西方世界的伊斯兰教、医术、建筑艺术及马球运动等等也涌入大唐。唐朝时,与大唐通使的国家已有 70 多个。这在当时是别的国家难以做到的。

(二)唐朝是一个世界性帝国

学术界往往爱将秦汉与隋唐类比,并将"汉唐"连称,但"汉唐"实际上差别很大。汉朝还没有强大的威慑力和文明魅力足以建立对周边诸国的宗主权、仲裁权,唐朝则以强盛的国力建立了皇帝在国内至高无上的地位,而且有足够的魅力吸引各国首领前来贡拜。唐朝的世界性还表现在对外族和外国人,允许入境居住、参政做官,法律地位平等,保护通商贸易;允许通婚联姻,文化开放互融,外来留学人员云集。唐朝是当时当之无愧的世界中心国家,其物质生活的富裕,典章制度的完善,宗教理性的宽容,科学技术和文学艺术的繁荣,甚至包括服式发型的新潮等,吸引邻近民族和各国人士蜂拥而至。唐朝文化是极其繁荣昌盛的。

### (三)唐代文化取得的成就

#### 1. 文学

(1)唐代诗歌是中国诗歌发展史上的黄金时代,中国诗的辉煌颠峰就在唐代。唐代是一个全民族诗情郁勃的时代。见于《全唐诗》的诗人就有 2 300 多个,诗歌接近 50 000 首。李白、杜甫、白居易成为诗国华岳三峰。唐诗是中国文学的瑰宝,对后世的影响极大。人们常说"熟读唐诗三百首,不会作诗也会吟";至今唐诗仍是进行艺术教育必不可少的内容。

(2)唐代的散文也有丰硕成果。韩愈、柳宗元为唐代古文双璧。他们发起了古文运动,对以后几个世纪的文学产生了深刻的影响。

(3)唐代传奇小说开创了后世短简小说的先河。蒋防的《霍小玉传》为传奇的代表作。

(4)唐代的词与变文开创了文学体裁的新样式。唐文化的繁荣表现在书法:书法至唐,达到我国历史上的一个高峰。各种书体都有发展。篆、隶、行、草都有优秀的书法家。楷书成就最大,唐楷后世无出其右者。欧阳洵、虞世南、颜真卿、柳公权四大家将唐楷推至登峰造极的地步,其中颜真卿、柳公权的楷书,直到今天,仍是人们学习的主要范本。

#### 2. 艺术

唐朝是绘画的极盛时期。唐代画坛百花盛开,人物画、山水画、花鸟画、鞍马画等,都各自成为独立的画科,并具备了鲜明的艺术特色。唐代画家辈出,仅有文献与画迹可考者即近四百人。画圣吴道子画的禽兽、台殿、草木无不冠绝于世,代表作是《送子天王图》。唐代的雕刻艺术、音乐艺术、瓷器艺术、建筑艺术等各门艺术都取得了令后世追慕不已的成就。因此,可以下个结论,中国艺术发展至唐,显示出一种阶段性、集大成性的灿烂风采。

### 七、内省、精致趋向与市井文化勃兴的两宋

唐宋文化有内在的联系,比如宋人在唐诗的基础上把宋词和宋诗推向了另一个高峰。宋人在唐代散文的基础上又把散文创作向前推进一步。但是从整体上来看,唐宋文化属于不同的类型。唐型文化,是一种相对粗放、外倾、色调浓烈的开放型文化,表现出一种外向、粗犷、豪华的特色。宋型文化,是一种相对封闭、内倾、色调淡雅的文化类型,表现出一种内省、精致、雅致的特色。唐宋型文化的不同特色,我们可以从各自时代的文学、哲学、绘画、雕塑、音乐以及民间风俗等方面体味出来。比如唐诗无体不备,无不入诗;宋诗讲求哲理,以理入诗;唐代三教并行,各种哲学宗教都有市场。宋代哲学却让程朱理学独霸了。唐代宫廷建筑,强调群体的宏伟;宋代宫廷建筑追求一种封闭自足、不待外求、自成一统的意蕴,如唐、宋陵。

（一）理学构建

宋文化是以宋理学为奠基石的。两宋(北宋、南宋)理学由五位理学大家创立,即周敦颐、张载、程颢、程颐、朱熹。创始人是周敦颐,集大成者是朱熹,在理论上做出重大贡献的是二程,后世多称"程朱理学"。理学是儒、释、道三家思想的融合,适应了宋代重建纲常的需要。理学的思想内容包括以下几个方面:儒家学说发展到宋代,又呈现出奇峰迭起的景象。宋初的胡瑗、孙复、石介,已先声夺人,此后,北宋五子周敦颐、邵雍、张载、程颢、程颐并起,他们各自从不同的角度和侧面对儒家学说进行了解释和阐述,如

对学思并重的认识论思想、执两用中的中庸之道、因材施教的教育思想、三代相因的历史沿革观念和以伦理为核心的道德哲学都进行了探讨,并且给予了很高的评价。但事实上,他们大多是对儒家学说的应用而非发展。朱熹是宋学的集大成者,而且是以孔子的传人自居,他一生研究的重点基本上都是儒家经典,在《周易》《诗》《礼》《论语》《孟子》《大学》《中庸》诸方面,都有专著行世,但他在认识论、仁义说、心性说包括哲学方法论上,都是从周、张、二程入手,得自周张二程。比如周敦颐著《太极图说》和《通书》,朱熹就作《太极图说解》和《通书解》;张载著有《西铭》和《正蒙》,朱熹就作了《西铭解》和《正蒙解》;朱熹的《伊洛渊源录》《近思录》和他编辑整理的《程氏遗书》《程氏外书》,都说明他对二程作过更多的研究,所以后人说宋代理学往往以程朱理学概之。具体说程朱理学主要有以下几个方面的影响。

(1)在自然观方面,他坚持并发展了二程的"理本论",特别是程颐理气说,同时又充分吸收了周敦颐的太极说、张载的太虚之气说、邵雍的先天说等。他认为,"理"或"天理"是宇宙的本原或根本,天、地、人、物都是因天理而存在,都是由最根本的理所产生出来的。理学高度强调人们对"天理"的自觉意识,强调知性反省。他们认为"理"是产生万物的本源。"理"充塞于宇宙。他们把理与纲常伦理结合起来,认为万理皆来源于"天理",而天理就是"三纲五常"。西汉董仲舒认为:三纲——君为臣纲,父为子纲,夫为妻纲;五常——"仁,义,礼,智,信"五方面是日常规范。他们强调天理是人欲的对立面,要人们存天理,灭人欲。在理气关系上,朱熹认为,理是根本,气则依附于理。理为形而上,气为形而下。天下没有无理之气,也没有无气之理。

(2)在人性论方面,朱熹比二程讲得更细致、更深刻。二程只是提出性即理的命题,没有明确提出天地之必与气质之性的区别;朱熹认为性是天理的体现,是形而上的本然状态;人禀气而生,是形而下的有形存在。人和万物都是天理的体现,人既然是禀气而生,那么万物自然也是由气而构成的。而人和物的根本不同在于,只有人才具备仁、义、礼、智、信,而物则没有。人的这种本性就是天理,天理从来就不可能有不善的状态。人的根本使命就是要认识人自身,并要克服那些不善的行为。

(3)朱熹还发展了"道心"和"人心"这两个概念。朱熹认为"道心"源于生命之正,是从纯粹的天命之性发出来的,所以是至善的;即使愚昧的小人,也具有天命之必,因而不可能无道心。"人心"是从气质之性发出来的,可善可不善,即使是上智的圣人,也是理气结合出来的,不能不具有气质之性,因而,不能无人心。"人心"和"道心"不是绝对对立的,对于人欲必须革除,对"人心"则不能消灭,而只能使它听命于"道心"。

(4)在修养论上,朱熹大体上是继承二程尤其是程颐的思想而又有所发展。"穷理""居敬""求仁",朱熹提出"学、问、思、辩、行"的学习方法,充满理性色彩。在持敬问题上,程颐把"涵养须用敬,进学在致知"作为修养的二大纲目,朱熹进而发挥为持敬说和格物致知论,认为敬是为学修养的立脚点,是圣人第一之要法。而且他的居敬并不是目的,而只是功夫,居敬的目的在于"穷理",而"穷理"又是"格物致知"的功夫。朱熹提出的"学、问、思、辩、行"的学习方法,充满理性色彩。

综上所述,我们知道,朱熹一生致力于宣扬理学,建立了一个庞大而又精深的新理学思想体系。其价值在于总结了先前儒家学者的贡献,回答了当时所能回答的一系列问题,从而使儒学真正摆脱了几百年来佛教与道教的冲击,重新恢复了权威和信心。从元代开始,朱子学作为儒家学说的新生力量成为中国的官方哲学,明清时提升到儒学正宗地位。朱熹成为孔庙大成殿"十二哲"之一。在政治和思想文化领域内都占有非常重要的地位,它不仅深刻地影响了中国的传统思想文化,而且还传播到国外,尤其是东亚诸国,成为继孔子之后又一个对世界文化作出贡献的思想家。宋代理学一直为历代统治者所尊奉。公正地讲,程朱理学除为统治者服务外,也为塑造中华民族性格起了积极作用。理学强调通过知性反省达到理想人格的建树,强化了中华民族注重气节和德操,注重社会责任和历史使命的文化性格。

（二）宋代文化的雅与俗

### 1. 宋代文化的雅有士大夫文化

两宋的士大夫文化表现出精致内趋的性格,也表现出理学的精神价值与道德理想,显得十分高雅。在文学方面,诗歌"以议论为诗""以文为诗",诗风趋于雕饰和精致,侧重于表现理念。例如,以"不识庐山真面目,只缘身在此山中"为代表的哲理诗,就是表现人生理念的典型代表。词风经婉约、豪放而雅炼、艰深、精致。诗和词都是更多的表现士大夫的慨叹国耻国难和爱国忧国的民族气节,或表现士大夫个人的闺情相思,士大夫气息极浓。宋代散文也有以上的特点。比如欧阳洵、苏轼、李清照、陆游、辛弃疾的诗词文都体现出以上的特点:文风精致、雅炼、内容上大夫味极浓。他们的作品不是表现百姓情趣,属中上层文化世界。此外,两宋的绘画、音乐、雕塑等艺术,乃至士大夫们饮茶、收藏、服饰都体现出优雅、细密的风格。特别是始建于两宋时期的私人园林,如苏州的网师园、沧浪亭,无不体现出精致细腻,充满诗情画意,给人以幽静、深邃、温柔恬静之感。与唐代的瑰丽多彩的华清池感觉有很大不同。

### 2. 宋代文化的俗有市民文化

市井是指商品交易的场所。交易场所多有水井,供人畜饮用,故称市井。后来的城市就是在市井的基础上发展起来的。北宋时,城市经济繁荣,店铺随处开设,还出现了夜市。由此而繁衍出大量的市民,产生了汴梁、成都国内贸易中心和杭州、广州、泉州等国际贸易城市。市民阶层随之壮大。

如果我们把两宋时代的文化划分为两部分的话,那么很明显的有"雅""俗"两种文化。"雅"文化就是宋词诗文,宋画及宋代理学构筑成的精致优雅的士大夫文化;"俗"文化是指在市井上成长起来的野俗生动的市民文化。雅文化属于精英知识分子圈内的文化,只有文人雅士才能欣赏。市民们没有士大夫的忧国忧民的民族气节,更无意追求诗情画意和高雅的情趣,而是醉心于能直接而热烈的满足感官享受的艺术形式。适应市民阶层的需要,城市中的曲子、靖宫调、杂居、杂技、说书等都是市民喜爱的艺术形式。在两宋的城市里伴随着商业经济的发展,出现了固定的商品交易兼游艺场所叫瓦子、瓦室或瓦舍。在瓦舍里设有栏杆围起来的演出场所叫勾栏,勾栏里有乐棚供专业艺人演出使用,勾栏里演出各种各样的文艺节目:如杂剧、杂技、说浑话(小品)、说书、讲史、皮影戏、傀儡戏、散乐、清宫调、角抵、舞旋花鼓、舞剑、舞刀。说、唱、斗、打、吹、拉、弹、唱样样都有。勾栏外观众云集,大声应和,热闹非凡。由此可见,一种野俗的、热烈的市民文化在宋代极为流行。其特征是具有多元审美情趣和热烈的普及性(人民性)。

（三）宋代文化的成就

宋代在教育、科技上都取得了令后世追慕不已的成就。教育方面宋代重视发展教育。西汉以来,官方学校多招收贵族子弟,而宋代的宗学和太学开始招收出身寒门的子弟。另外地方学校也很普及,地方州县学校设遍天下。私学更是不计其数,特别值得一提的是,宋代将书院的功能扩大了,书院在前代都是藏书或隐居之地,宋代书院将藏书教育和学术研究结合起来,成为著名学者授徒讲学、培养人才的地方。当时著名的书院有:江西庐山的白鹿洞书院、湖南衡阳的石鼓书院、河南商丘的应天府书院、湖南长沙的岳麓书院、河南登封的嵩阳书院、江苏江宁的茅山书院等。许多著名学者在名山或名城中设立书院,招生讲学,学生人数众多。科技方面,闻名世界的中国古代四大发明有三大发明是宋代的科技成果:沈括指南针,毕昇印刷术,唐福、石普火药。沈括著述近四十种,多数失传,根据他的传世著作《梦溪笔谈》《长兴集》《苏沈良方》《奉元历》,可知他的许多科学成就处于当时世界的前列。他创立了十二气历法;发明数学"会园术";最早发现地磁偏角,发明了指南针;发现陕西一带的地下石油;发现虹、海市蜃楼等现象。在科技史上,几乎没有哪个朝代可和两宋相比的,因此宋代是古代科技发展的高峰。

### 八、辽夏金元时期游牧文化与农耕文化的冲突与融汇

#### (一)游牧文化与农耕文化冲突的双重效应

在北宋和南宋帝国统治的 300 多年间,中国北方先后出现了三个少数民族建立的政权,他们是契丹族建立的辽国,党项族建立的西夏,还有女真族建立的金国。他们过着游牧生活,经常南下侵扰宋朝,对宋文化造成冲击,同时他们也从宋文化中汲取营养,这就产生了冲突与融汇的双重效应。这个问题可以从两个方面来得到验证:一方面,宋朝受辽夏金的侵扰,使得宋文化里充满着国破家亡的忧患。这种忧患意识在士大夫文化中表现得尤其明显。在欧阳修、苏轼、李清照、陆游、辛弃疾、岳飞的诗词文当中都体现出了一种浓郁的忧患悲愤气息。岳飞《满江红》、陆游《示儿》,无不充满了浓重的爱国忧国的情思。当然市民文化当中是缺少这种忧患意识的。他们醉心于瓦舍勾栏的愉悦刺激。另一方面,游牧民族从农耕文化中吸收到丰富的营养。在辽朝,《史记》《汉书》被译成契丹文字,广泛流传。孔子受到朝野上下的尊崇,唐宋诗词受到辽人的喜爱。在西夏,党项族人把《孝经》《论语》《孟子》等译成本族文字。至宋仁宗时,西夏任用中国贤才,读中国书籍,用中国车马,行中国法令(中国即中原之国,汉族)。受中原之国影响最大的当属金国。建立金国的女真族一直活动在东北一带。自从公元 1141 年宋金订立"绍兴和议"之后,女真族人不断内迁,定居中原,与汉族人民长期杂居,学说汉话,与汉人通婚,改姓汉姓。在全国学习汉文化经典,科举考试仿汉唐之制的大背景下,儒学被奉为正宗道统。总之,金人对汉文化的汲取和整合比别的民族更加明显。以上是辽夏金

与中原宋朝文化的冲突与融汇的概况。下面介绍元朝时期各民族文化的融汇。

元朝本是中国北方的蒙古族建立的政权。公元 1260 年，成吉思汗的孙子忽必烈登上大汗宝座。公元 1271 年迁都燕京（今北京）建国号为"大元"。公元 1279 年南宋灭亡。元朝统一中国，标志着蒙汉各族统治者的联合。元朝是我国少数民族入主中原后，第一个建立中央集权的封建大帝国。在这个被蒙古族征服的帝国里政治、军事、文化既互相冲突又互相交融。忽必烈入主中原后曾把居民分成四等，第一等是蒙古人，第二等是色目人，第三等是汉人，第四等是南人。后来忽必烈步入了征服者被征服的轨道。在长期的统治生活中，忽必烈感到在大元帝国处处推行蒙古族的游牧文化是行不通的。在汉族儒生士大夫的影响下，他采取一系列措施，改变蒙古族的旧俗，行中国事（中国即中原之国），在风俗、饮食、礼仪等各个方面逐渐汉化。程朱理学曾被元统治者升格为官学，成为居主导地位的观念文化。

（二）元杂剧及其文化意义

元代对知识分子来说是一个不幸而又侥幸的时代。隋唐开始，历代王朝都是通过科举考试制度来选拔一部分知识分子参政的。元代却不是这样，蒙古灭金后，科举考试停顿了八十多年。为数众多的知识分子被堵塞了仕途。一些知识分子苦闷彷徨去做隐士，而绝大多数文士则沉沦下层。元代有所谓"八娼、九儒、十丐"的说法，可见当时儒生地位的低下。元代知识分子中一些"门第卑微，职位不振"的文人，与人民比较接近，与民间艺人和社团合作，投身于杂剧的创作，以杂剧来表达心中的悲愤苦闷与抗争。在不足百年的时间内，有姓名可考的杂剧作家 200 人，见于记载的剧目有 700 多种，至今流传的剧本仍有 200 多种。最著名的有"元曲四大家"（关汉卿、马致远、白朴、郑光祖），还有王实甫。其中关汉卿、王实甫的代表作被誉为杂剧双璧（关汉卿的《窦娥冤》、王实甫的《西厢记》）。元杂剧的文化意义在于：它把歌唱、说白、舞蹈等有机地结合在一起,形成了具有民族风格的完整的戏曲艺术形式;在内容上,元杂剧表现了当时知识分子的心声,谴责黑暗,倾吐不平,追求美好未来,追求真善美。

(三)规模盛大的中外文化交流

元朝疆域辽阔,忽必烈入主中原后,还征服了周边一些国家和地区。北达西伯利亚,南到南海,西南至西藏云南,西北达新疆。一度还曾经发动了对欧亚各国的三次侵略,并建立了四个汗国,波兰、匈牙利、伊朗、伊拉克、埃及等都曾被成吉思汗及其子孙占领过。在元帝国对欧亚大陆的征服过程中,规模盛大的中外文化交流也在进行之中。外来宗教大规模涌入中国。信仰伊斯兰教的穆斯林从阿拉伯和波斯大量迁居中国,属于基督教的景教和天主教在全国各地遍设教堂。中外科技相互交流。元代有大批中亚波斯人、阿拉伯人迁居内地,他们也把本国的先进科技,如天文学、数学,介绍到中国,中国至今仍在使用阿拉伯数字。元代杰出的科学家郭守敬在发展中国传统天文学的基础上,充分吸取阿拉伯的科学(数学和天文学)成果,在天文水利数学历法等方面都取得了世人瞩目的成就。特别是在天文学方面,他于 1281 年制定的《授时历》,以 365.252 4 天为一年,其精密程度超过前代各朝各代,比世界上现用阳历(格里哥利历)早三百年,授时历施行了360 年,为我国历法史上施行最久的历法。他在天文学上的成就和地位得到世界公认,1970 年国际天文学会把月球背面一个环形山命名为"郭守敬山",1977 年中国科学院紫金山天文台把新发现得一颗小行星命名为"郭守敬星",郭守敬取得科学上的重大成就,可能与他吸收外来文化有关。与此同时,中国文化迅速向外国传播,火药传入阿拉伯,后传入欧洲,印刷术传入波斯、埃及,后传入欧洲。中国历法、数学、算盘、瓷器、丝绸、茶等,在亚欧广泛传播。马可波罗来到大元帝国旅行之后,用《马可波罗游记》把中国介绍给了西方人。

### 九、沉暮与开新,转型期的明清

回顾中国传统文化的发展里程。上古是发生时期;殷商西周、春秋战国、秦汉、魏晋南北朝是发掘壮大时期;隋唐是鼎盛时期;宋辽夏金元是个起伏跌宕的变异时期;明清是衰落沉暮的时期(指文化专制),同时也是文化创新时期(启蒙思想介入)。

(一)空前严厉的文化专制

明清时君主专制统治超过以前历代王朝,文化专制也达到了登峰造极的程度。比起秦始皇"焚书坑儒",汉武帝时的"罢黜百家,独尊儒术"来,明清时期的文化专制有过之而无不及。

明清时期的文化专制主要表现在两个方面。

1. 大兴文字狱

明清时期首先搞文字狱的是朱元璋,朱元璋搞文字狱与他的经历有关。朱元璋出身佃农,少年时,因家中贫困,给地主放牛。17 岁时当了和尚,曾在安徽、河南靠"化缘"求乞度日。后来参加了郭子兴领导的红巾军,郭子兴见他作战勇敢,将养女马氏嫁给了他,郭子兴死后,朱元璋成了这支农民起义军的实际统帅。公元 1368 年朱元璋在南京正式称帝,国号大明,年号洪武。朱元璋当了皇帝以后,大兴文字狱,大批儒生士大夫因文字而遭横祸。朱元璋以则为贼,以生为僧,认为是讥讽他参加过红巾军,当过和尚,从而大开杀戒。此外,明初著名诗人高启和其他读书人被明朝统治者借故杀害。明代君主还使用特务机构东厂、西厂、锦衣卫,以文人为重点监视对象,对文人进行迫害和镇压。文人们往往因一字而招来杀身之祸,于是各个谨小慎微,写诗作文不敢针砭现实,书写胸臆。因此明代的优秀作品多出于元末明初,而且往往是民间创作。清代文字狱更为过之,康熙正是最大的制造文字狱的罪魁祸首。第一,庄廷鑨《明史稿》案——就在康熙帝即位的第二年,有官员告发浙江湖州有个文人庄廷鑨,私自招集文人编辑《明史》,里面有攻击清朝政府的语句,还使用南明朝的年号。这时候,庄廷鑨已死去,朝廷下令,把庄廷鑨开棺戮尸,他的儿子和写序言的、刻字的、印刷的以及当地官吏有被处死的,有充军的。这个案件,一共株连到 70 多个人。第二,戴明世《南山集》案——公元 1711 年,又有人告发,翰林官戴明世的文集《南山集》,对南明朝政权表示同情态度,又用了南明的永历帝的年号,于是康熙帝就下令把戴明世打进大牢,判了死刑。这个案例牵连到他的亲友和刻印他的文集的,又有 300 多人。第三,吕留良《文选》案——雍正帝执政期间,文字狱更多、更严重,最出名的是吕留良事件。吕留良是一个著名学者,明朝灭亡后,他参加反清未成功,于是出家当和尚,躲在寺院里著书立说。书中充满反清内容,幸好书没有流传出去。后来吕留良死了,他的崇拜者张熙、曾静等人读了吕的作品,言语不慎,祸从口出。被一个叫岱钟琪的告发给了雍正帝,雍正帝下令彻底查办,吕留良已经死了,雍正把吕留良的坟给刨了,棺材劈了,又把吕家后代和吕留良的两个学生满门抄斩,还有一些读过吕留良书的人也株连,被罚到边远地区充军。上面三个案子或多或少是由反清的活动引起的。另外,不少文字狱,完全是牵强附会,挑剔文字过错,甚至为了一句话、一个字也惹出大祸。举例:有一次翰林官徐骏在奏章里把“陛下”的“陛”错写成“狴”字,雍正帝马上把他革职,后来,有人在徐骏的诗集里发现有“清风不识字,何故乱翻书”之句,便认定这是“反清”,于是把性命也送掉了。

## 2. 崇正宗灭异端

明朝崇尚的正宗是程朱理学。在崇正宗的同时,统治者还大刀阔斧的灭异端,在灭异端方面,乾隆时期大大超过了康熙、雍正,乾隆帝灭异端的办法是比较高明的,就是集中全国的藏书,来编辑一部规模空前的丛书——《四库全书》。另外,还操纵长达 19 年的禁书活动,共禁毁书 3 100 多种,15 万多部,销毁书版 8 万块以上。这是中国文化继秦始皇焚书以来的又一次巨大浩劫。所以有人总是用"康乾盛世"来称颂中国自 1644 年清兵入关之后的一百多年是太平盛世,我深不以为然。因为此时的欧洲各国都正在走向资本主义时期,各国统治者无不采取各种手段发展经济、鼓励科学技术。而此时的中国皇帝却为了一家之天下,置国家之天下于不顾,在思想学术上大兴"文字狱",人人有口而不敢言。在经济上钳制商贸活动,多次取消海外贸易,实施"闭关锁国"的政策,把明末清初萌生的那一丝资本主义的曙光彻底扼杀殆尽。在政治上,全国遍布特务机关,无论是官吏还是百姓,只要一有反清复明的蛛丝马迹,马上就大开杀戒,进行残酷的迫害和镇压,致使一大批思想家死于非命,这种对中国社会各个领域、各个阶层进行的全方位的摧残,使中国社会元气大伤,在繁荣的表象后面,潜藏的是国破家亡的危机,也就是说,所谓的"康乾盛世"是牺牲了中国近三百年的进步换来的,何功之有?1840 年鸦片战争一爆发,千疮百孔的清政府便立刻露出了原形。

（二）早期启蒙思潮

明清时期,资本主义在中国微露萌芽。明末清初一批文人从不同侧面与当时的正统文化——程朱理学展开论战,有的批判锋芒直指君主。明清时期启蒙思想的代表人物有以下几位:李贽、黄宗羲、顾炎武、王夫之。李贽说他自己"自幼倔强强难化,不信道,不信仙。故见道人则恶,见僧则恶。见道学先生则尤恶"。李贽中年时曾当过明朝国子监博士,又在朝廷做过官,但他不满官场黑暗,于 1581 年愤而辞官,专心从事讲学和著述。他的代表作有《藏书》《续藏书》《焚书》《续焚书》。他公开以异端自居,对封建传统道德进行了大胆的揭露。他还提倡婚姻自由,公然招收女学生,他的思想和行为在封建社会里被视为大逆不道。他的许多观点与同时代的意大利文艺复兴时期人文主义的观点非常相近。清初的黄宗羲、顾炎武、王夫之也是当时的启蒙思想家。他们指斥帝王,批判程朱理学,反对明末以来的空疏学风,主张"凡文之不关当世之务者,一切不为",提倡经世致用。戴震还针对程朱理学,指出其"以理杀人",甚至"以法杀人"的真实面目。明清时期的启蒙思想家,可以同西方文艺复兴时期的思想家相提并论。但与之不同的是,中国的启蒙思想家们尽管反对封建专制,但他们没有提出新的社会改革方案,只是在扩大相权、限制君权、提倡学校上,以议政的方式来改良封建专制制度,而当时西方的人文主义者,如孟德斯鸠、卢梭,他们在批判封建神学和封建专制的同时,提出了"三权分立"的君主立宪制和民主共和制这样的资产阶级蓝图。受明末清初启蒙思想家的熏陶,许多流传后世的文学名著都出于此时。

### (三)古典文化的大总结

明清两代是中国古典文化大总结的时代。在图书典籍方面:明清两代皇帝调动巨大的人力、物力,对中国上下几千年,浩如烟海的典籍进行了整理、汇编。明朝永乐年间,明成祖编纂了大型类书《永乐大典》,保存了大量古代文化典籍,被公认为世界上最早、最大的一部百科全书。清康熙、雍正时又一部大型类书《古今图书集成》编纂成书,这部书将清代所能见到的各种古籍分成历象、方舆、明伦、博物、理学、经济六编。全书一万卷,是我国现存类书中规模最大、用处最广、体例最完善的一种。康熙年间编撰大型字典《康熙字典》是世界上最早、字数最多的字典。清代乾隆年间又完成了大型丛书《四库全书》,此书历时十年,收录有 3 503 种,是至今为止世界上页数最多的丛书。这些工作应该说是对中国文化典籍的大总结。在古典科技方面:李时珍花费了 27 年的时间,编成了《本草纲目》52 卷,徐光启主编《崇祯历书》,还编写了《农政全书》,这本书共 60 卷约 60 万字,记载了我国自古以来的农学理论。宋应星生活于明末清初,他在全面总结我国 17 世纪以前工农业生产技术的基础上,撰写了《天工开物》三卷十八章,这是一部称誉海内外的农业、手工业生产技术的工艺百科全书。国外称之为中国 17 世纪的工艺百科全书。日本人将此书奉为至宝,并由此发展出一门"天工学"。除了以上几部影响较大的科学著作以外,潘季驯的《河防一览》,是一部治理黄河的专著;《徐霞客游记》是一部地理、地质和旅游方面的杰作;方以智的《物理小说》是一部自然哲学专著。

（四）西学东渐及其中断

西学东渐是指西方文明对中国文化的渗透和影响的过程。由于这个过程是艰难缓慢的、渐渐渗透的,故称"西学东渐"。西方文化试图用宗教撞开中国大门。西方传教士利马窦、汤若望用他们的宗教说服官吏异常艰难,继而借助明清的官吏向他们学习西方科学知识之机潜移默化地传教。比如徐光启向意大利传教士利马窦学习了西方科技,合作翻译西方书籍,然后徐光启将西方科学知识和中国传统的科技知识结合起来,才使得徐光启在天文、历法、数字、生物、农学等方面取得了许多重大成就。另外,明末清初的许多有成就的科学家以及康熙皇帝、光绪皇帝都从外来的科技知识中获益匪浅。西学东渐开阔了部分中国知识分子的眼界,使他们从西方科技中获取营养。如利马窦在中国绘制的《坤舆万国全图》（世界地图）,使中国人大开眼界。但是,由于长期的大中华高高在上的观念以及程朱理学的束缚,使得西方科学的传播步履艰难,到了雍正年间,随着耶稣会教士被逐出国门,西学东渐几乎中断。

## 十、多民族文化融合与中外文化交汇

（一）多民族文化融合

### 1. 中华各民族文化的交流与融合

中国从秦汉以后的文化,从地域上看,主要有三大文化类型,即北方草原游牧文化、中原定居农耕文化和南方山地游耕文化,其中以中原定居文化为中心。这三种文化在漫长的历史进程中,通过迁移、聚合、贸易和战争进行了多方面的交汇和融合。

（1）中原农耕文化与北方游牧文化的交融。北方游牧民族指东北、内蒙边陲的守卫者，西北部的拓荒者，主要民族有东北的蒙古族、满族、朝鲜族、赫哲族、鄂伦春族等，西北的回族、土族、撒拉族、保安族、维吾尔族、哈萨克族以及藏族等。这些民族大都过着游牧、半游牧的生活，他们在天苍苍，野茫茫，风吹草低见牛羊的广阔草原或荒漠地带过着游牧生活。在文化方面，他们大都使用本民族的语言，有的民族有自己的文字，有的民族还使用几种文字，宗教和自然神崇拜在少数民族中有着较深的影响。中原农耕文化与北方游牧文化进行交融主要通过以下途径。

第一种途径是战争。游牧民族经常入侵中原，进行劫掠，为了抵御游牧民族的侵袭，汉武帝发十万骑，远征匈奴，公元119年，汉武帝派大将卫青、霍去病各带数十万人，分两路进攻匈奴，一直追到大漠以北，匈奴大败。从此，不再与西汉分争，匈奴人失去河西，损失重大。这充分说明了汉代游牧民族与农耕民族之间经常发生冲突，互相征服。被称为世界奇迹的长城，就是中原先民为了抵御北方游牧民族的侵犯而修建的。长城是春秋战国时期，各诸侯国为了互相防御，各自在自己的国土上修建的工事，秦始皇统一中国后，将秦、赵、燕三国北方的长城连接起来，筑起了一道西起陇西（甘肃），东止辽东郡（今鸭绿江西岸）的万里长城。秦以后，两汉、隋、辽、金、明都大规模修筑长城，其中以明代的长城规模最为宏大。明朝曾先后十八次修筑长城，最终完成了西起甘肃嘉峪关，北至鸭绿江，全长达12 700多里的长城，可以说，前后持续了2 200多年的长城是世界文明史上的奇迹，也是中原农耕民族与北方游牧民族同中原农耕民族战争的结晶。长城也成了中华民族的象征。

第二种途径是贸易。北方游牧民族同中原农耕人互相贸易，互通有无，也促进了文化的交融。游牧人以畜产品同农耕人交换粮食、茶叶、布匹、铁器等。这种史称为"茶马互市"的贸易活动，自古以来就在长城各关口进行。有名的"丝绸之路"就是汉代张骞通西域时沿途与新疆各少数民族贸易之路。

第三种途径是迁移。自古以来,北方少数民族地区都是各民族的杂居之地,由于历史上的迁移,使得汉族和少数民族的生活方式、政治制度、风俗习惯、宗教信仰等文化形式互相影响。同时,北方各民族人民也大批迁至中原,他们最终消融于以汉族为核心的民族的大熔炉之中。比如,唐朝以后,古代的鲜卑族在史籍中就渐渐消失了,契丹族、党项族也不见记载。而在历史上的统治者中,元朝是蒙古族建立的政权。清朝则是满族人建立的政权。这两个朝代,民族文化的交融更为明显(清朝对儒学的推崇)。除了上述三种方式外,通婚也是中原民族与游牧民族文化交融的一种形式。历代帝王为了边陲的安宁,有时候不得不采取和亲政策,这种通过皇室公主与少数民族首领联姻的方式同样促进了民族文化的交流。史料记载,汉高祖、汉文帝、汉元帝都曾将宗室皇女嫁给匈奴首领。最有名的是汉元帝时的昭君出塞。隋唐时期,皇帝也曾将皇女或宗室女嫁给突厥族、吐番族首领。唐代文成公主与松赞干布通婚,更是历史上的美谈。文成公主入藏时,带去大量生产工具、蔬菜种子、医疗器械以及经、史、诗文等典籍,并把养蚕技术、造酒、造纸技术传入西藏。毫无疑问,和亲政策对缓和民族矛盾、促进民族友好以及经济文化交流都起到了积极作用。

(2)中原文化农耕文化与南方山地游耕文化的交融。南方山地游耕民族主要分布在中国西南和南部,包括西南的彝族、白族、傣族、景颇族、苗族等,南部有壮族、瑶族、土家族等。南方山地游耕文化具有不同于中原农耕文化的诸多特征:一是在耕作方式上刀耕火种;二是过着迁徙不定的游动生活;三是在社会生活的各个方面尚处于不成熟的状态。这两种文化交融的方式主要是移民和教化。由于中国历代王朝大多建都北方,相比之下,双方的冲突、战争较少,之间的接触也不太多,因此,在文化上相互影响和融合的迹象并不明显。但是通过相互移民和朝廷的教化,双方也有一个文化互相补充过程。一方面是游耕民族不断被"汉化";另一方面,是汉人与南方少数民族杂居,不少汉人也被"夷化"。

南方少数民族的文化对汉族影响最大的,是元代黄道婆的纺织技术和西南少数民族的音乐和歌舞。

(3)少数民族的文化贡献。我国北方少数民族和南方少数民族对中国文化的贡献是多方面的。我们现在许多衣食住行和歌舞娱乐的方式都是从少数民族地区传过来的。在经济生活方面,特别是在饮食方面:汉人的某些饮食方式或蔬菜瓜果品种来自西北少数民族。比如,羊肉串、烧饼等食品来自胡人,葡萄酒、烧酒的酿制技术来自西域。在衣着服饰方面:汉族的棉花种植和织布技术是从南方少数民族引进的。汉魏之际,新疆的高昌人已经开始种植棉花。汉魏以后,中原一带也学会了种棉花。古代汉族的服饰是广袖长袍,干活打仗都不方便,春秋时赵武灵王带头学习穿胡服,并号令全国学习胡人的"骑马射箭",这就是历史上有名的赵武灵王的胡服骑射。另外,自清代至今仍然流行的旗袍马褂是汉族人从满族人那学来的。在日常起居方面:汉以前的中原居民习惯于席地而坐。汉以后西域坐具传入中原,最初出现的坐具是胡庆"马扎子",中原居民不断创新,桌椅板凳相继出现。现在,古代的家具尤以明清大户人家的最为珍贵。在音乐、舞蹈方面:少数民族有一个共同的特点,就是能歌善舞。从近几年出土的乐器来看,西北和西南少数民族的乐器,历史久远,种类浩繁,青海东都发现的新石器时代的石磬,云南楚雄发现的战国铜鼓,都是极好的实物例证。此外羌族人的笛子,维吾尔族的手鼓,壮族和苗族的笙,另外,箜篌、琵琶、铜钹、唢呐、胡琴、马头琴等,都是古代少数民族的传统乐器。舞蹈是独特的民族人体文化。几乎每个少数民族都有传统的、世代相传的宗教祭祀舞蹈、民族风俗舞蹈,古典娱乐舞蹈等。在中国文化艺术的舞台上,如果没有了少数民族的载歌载舞,那将是多么单调和乏味。文学方面:我国现有 55 个少数民族,其中除回族、满族人使用汉语外,其余 53 个民族都有本民族的语言,不少民族还有他们自己的文字。并且他们利用自己本民族的语言,创作了众多的文学作品。藏族有着悠久的文化传统,藏文创始于公元前 7 世纪,是一种拼音文字,与汉文并称汉藏语系。《格萨尔王传》是世界上最长的英雄史诗。蒙古族也有长篇史诗叫《江格尔》，维吾尔族有长篇韵文巨著《福乐智慧》和家喻户晓的《阿凡提的故事》。史学方面：蒙古族人用蒙文创作的《元朝秘史》《蒙古源流》《蒙古黄金史》，并称为蒙古三大历史巨著。其中主要记载的是元朝蒙古人统治中国的历史。西藏史学家宣奴贝所著的《青史》记录了吐番王室传承的历史及藏传佛教，喇嘛派的创建、发展史，此书被推崇为研究藏史的权威著作。除以上几方面外，另外值得一提的：一是藏族的医学及其经典著作《四部医典》。拉萨的布达拉宫堪称世界建筑史上的杰作，其中有《藏文大藏经》，他们的藏传佛教至今仍在宗教界影响甚大。二是回族民歌"花儿"，深受各族人民喜爱。回族有许多杰出人物，如元代天文学家扎马鲁、明代航海家郑和、进步思想家李贽都是回族人，回族人对伊斯兰教的发展有重大影响。

### 2. 历史上民族文化交融明显的时期

历史上民族文化交融比较明显的有几个时期。一是汉代。汉匈文化交流频繁。东汉时，匈奴贵族派子弟到洛阳就学，回去以后传播汉族文化。匈奴人还仿制了汉式铜器。二是北朝。北魏建立以前，鲜卑族人拓跋部主要以游牧为主，他们的首领拓跋珪特别喜欢汉族文化，他和拓跋贵族一起学习汉族文化。后来，魏孝文帝拓跋宏不顾守旧派反对，迁都洛阳。并下令采用汉姓，改穿汉服，同汉族人通婚，学习汉话等等，通过这些措施，使北方少数民族与中原地区的交融非常迅速，到了后来，鲜卑族竟消失在汉族的大熔炉里。三是唐朝。北方各少数民族尊唐太宗李世民为"天可汗"（即天下共同的君主）。唐时，回鹘族是维吾尔族的祖先，他们使用突厥语言文字。8世纪中叶，回鹘族受中原文化影响，发展了农业、商业，开始建筑城市和宫室，走向半定居的生活。回鹘族用马匹和皮毛，换取汉族的绢纱、茶叶、粮食，他们采用唐朝历法，爱好唐朝诗歌。后来，他们经常到唐朝的长安、洛阳经商，并与汉人通婚。汉人也受到回鹘族风俗的影响，喜穿回鹘服装,有唐诗说"回鹘衣装回鹘马",正是当时洛阳、长安市面上常见的景象。此外,唐朝的皇室和官吏很喜欢胡人的马球运动。唐朝与吐蕃的关系也很融洽,松赞干布和文成公主成婚后,两地就"和同为一家了"。藏族的开矿、冶炼、木版印刷技术,以及藏医、藏药,都普遍受到汉族人的喜爱。

(二)中外文化交汇

### 1. 中西文化的差异

应该说正是文化的差异,才使得各国在经济发展中各具特色。德国人做"精",精密制造业在世界占首位,美国人做"大",世界五百强,美国占了近一半。法国人做"时尚",如香水、时装、旅游、展览等。这些都与西方人的"征服自然""个体为本""力取天下"等文化观念有着千丝万缕的联系。而东方国家,如日本人做"省",日本产品追求低成本,则与东方人"顺天应物""粗族为本""执用两中"等文化观念有紧密的联系。中西文化的差异主要体现在以下几个方面:在对待人与自然的关系问题上,中国文化重视人与自然的和谐统一,即天人合一,西方文化则强调人对自然的征服与改造,即征服自然。在对待家庭问题上,中国文化强调家族本位,突出国家和家族的整体利益;西方文化则奉行个人本位,以自我为中心,注重个人的人格与尊严。

(1)天人合一与征服自然

中国人习惯把人的精神融于自然界之中,并把自然人格化、人格自然化,人与自然和谐共进。当然,作为中国传统文化基础的儒道两家对天人关系的态度有差异。儒家强调超越自然,化自然为人文,主要是指化天性为德性,意在达到道德上的完美;道家则认为自然本身便是一种完美的状态,不必经过人化,人化的过程实际上是对自然美的破坏,道家强调"人法地,地法天,天法道,道法自然"。追求"天地与我并生,万物与我为"的天人合一境界。天人合人的文化特征影响着中国文化的方方面面,中国一向以农立国,特别重视农业。自古以来,农民有祭天地的习俗,一方面庆祝丰收答天谢地,一方面是祈求天地赐福,以期来年有个好收成。中国人办喜事,首先要拜天地,便是这一精神的最好体现。中国古代有山水画派,画家们把山峰、绿水、虫鸟花鱼入画,着重反映人与自然相得益彰的依存关系。古代诗人也有田园诗派,他们把自然美景写于诗中对自然加以歌颂。如有首诗写道"劝君莫打三春鸟,母在巢中待子归",表现的就是人对鸟类的仁爱之心。清代画家郑板桥在一封家书中也劝说家人"养鸟不如多种树",他希望有成千上万棵树能成为鸟类的乐园。这就是古人所说人之"大乐与天地同和"。在人与自然的关系上,西方人把二者置于对立状态,强调人要征服自然,控制自然,向自然开战。所以,西方人从古代就开始了对大自然的探索之中,古希腊有伟大的数学家欧几里得、数理与建筑学家阿基米德,即使在宗教与神学统治下的欧洲中世纪最黑暗的时代,也产生了伽利略、布鲁诺等自然科学家。到了近代,借助发达的科学技术,哥伦布发现了新大陆,哥白尼发现了新天体,麦哲伦等人环球旅行成功。这些成功更增强了西方人探索大自然、征服与改造大自然的信心和勇气。18 世纪以来,牛顿推出了万有引力学说,瓦特发明了第一台蒸汽机,在整个数、理、化、天文、生物等自然科学领域都有新的研究成果。另外,西方人的探险精神也非常强烈,这从西方文学作品中可找到答案。如美国作家海明威的小说《老人与海》,它描写了老渔民桑提亚哥连续八十四天没有捕到鱼,后来捕了一条大鱼却在归途中被鲨鱼吃掉,老人与鲨鱼进行了殊死的搏斗。小说的寓意是:命运和自然总是与人作对,人在与自然搏斗中难免有失败,尽管如此,人还是要与命运抗争,与自然搏斗,人在肉体上可以被打垮,但在精神上却必须有战胜命运、战胜自然的决心。这与中国人天人合一的思想恰恰是相反的。

"天人合一"与"征服自然"有何现实意义(利与弊)。"天人合一"的观念有其思想价值和现实意义。其积极意义是:它在客观上告诉人们,不能违背自然规律或超越自然规律,毫无节制地去改造自然,征服自然,而要在顺应和尊重自然规律的前提下利用自然,让人与自然界和其他生物和谐共存。它的不足是:突出表现了重人文、轻自然,对自然界缺乏积极的探索与改造,这也正是中国科学技术自古以来就处于落后状态的根本原因。天人合一思想在当代被视为 21 世纪的生存救星,认为它是解决现代社会无度开发自然、改造自然而导致的生态失衡、环境污染的最佳选择。"征服自然"也有其双重的意义。其积极意义是:这一观念引导西方人去征服自然,去利用与开发自然,由此带来了工业革命、科技革命和物质文明的繁荣。也就是说,在现代社会,社会生产力的水平是以征服自然、改造自然的能力为标志的,人们物质生活水平的提高还有赖于生产力水平的提高。而生产力水平的提高必须以科技水平的提高和征服自然的能力的提高为先决条件的。另外,人们精神生活水平的提高也需要以物质水平的提高为基础。由此可见,征服自然这一西方文化中的基本精神,在现代东西方社会发展中,仍是创造现代文明不可缺少的精神动力。诸如:航空航天、运输、通信、天气预报、勘察地形地貌等,都和征服自然的观念分不开。其弊病表现在:过分强调人对自然的征服,或者滥用科学技术,也会给人类和社会带来重大的乃至灾难性的影响,如对自然资源过度的开采和索取而导致的生态环境污染和破坏,如原子弹的研制与扩散、核武器竞赛等,就直接威胁着人类自身的安全。

(2)家族本位与个体为本

家族本位与个体为本是中西文化特征的重要差异之一。家族本位在中国人的思想意识中根深蒂固,家是中国人心中温馨的港湾,具有超常的凝聚力和向心力,中国人格外注重家族,其语言表现是亲属称谓系统的繁杂精细。中国人不仅在纵向上区分辈份,而且在横向上也有严格的规定。英语中一个词"uncle",代表了伯父、叔叔、舅父、姑父等与父母同辈的所有男性,而"aunt"代表了中国姨母、姑母、伯母、婶母、舅母等所有女性。"brother"和"sister"也是如此。与此相联系,中国人往往有浓厚的孝亲情结,这种情感不仅表现在对祖先的隆重祭奠上，更表现为对长辈的绝对孝顺上，所谓"百善孝为先，万恶淫为首"，孝道成为中国人千年不变的传统道德。在中国有传统文化中，这种以孝治家、以孝治国的宗族亲戚关系对中国社会的影响是极其久远的。如孔子自其先祖孔父嘉至今孔德成已经有七十七代，加上其父孔父嘉之前的先人还有七代。所以说，现在全国性的祭孔活动已不仅仅是单纯的家族活动了，它已经带上了浓重的文化色彩。每年清明节、春节等日子，中国人都会给死去的亲人上坟祭奠，也是家族本位文化精神在华夏子孙中形成的一种心理积淀。西方文化中奉行个人本位，以自我为中心，注重人格尊严。这一文化精神是欧洲中世纪中后期文艺复兴运动首倡并成为西方文化的主流的。文艺复兴运动宣扬人文主义，以人为本，以人为中心，宣传个性解放，以人权反对神权，以人道反对神道，以人的现实利益为最高原则，文艺复兴为整个西方文化的个人本位观念创造了坚实的条件。18 世纪欧洲出现的"启蒙运动"，则进一步提出了影响深远的自由、平等、博爱等观念。创立了"天赋人权"的理论。把生命、财产、自由、平等视为"天"所赋予人的第一个人权。这些思想成为西方近代文化思想的主调。个人本位思想渗透到西方社会生活的各个方面。相对中国而言，西方的家庭观念淡漠，家庭结构也松散的多，而个体意识极强。西方人的姓氏，先是自己的名字，再是父，然后才是族姓，放在首位的是自己。亲人间也是界限分明。子女以脱离家庭独立生活为荣，一旦有了固定的收入就购买房屋从家里搬出去。西方几乎找不到"四世同堂"，甚至连二世同堂也不多见。父母对子女的态度都是平等和尊重，而不是要求绝对服从。中西方文化中家族本位与个人本位的得失及现实意义。中国传统文化中"家族本位"观念的核心是重家族轻个人，重群体、轻个体，强调个体在群众中的义务和责任。这种观念要求父严、母慈、子孝、兄友、弟恭。通过尊祖敬宗，天伦和谐达到整个社会的安定和有序。从家庭本身而言，家族本位表现出的家庭成员间的天伦之乐，尊老爱幼让许多西方人羡慕不已。如果从把这种思想推而广之,从家族到民族、从国家到世界,乃至广阔的宇宙空间,如果都能强调团结和协作,局部利益服从整体利益,这对人类的并生共存、和平与发展都是极有现实意义的。其弊端是:其一,不利于甚至严重地制约了个体主观能动性的创造和发挥,个人的个性受到压抑,甚至摧残。其二,"人皆可以为尧舜"的道德理想在现实生活中显得十分虚伪。因为在中国,无论父子、兄弟、夫妻,还是官吏、百姓,根本没有平等可言。其三,在以家族为本位的社会中,法律制度根本无法贯彻执行,只能依靠人治。现代社会里反腐败何其之难,就是有这些广泛的民间思想作基础。西方的个体本位思想,强调以个人为主,强调自由、平等,强调个体的独立意识和创造意识,这对个人主观能动性的发挥和个体创造价值的实现是有积极意义的。但是它明显地淡化了父子亲情和集体精神,不利于形成民族的凝聚力,也不利于社会的安定和国家的统一。现代社会应当吸收二者的精华,一方面,人的价值应当给予充分肯定;另一方面,亲情家族观念和社会伦理道德也应加强。

## 2. 中外文化第一次大交汇:汉唐——西域·佛教

中外文化第一次大交汇是在汉唐期间,尤以汉代和唐代为盛。汉代和唐代吸纳的外来文化,从地域来说,主要是西域(即中亚和西亚)以及南亚次大陆。从内容上来说,主要是佛教哲学。汉唐之际中国吸纳的外来文化主要是南亚次大陆的佛教文化。一般认为佛教正式传入中国的时间是东汉明帝永平十年(公元 67年)。汉代佛教传入,中国人把它看作一种神仙方术,佛教在这一时期主要是翻译佛经。僧人译经时注意了中国人的心理,用儒道思想翻译佛经,并剔除了佛经中与中国传统文化不相融合的内容,史称格义(佛教中国化)。如印度佛教讲"来世成佛",中国佛教讲"立地成佛",以迎合中国人急功近利的心理。南北朝时期,佛教僧人进一步把佛教思想和儒道思想相融合,开始创造具有中国色彩的佛教宗派。隋唐时期,中国佛教达到鼎盛。这一时期出现了许多富有中国色彩的佛教宗派,主要有天台宗、三论宗、华严宗、唯识宗、净土宗、禅宗、律宗和密宗八大宗,其中禅宗是最具中国特色、影响最大、传播最远的一个宗派。隋唐形成佛教八大宗,标志着中国佛教的昌盛,宋明以后佛教开始衰落,许多宗派势力减弱,只有禅宗和净土宗影响深远。禅宗的主要理论是"见性成佛"讲究流转轮回。从佛教在中国的传入发展过程,我们可以看出:中国人对于佛教哲学并非不加改造的照搬,而是在消化佛教哲学的同时,把中国传统的儒道哲学融入佛教。唐代的艺术因吸收佛教文化而更加瑰丽多彩。隋唐画家从佛画的绚丽多彩与宗教题材中汲取营养,大大提高了民族绘画的技巧与表现力。魏晋六朝至隋唐,许多画家专门从事宗教壁画,他们的佛教画洋溢着浓浓的宗教色彩。同时他们的人物画、肖像画、山水画、花卉画、走兽画、飞鸟画也都吸收了佛画中的表现手法。如晋代顾恺之的《维摩诘像》、隋代阎立本的《秦王府十八学士写真图》、唐代吴道子的《送子天王图》、唐代李思训的《宫苑图》等,特别是唐代的诗人画家王维深依禅宗,他的艺术作品中很自然的渗透着一定的佛教思想。如他画的《辋川图》是一幅"意出尘外"的佳作。石窟艺术是人们欣赏古代佛教艺术的最好的殿堂。我国现存石窟约有一百二十余处,其中最著名的有莫高窟、云岗石窟、龙门石窟、麦积山石窟等。在各个石窟里神态各异的佛像雕塑、神采飞扬的宗教壁画、充满活力的书法等,都达到了前所未有的成熟与完善。中国石窟艺术的分布地域之广、艺术品之丰富,是任何一个国家的古代宗教艺术都不能比拟的。佛教在中国的传播对其他文化领域也产生了深远影响。从古至今,凡佛寺必有宝塔(峨眉山的万年寺除外),道观无塔。而佛寺的宝塔的名称和形制皆来自印度,这是佛教建筑对中国建筑最直接的影响。在文学方面,唐时寺院僧侣"俗讲"极为盛行,"讲话"本是佛教徒讲经释义乃至辩论的方式,但唐宋的由寺院的"俗讲"演变而来的"说书",其内容已不是讲经释义,而是世俗生活民间传说和历史故事,成为宋人平话和市民听书的先声,也就是现在的"评书"的最初形式。总之,在中国艺术家的改造下,佛教艺术的宗教色彩淡化了。从形式到内容融入了许多世俗的东西,成为中国文化的有机成分。汉唐时期是中国文化兴隆昌盛的黄金时期,而这一盛况的重要原因之一就是中国文化大量吸收外来文化。汉唐之际吸收外域文化的交汇远不止佛学。除佛学外,历法、医学、语言文学、音乐、美术、建筑以及马球运动,伊斯兰教、祆教、景教、摩尼教等都被汉唐人所吸收,并加以取舍,加工改制,使其成为堂堂正正的中华民族文化的一部分。

### 3. 中外文化第二次交汇:明万历至今——西方科技

中外文化与外域文化的第二次大交汇,开端于明朝万历年间,即 16 世纪中叶,这次文化大交汇已延绵四个世纪,至今仍在继续之中。也就是说,这次文化大交汇有始无终。第二次文化大交汇与第一次文化大交汇有所不同:第一次文化交汇时,两汉是对落后于本土文化的西域草原文化的吸收,魏晋唐宋时期是对与本土文化水平不相上下的南亚次大陆文化的借鉴。第二次文化大交汇与第一次文化交汇有所不同:第二次文化交汇,是中国人吸收文化水平超过自己的欧洲文化(后来包括美国和日本)。陈独秀在《吾人最后之觉悟》这篇著名的论文中曾将四个世纪以来中国吸收欧洲文化的历史文化分为七期。这七个时期大致反映了中国文化系统从中世纪走向近代现代的曲折历程。我们现在对四个世纪的文化交汇作个简要的回顾:本次文化大交汇始于耶稣会士来华,耶稣会是天主教修会之一。他们在明朝万历年间经澳门进入我国。据统计,从 1582 年利玛窦来华至 1773 年的两个世纪里,耶稣会士先后来华者约五百人,其中有葡、西、意、比、法、德等国教士,著名的有利玛窦、汤若望、南怀仁等。他们除传教外,也介绍了西方有关历算、水利、机械、火炮、地理、测量等方面的知识,自然科学方面的知识是最主要的。另外也包括欧洲的古典哲学、逻辑学、美术、音乐等。中国文化界的先进人士徐光启等人以宽阔的胸怀对待西方学术,并将西方先进文化和中国传统文化加以融会贯通,在数学、天文学等学科取得了相当高的成就。这说明 16 世纪西方文化已开始向中国渗透,特别是在科学技术方面。利玛窦带来的《坤舆万国全图》使中国人知道了世界有五大洲。从 16 世纪末到 19 世纪中叶,明末清初,在这沉重的三百年间,中国文化被世界近代浪潮无情地甩到了后头。中国统治者对待西方文化的态度主流是故步自封、禁海锁国、文化专制。鸦片战争后,中国知识分子的危机意识与世界意识觉醒了。中国的一大批有识之士,面对着世界投入到近代社会改革之中,开始了文化的大变革,19 世纪 60 至 90 年代的洋务运动,力求在中国文化之本不变的前提下,学习西方先进的近代科技工艺,西方科学技术大量被中国人引进。1898 年戊戌变法在康有为、梁启超、谭嗣同等人的唤呼下自上而下地展开,光绪帝参与,企图在制度文化上变革。1911 年辛亥革命则实现了制度文化的变革,中国政治制度发生了根本性变化。1919 年前后(自 1915 年 9 月至 1921 年 7 月历时六年)的"五四"新文化运动以"民主""科学"为旗帜,进行了思想观念的革命。由此可见,中国人采纳西方文化的基本线索:首先接受的是"西技""火器历法",随之是"制械练兵之术"(洋务运动),进而是"西政"(戊戌维新变法和辛亥革命),这是从君主立宪到民主共和国制度的吸纳,最后是思想观念的接受。当今中国改革开放以来仍处于中外文化第二次大交汇的时期,这种中西文化交融是一个双向过程。一方面是中国人大量吸收和学习西方先进科学技术和文化,主要是学习西方的先进技术,也吸收了西方的思想观念和政治体制。特别是西方的思想观念、价值观、人生观、道德观也吸收了不少。另一方面,正当中国人为西方的科学技术、思想观念、政治体制的涌入而目不暇接之时,西方的一些思想家则痛感西方工业社会弊病丛生,好像终日被一种无限的荒漠感所包围,不知何处是边际,何处是归宿,看不透、冲不破、走不出。他们又一次把目光投向东方,期望从中国传统文化中去寻找人生的意义和真谛,寻觅来自内心来自精神世界的幸福。他们从中国寻找的主要是传统文化中的思想观念,特别是儒家观念。

4. 走向世界的中国文化

中国是世界上历史最为悠久、文明开化最早的国家之一。中国文化举世公认,在人类文化发展史上,中华文明曾辐射亚洲,远播世界。对世界文化产生巨大影响。直到 16 世纪,中国文化依旧走在世界前列,成为世界文化史上的一个高峰。

(1)中国文化在亚洲的传播与影响

中国文化同其他民族的文化一样,都具有流动性,这是任何文化自身都具有的功能性。从这个意义上说,文化是属于全人类的共同财富,是由众多的民族文明积累与不断交融的结晶。一个民族的文化之所以能够向外传播和流动,一般取决于两个基本条件:其一是向外流动的文化要素,自身具有较高的品位;其二是接受外来文化的民族和地区,其自身文化需要更新发展,它出自切身需要对外来文化做出有选择的收容。中国作为古代四大发明古国之一,它那灿烂的文化在久远的年代,便和邻邦有了友好往来,并且由近及远,辐射向很远的地区。据古文献记载,早在秦汉以前,中国就和朝鲜、日本、中亚等地区发生了商品交换和文化交流。秦汉以后,又和西亚、欧洲等地区发生经济和文化联系。我们有充分的证据证明:在整个中古时代,中国文化一直是启动亚洲文明演化发展的文明之源。受中国文化影响最大的是朝鲜和日本。朝鲜是中国之近邻,接受中国文化也最早。"朝鲜"一词最早见于《管子》一书。可见早在春秋战国时代中国人对朝鲜就有所了解了。在 1 到 7 世纪朝鲜半岛上并存着高丽、百济、新罗三个较大的王国。唐朝时,新罗打败了高丽和百济完成了朝鲜半岛的统一。在此之际,新罗派了许多留学生和政府官员来中国学习,他们回国后依照中国的宗法制度实行了全面的改革。在此期间,儒家重要典籍如《周易》《尚书》《论语》《春秋》等也在新罗广为流传。新罗人在治学修身方面深受中国儒家诗礼教化的影响,提倡以德治国,养性修身。日本是中国一衣带水的东邻,中国文化在那里也早有传播且影响显著。中国与日本的文化交往有悠久的历史。一般来说，从东汉到南北朝，中日已有直接邦交联系。到隋唐，大量日本遣隋使、遣唐使、留学生、留学僧来华，再加上僧侣、商人、外交官以及留日华侨子弟，都有成为中国文化东传的直接媒介。因此，自隋唐至清末，凡是中国主要的文化要素，包括文字、文学、史学、艺术、宗教、哲学、工艺科技等或迟或早地传到了日本，其中，中国文化对日本文化影响最深的有四大要素：一是文字。汉字何时传入日本，尚无确考，但日本文字源于中国却无可怀疑。在日本流行的日本文字中，除保留了大量当时使用的汉字外，其片假名与平假名的字形也脱胎于汉字的偏旁和草书，日本史书《日本书记》《续日本记》《日本后记》《续日本后记》《三代实录》《文德实录》合称为日本"六国史"，它们都是用汉字书写成的。二是史学。日本的修史事业到日本江户时代而大盛。长达397卷的《大日本史》，可以说是日本史学的代表作。它历经200余年，完成于明治三十九年。它在体制和治史精神上完全摹仿中国的史书。三是佛教。佛教本源于印度，魏晋至隋唐时期，中国的佛教反倒成了大宗，唐宋以后一直到近代，佛教重心逐渐由中国移入日本。日本佛教的传入全依赖中国，而且是中国化的佛教。也就是说，佛教是作为中国文化的一部分传入日本的。从隋唐至元明清，中国名僧去日本传教者络绎不绝，中国佛教的各宗派及其典籍，在隋唐后的五六百年间几乎都传到了日本。从中国去日本的高僧，唐代有道明、道荣、鉴真等，宋代高僧有道隆、祖先等。特别值得一提的是鉴真法师，他在日本几十年间，皆以传教讲学为事，把中国的佛学、医学、文学、工艺等都传给了日本人。因此深受日本人民和广大佛众的尊敬。四是儒学。儒学传入日本比佛教更早。相传西晋时期王仁向日本皇室进献《论语》并教授皇太子。唐宋元明时期儒学大规模移植日本。儒家经典《周易》《尚书》《左传》《礼记》《孝经》等成为日本士大夫的必读书。宋明时程朱理学在日本流传最广。在近代，对日本人文化心理和民族精神最深的是王阳明的心学。王阳明的心学在近代日本塑造了日本民族精神"大和魂"。除了以上四个方面外，日本的历法、文学、服饰、饮食、风俗、科技工艺等也受中国唐朝的影响。越南、柬埔寨、泰国等东南亚国家,在历史上都比较早地与中国建立了友好往来关系。中国文化都不同程度地传播到这些国家和地区。中国商人带去的瓷器、铜器、丝织品无疑给东南亚地区的生产工艺、生活方式、文化礼俗带来莫大的刺激和影响。如今不少专家认为,东南亚各国的发达得益于他们信奉中国儒家观念。

(2)中国文化在欧洲的传播与影响

早在汉代以前,中国的器用物质文化便以商品的形式,由中亚或西亚传入欧洲。而中国与西方交通的正式打开,则是西汉张骞出使西域以后。东汉时任西域都护的班超,曾派遣甘英出使罗马(大秦)。从此,中国与罗马的贸易往来一直未断过。魏晋南北朝时期,中国忙于战乱,罗马帝国走向崩溃,这几百年间中西交往较少。隋唐宋明,中国再度统一,由于国力强大,不但陆上交通得到了恢复,海上交通也得到了发展,中国与欧洲的贸易及文化交流再度频繁。中国文化在西方的传播,主要包括科技、艺术、学术思想三个方面。

第一,器用技术在西方的传播。古代中国向西方输出的主要商品是丝绸与瓷器。自汉代至唐,中国的丝绸通过中亚、西亚的商人传入欧洲,横贯中亚接通中西的丝绸之路即因从中国输送了大量丝绸而得名。当时丝绸在欧洲是一种高级奢侈品,丝价几乎与黄金等值。公元522年东罗马派人到中国学习养蚕术,丝绸的生产技术才开始传入欧洲。精美的中国瓷器在世界上拥有极高声誉。中国瓷器作为商品大量向西方输入是在明代。直到16世纪,意大利的佛罗伦萨有人企图仿造中国瓷器未获成功。18世纪,一位德国巧匠才成功地仿造出第一件坚硬的瓷器。中国的瓷器在英语中被称为china。中国道教的炼丹术先是传入阿拉伯,直接推动了阿拉伯炼丹术的生长,阿拉伯的炼丹术又影响了欧洲炼丹术,而现代化学又是在欧洲中世纪炼丹术的基础上发展起来的。四大发明是中国对人类文明的巨大贡献,这是举世公认的,可以说中国古代科技特别是四大发明起到了开启西方近代文明先河的作用。

第二,各门艺术在欧洲的传播。在器用技术传入欧洲的同时,中国的美术、绘画、建筑、园林及文学等各门艺术也传到了欧洲。中国的美术、绘画首先是通过带有各种图案的丝绸、锦绣、陶瓷、漆器等日用品、工艺品而传入欧洲的。因此,在很长的一段时间内,丝绸、瓷器对当时欧洲人来说,不仅是实用物品,而且是具有观赏价值的艺术品,中国美术绘画对西方艺术的影响至17—18世纪的"罗可可运动"而日趋明显。文艺复兴以前的西方绘画特别是油画,一是缺乏景物,二是缺乏奇幻飘逸的神韵。罗可可运动正是针对上述"机械性"而开始对中国山水画的摹仿的。如法国人瓦托的作品,山色淡雅,风景与人物融为一体,颇具中国画意境雅远的风韵。中国风景画对西方画家产生一定的影响。中国艺术对欧洲影响最大的要数中国园林艺术。18世纪初在欧洲曾掀起一股园林中国化的热潮,荷兰、瑞士、意大利、西班牙、法国相继出现了中国式园林(即苏杭风格的个人园林)。中国园林之所以引起欧洲人的浓厚兴趣,就在于中国园林艺术体现了中国文化的精神,它寓自然美与人工创造之中,既有变幻多姿的个体结构,又有和谐完美的整体布局,曲径幽深、回廊婉转、湖光塔影、虚实相涵、妙不可言。每一座园林都堪称一幅优美、含蓄的立体风景画。中国园林艺术在欧洲的传播,对欧洲人的建筑艺术和生活情调发生了一定影响。欧洲人对中国的古典文学也有极大的兴趣。自17世纪初,中国的小说、诗歌、戏曲在欧洲广泛传播。唐诗宋词的意境虽然欧洲人不能全部理解,但他们读了那些翻译得并不流畅的中国诗词,仍觉得美不胜收。黑格尔说:"中国诗词可以比较欧罗巴文学里最好的杰作。"中国古典小说,如《三国演义》《西游记》《水浒传》《聊斋志异》《金瓶梅》被译成多国文字,并获得外国学者的高度评价,德国诗人歌德说:"当中国人已拥有小说的时候,我们的祖先还在树林里生活呢!"估计歌德在这里所说的中国小说,可能是指魏晋笔记小说或唐传奇,不可能指明清小说。元代中国的杂剧也传到了欧洲,如法国启蒙时代的伏尔泰曾将中国剧本元代纪君祥的杂剧《赵氏孤儿》搬上舞台,借以宣扬中国人的道德精神。他认为中国戏剧具有劝善价值,完全可以与古希腊戏剧相媲美。现代西方人对中国的艺术尤其是京剧仍赞不绝口。20世纪90年代中国京剧在法国演出《杨家将》,演出结束后四次谢幕而不能下台。

第三,哲学思想在欧洲的传播。中国哲学思想的西传,首先是靠传道士的努力。初期来华的教士如利玛窦、白晋、艾如略等。为了达到在中国传教的目的,他们都注意研究中国的古典经典经籍。这种风气推动了译书工作,在16到18世纪的100多年间,中国的学术著作,尤其是儒学的重要典籍大都被译成拉丁文和法文传入欧洲。与此同时,欧洲出现了注解和研究儒家经典的著作。18世纪是欧洲启蒙运动兴起的时代,这一时期欧洲不少重要的思想家,都曾对中国文化特别是哲学发生兴趣。其中受中国文化影响最大的是法国。著名思想家如伏尔泰、卢梭、孟德斯鸠、狄德罗、魁奈等,都不同程度地受到中国哲学思想的影响。伏尔泰、狄德罗十分崇拜孔子,称赞中国人历史悠久、智力发达、艺术上卓有成就,而且讲道理、善政治、酷爱哲学。中国哲学对德国的艺术思想也有广泛的影响。17世纪末到18世纪初,德国哲学是莱布尼兹的时代。他面对当时的欧洲文明中心论起而为中国文化辩护。他认为在实践哲学方面,欧洲人实不如中国人。1697年他匿名发表了《易经》,他认为八卦的排列与1678年发现的"二进位"制完全相吻合,这使他十分惊讶中国古老的智慧。中国传统哲学在18世纪和19世纪对英国和俄国也颇有影响。

## 十一、中国语言文字

### (一)汉字的结构及神韵

语言是人类的思维和表达思想的手段,是人类最重要的交际工具。世界的语言纷繁复杂,大约有3 500种,可归纳为九个语系,其中汉语属汉藏语系,汉语有独特的面貌,这同汉民族的文化心理有直接关系。汉语的特点,不是指汉字的特点,而是指古汉语的特点,因为现代汉语是从古汉语中演变过来的,因此,汉语的特点既包括古汉语的特点,又包括现代汉语的特点。

### 1. 汉字的结构

与西方语言相比,汉语的结构特点是:利用单音词和双音词的弹性组合,灵活运用而成为音句。再循自然事理之势巧为推排成为义句,于音节铿锵之中传达交际意念,比如中国的对联就是充分利用了汉语的结构特点,使之成为汉语结构的典范。明代解缙有一副对联:墙上芦苇,头重脚轻根底浅;山间竹笋,嘴尖皮厚腹中空。"墙""上"单音词,"芦苇"双音词,巧妙组合在一起成为音句,再按照互相照应,结构对称的原则,构成表意丰富的对联。又如:明代顾宪成又一副对联:风声、雨声、读书声、声声入耳;家事、国事、天下事,事事关心。"声""事"两字多次重复,只变化了几个字,就表示出含义深远的丰富内容,读来铿锵有力,耐人寻味。

### 2. 汉语的神韵

(1)神韵者,精神韵致也。汉语的神韵表现在以下几个方面:汉语的句法变化无穷,可以造成多姿多彩的文体风格,可以在语言艺术的广阔领域内充分施展。古人运用了汉语句法的无穷变化,创作了散文、诗歌、小说、戏剧,特别是对联。既有整句,又有散句,讲究对偶,讲究变化。

(2)汉语语法中的神韵(功能、意义)的因素是最基本的,因此,古人为文造句"以意为主"。古人认为"以意运法""意在笔先""以意役法""以神统形"。这些主张都要求为文造句要追求"意""神"。汉字是表意文字,汉语表意丰富而简炼,古诗以表现意境为主。唐诗、宋词、元曲之美,主要在于意境之美。除了诗词歌赋以外,即使一般散文或散句也能用极少的语言表达极为丰富的内容,表达特有的神韵,如"安全为了生产,生产必须安全""科学技术必须面向经济建设,经济建设必须依靠科学技术",只是几个字的变化,就表达出腾挪特有的神韵。

(3)汉语音韵(读音)有特殊规律,音韵的广泛运用,使汉语的诗词歌赋长盛不衰,有四声、声母、韵母,故能写成韵文:郑州、郑州,天天挖沟,一天不挖,不是郑州。《诗经》《楚辞》、汉魏乐府民歌,唐诗宋词元曲等都是韵文,诗歌以外的各种文体,如古典小说及戏曲,有时也用韵文。如古典小说中常用韵文来描写人物,烘托环境。用韵文描写环境,韵文的使用,使作品读起来朗朗上口,听起来富有美感。汉语有独特的精神韵致,具有特殊的魅力。

(二)中国文字的形态及其演变

从原始记事到文字产生:上古先民所采用的原始记事方法主要有结绳、木刻、图画以及在器物上划刻。随着一些符号的反复使用以及先民们的记事方法的进步,文字终于孕育而生。根据考古发现,山东大汶口文化遗址上出土的陶器,上面有一些符号,专家认定这些符号可以按照古文字的规律释读,因此,这些符号就是文字。这些文字出现于公元前2500年到公元前2000年,距今4500年至4000年。这个时期只是文字的创制时期,比较成熟的文字是殷商时期的《甲骨文》,迄今为止,商朝刻有文字的甲骨文已发现了十五万片,共计有单字4 600个。在今天一般人可认识的汉字中,以甲骨文为最古。从甲骨文里,大致可以看出汉字的组字方法及规律。汉字的组字方法,也就是人们常说的"六书",最早是由汉代许慎总结出来的,汉代许慎著有《说文解字》。其中,①象形:描摹实物形状的造字法,如"车"画一辆车。②指事:以象征性的符号来表达意义的造字法,有的是纯符号的,如"上",古作"⎺";"下","⎽"。有的则是在一个汉字的基础上增加指事符,如木上曰"末",木下曰"本","一"是指事符号。③会意:集合两个以上的字以表示一个意义的造字法,如小土为"尘",日月为"明",一个人靠着树为"休",羊大为"美"。④形声:意符和声符并用的造字法，一部分表示读音，一部分表示字意。如《说文解字》中举例子"论"从言仑声，"秧"从禾央声，其中"言"和"禾"是意符，表示"论"同说话有关，"央"同禾有关，"仑"和"央"是声符，表示"论"和"秧"的读音，又如"河、洋、园"。形声字在甲骨文中占20％，但在现代汉语中却占80％以上。

在中华民族语言文字系统内，与汉字构造发展并行的是少数民族文字的创造与语言学的研究。历史比较悠久、影响较大的少数民族文字有：①藏文：藏文是历史悠久的拼音文字，据藏族史书记载，藏文是7世纪时创制，有30个辅音字母和4个元音符号。在国外说藏语的也使用这种文字。藏族比较完整地把本民族文化保留了下来。②西夏文：共6000字。体式仿汉字，笔画繁多。③女真文：金代女真人参照汉字创制的文字，有"大字""小字"两种。④满文：我国满族使用的文字。

### 1. 汉字形态的转变

汉字是方块字，又是表意文字，而不是纯粹的表音符号，这是汉字与其他文字最大的不同点。汉字形态演变的大致是：①图画文字（表形文字）：描写物体形象的文字，在6000年至4000年间，先人的木刻、图画以及陶器上的符号，都是表形文字。②甲骨文：殷商时期，常利用龟甲、兽骨刻写文字，谓之甲骨文。甲骨文不是最古老的汉字，但却是现存的最早可识的文字。现用汉字是从甲骨文演变来的。甲骨文是比较成熟的汉字，汉字的几种造字法已能从甲骨文中看出来。一篇甲骨文在结构上包括前辞、命辞、占辞、验辞。甲骨文的特点是：在笔画上平直利索，朴实纯真；结构上以方折为主，章法上强调对称，追求对称美，如，北（两人相背，会意）。③金文：周代的代表文字。旧称钟鼎文，是铸刻在周代青铜器上的文字，它在结构上和点画上与甲骨文稍有不同，甲骨文笔画细，而金文则粗；甲骨文结构以方折为主，而金文则以圆转为主，这可能与书写材料不同有关。金文是浇铸而成的。④篆：篆文起源于周代末年，流行于秦国，到秦始皇时达到鼎盛，习惯上，人们把篆文分为大篆和小篆。大篆指周代末年和秦国通行的字体,因笔画拖长而得名。大篆由金文演变而来,字形上比金文整齐匀称,结构工整,但笔画繁多。小篆指秦始皇统一全国后通行于全国的文字,是由大篆发展而来的,由李斯所创,小篆是汉字的一次改革,经过这次改革,结束了汉字形体不一的局面。在小篆里,象形性更加减弱,符号性更加明显。字形更加匀称整齐。笔画有所减少,形体也固定下来了,异体字少了许多。最大的特点是每一笔转折的地方都要写成圆形。篆书作为书法流行至今,篆刻也一直流行到今天。小篆的基本笔画只有竖、横、弯三种。⑤隶书:隶书在秦代是民间创造的一种篆书的简化体(传说秦始皇时期程邈发明)。秦代篆隶并用,小篆是正体,隶书是俗体。隶书又分为古隶和今隶,古隶指秦隶,今隶指汉隶,汉隶又叫“八分”,汉代,隶书取代小篆成为书写体。汉隶是由秦隶改造而成的,笔形由秦隶的方折平直变为有波势的挑法,特征是(蚕头雁尾),笔势舒展飞扬,字形方扁,由篆书变为隶书是汉字发展史上的一次最深刻的变革,被称为隶变,他打破了古文字象形的传统,使汉字完全成为符号,隶书属隶书系统。⑥楷书:是当时人们看来可以作为楷模的一种字体。兴于汉末,盛于魏晋南北朝,唐代达到登峰造极的程度,颜柳是由隶书演变而来的。楷书的特点是形体方正,结构匀称,横平竖直,笔画清楚。楷书产生后,汉字就定型了,一直沿用到今天。除了楷书外,还有草书及介于楷书和草书之间的行书,楷书快写是草书,楷书、草书、行书属于楷书系统。根据以上介绍的汉字演变过程,我们可以得出以下结论:汉字由图画发展而来,汉字的发展史又是图画文字的象形、表意特征逐渐退化的历史。这种退化不是要将汉字发展为一堆纯粹假定性的符号,而是要使汉字的表意功能更好地适应语言与思维的发展,使汉字的书写更简便。汉字数千年的发展过程,是其与生俱来的象形表意功能不断完善的过程,在漫长的汉字形态的演变过程中,汉字把它的以形示意的文化形态发展并保存下来。世界上许多民族的文字起初都是以形示意的,但后来许多民族的文字走向了符号化,成为一堆假定性的表音符号。唯独汉字比较完整地保留了以形示意的特色。

### 2. 电脑时代:汉英文字的比较

前些年,许多人担心电脑不适宜汉字写作,因为汉字数量浩繁,结构复杂,难以进入电脑。于是有人提出,汉字在电脑时代已失去了存在的必要,我们必须以一种更加适合电脑的符号系统来替代汉字系统,例如拼音化——但那不就意味着汉字被淘汰了吗?有着几千年历史的汉字,世界上为数不多的能流传、发展和使用的象形表意文字,唯一把写字发展成举足轻重的一门艺术的汉字(书法),到了电脑时代或曰信息时代真的会被淘汰吗?这些担心是多余的,因为在 20 世纪 80 年代,汉字已经成功地进入了电脑。现在与以往相比,汉字的使用范围确实缩小了,用毛笔和硬笔写作的人也日益减少了,广大文字工作者大都使用电脑来写作,只要思路畅通,使用电脑写作要比手写轻松得多,抄稿子的烦恼和劳累已不复存在,底稿就在硬盘上,需要时调出来打印即可。而且修改也很方便,改后仍然工整清楚,毫无勾划的痕迹。在电脑时代,我们应当全面认识汉字在电脑上的优势和劣势,使电脑成为更加快捷、便利的书写汉字的方式和工具。

(1)汉字在电脑上的优势

在使用电脑的过程中,我们感到或者说重新认识到汉字具有以下优越性。

第一,与英文相比,汉字更加简洁。同样内容的文本,英文所需要的篇幅比中文大得多。在电脑上,一个汉字占用两个字节,一个英文字母就需要占用一个字节,而一般的英文单词均在四个字母以上。这就是说,英文所用的空间通常是汉字所用空间的两倍以上。有人将联合国起草的使用各国文字形成的文件做过比较,发现用汉字翻译的文件占用文件柜最少。难怪外国学者把汉字比喻为"集成电路"。由此可见,汉字的信息量大,利用汉字存储信息确实是最佳的方式之一。

第二,与英文相比,汉字输入更加快捷。随着电脑科技的快速发展,汉字的输入也日趋完善。根据实际测试结果,以同样的熟练程度输入文字,汉字的输入速度比英文快一倍左右。众所周知,五笔字型输入法是比较流行的汉字输入法,这种输入法速度快得惊人,熟练者可以达到"阅读输入"的速度,即另一个人在阅读完一篇文章的同时,打字员也可以将文章输入完毕。目前的汉字语音输入系统还不够完善,只能输入一些常用的文章,输入专业性较强的文章出错率还比较高,但是,我们相信在新世纪这种输入系统会得到改进和完善,"阅读输入"会得到普及。比较而言,英文很难实现"阅读输入",因为人们读出的是单词,而不是字母。

第三,与拼音文字相比,汉字具有形象性。汉字的象形表意功能是汉字的又一优势。日本学者认为,"汉字是唯一一种只需要眼睛看就能思考的文字"。我们通常所说的望文生义就证明了汉字的形象性。我们从字形上就可以看出该字所表达的意思。古人运用象形、指事、会意、形声四种造字方法创造了汉字(严格讲,假借和转注不是汉字造字法,而是文字运用的方法),使得汉字具有与生俱来的形象性。而包括英文在内的拼音文字是绝对不可以望文生义或望文知义的。即使把望文生义的含义扩大化,把对英文词根的分析也看作望文生义,那么在英文单词中可以望文生义的单词也是非常有限的,如:SHEEP、GOAT、RAM、EWE、LAMB,这几个单词意思依次是:羊、山羊、公羊、母羊、小羊,虽然都由羊字组成,而在英文单词中无论如何也看不出来。这主要是英文是纯粹的记音符号,而非象形表意的文字。实际上,世界上许多文字都曾经历过图画文字的阶段,但后来大都走上了用字母记音的发展阶段,成为记音的符号,而汉字却把它的以形示意的文化形态发展并保存下来,成为独具一格的文字样式。在新世纪,随着科技的发展,汉字将会不断地发展和完善其象形表意的优势,为人类对文字形态的理解提供特有的途径。与此同时,电脑科技也会把汉字的象形表意的潜能充分地开发出来。

第四，认读汉字，能促使大脑左右半球的协调。美国的一些专家已经感悟到，方块字的"形"能够传递丰富的理性信息，既有猜读的可能性，又有联想的余地，认读汉字能够充分均匀地使用大脑的两个半球，因此有助于促进大脑左右半球的协调和思维能力的发展。人们使用汉字，大脑的左右半球记认字音、字意，右半球记认字形，左右半球相互协作，因此患失读症的患者很少。一位名叫米尼的美国少年，因脑外伤患上了失读症，美国费城的心理学家尝试用汉字来治疗他的失读症，在汉字的不断"提醒"下，米尼慢慢恢复了阅读英文的能力。我们许多人有这种体会，认读英文时常常想打瞌睡，而认读汉字却没有这种感觉，这可能与认读汉字能够有效地促进大脑的左右半球的协调活动有关。在新世纪，随着"全球村"的到来，世界上越来越多的人会通过电脑或书刊从汉字当中得到益处，汉字会在提高人们的智能和健康水平方面做出新的贡献。我们把中英文进行比较，并不是想证明汉字比西文更先进，因为各民族语言自成体系，不存在优劣之分。通过以上比较主要想说明，汉字与电脑的结合可谓相得益彰，汉字在电脑上有诸多长处。作为中国人，应当掌握电脑、学好英文，与此同时更要学好和用好汉字，使汉字在电脑上的优势充分地发挥出来。但是令人遗憾的是，目前的电脑还没有给我们提供十全十美的汉字写作工具，我们在写作中还不能完全地依赖电脑，电脑写作仍然存在许多缺憾。

（2）电脑写作的缺憾

其一，电脑写作可能会遗失汉字的神韵。在用毛笔或硬笔写作的年代，那些文字色泽丰饶、汁墨淋漓，在或俊秀或豪放的字迹里，到处晃动着写字人的影子，跳跃着饱满的生命。蕴涵在这些活着的文字里的语言魅力，却很难从打出的文字里看出来，电脑打出的汉字都是一个面孔，一个姿态，虽然能给人以整齐一律、明快纯一的感觉，但由于脱离了多样、变化的背景，所以难免使人觉得单调乏味、缺乏风采，很难体现出汉字的特有神韵。

其二，电脑写作可能会终结书法艺术。近几年来，一些书法界的人士对电脑给书法带来的冲击表示了极大的担忧，担心电脑写作会终结书法艺术的生命。其实，这种说法并非骇人听闻，书法艺术以手写构字为立足基地，而电脑却以敲击键盘调出存储的即成字型为"书写"方式；书法的成立，须依赖由数千年书写实践中渐积的特定的审美能力。与电脑普及相伴的必然是精通书法的人群不断地减少，有着数千年的书法艺术最终难逃被社会冷落的厄运。汉字的书法能够通过线条的变化表现不同的风采和神韵。线条千变万化，笔画、结体、布局千差万别，书法作品的神采也千姿百态。但通过电脑批量生产出来的所谓书法作品，是无论如何也看不出来书法的神采的。在公共场合或机关单位，假如张贴的标语全都是电脑打印出来的，那么给人的感觉通常是呆板有余而生动不足，不够鲜活，缺乏人情味，由此可见，使用电脑成批生产出来的所谓书法作品，根本不是真正的书法艺术作品。

其三，电脑写作可能会导致人的思维和习惯的改变。因为习惯了电脑，习惯于用拼音去思考汉字（指习惯于用拼音输入汉字的人），所以，久而久之，有些汉字竟然不会写了，笔者购置电脑以后，进行了彻底的"换笔"革命，每天都用电脑来备课、写文章，结果在课堂黑板上板书时常常写错别字，甚至还屡屡出现不知道某个汉字如何去写的尴尬的场面。这主要是因为电脑打字时，根本就不考虑汉字的偏旁部首和结构、笔画。

其四，电脑写作很难随心所欲。任何一种汉字输入的词库设计都是有限的，有些汉字在电脑提供的词库中找不到，这种情况在写作过程中常常出现，这说明相关软件还需要不断地完善，最令人遗憾的是，看着那些统一配置的、批量供应的词语罗列在眼前备选，死活也想不出来那个本来知道的最贴切的词汇，我们会觉得自己好像深宫里的帝王，面对着三千佳丽就是选不出中意的心上人来。深宫里呆久了，连自己都描绘不出心上人的模样，这就是我们使用电脑写作以后,常常感到现在的文章不如从前的文章文气贯通,表达畅通的深层原因。

3. 中国古代书籍形态的演变

古代书籍的形态主要有:简策、金刻、石刻、兽皮、缣帛、纸张(雕版与活字印刷)。按出现的先后,先有简策,再有金刻、石刻,接着有了缣帛,最后有了纸张。这几种形态都有了书籍的特征和功能。

(1)简策

"简"就是一个竹片,类似书籍一页,一般能写一行汉字,"策"是用线或牛皮将多片竹片编连起来成为一册,像今天的一本书。简策大约出现在殷商时代,与甲骨并存。只是简策难以保存,所以,商代的简策未能传下来。简的尺寸在各个朝代都有不同。简的书写方法,初为漆书,即用漆在竹简上书写,以后改用石墨。后来秦国蒙恬发明了毛笔,秦以后有用毛笔书写简策的。简策书籍最大的缺点是量大笨重,据《史记》记载,秦始皇每天阅读公文150斤,这是因为简策所写的公文,一片竹片只能写几个字,大量竹片捆成一册,量大体重,据史料记载,秦汉时期有一些大臣写好的公文要由两个大汉抬着入宫,可见简策作为文章载体很不方便。比如,汉武帝时,文人东方朔向皇帝上了一个奏本,竟用了三千片竹简,派了两个人才抬进了宫。

(2)金刻、石刻

金刻是指铸或刻在铜器上的铭文,从周代到汉代钟鼎等,许多青铜器上都有铭文。周代金文内容多为有关宣扬周王功绩、纪念祖先业绩、记载重要事件的,也就是说一般性的事情是不值得铸或刻在青铜器上的,周代的铭文最长的有500字,史料价值很高,战国以后的金刻内容多为督造者、铸工和年月等,很少有长篇巨制。石刻是指刻在石头上的碑文,以碑文当作书籍是流传甚广的形式,我国现存的最早的石刻文字是《石鼓文》,在北京故宫博物院有十块石鼓文。在十块石鼓形石头上,用大篆分刻着十首为一组的四言诗,记述秦国国君的游猎情况。其是春秋时代秦国刻的。这十块石鼓文是唐初在陕西宝鸡出土的,现在其中一石已磨灭,其余九块也有残缺。这是现存最早的石刻文字。石刻最大的书籍功能在于"石经"的刻制。汉代王莽命甄丰摹古文《周易》《尚书》《左传》刻于石,开石经之先河。以后历代都有石经,都把经典著作刻于世上。石经的价值主要有:一是汉、魏、唐石经,因当时无雕版,所据古文赖以传后,所以有很高的价值,为后世校订经典之依据。二是唐代发明传拓的方法,拓墨之后,便可将纸联成卷轴,成为当时通行的书籍。(字帖)历代石刻的精华珍品在西安碑林。西安碑林是中国最大的石刻博物馆。

(3)缣帛

缣帛是古代一种质地很薄的丝织品,在发明纸以前,常在缣帛上写字,称帛书。帛书产生于春秋战国之交。缣帛与竹片是同时并存的。竹简可以刮削修改,常作为书的初稿,而缣帛写字不易修改,所以往往作为书的定本。另外,皇帝的重要文书往往用缣帛,而臣民的一般文书往往用竹木。东汉以后,帛书广泛使用,以后历代往往用缣帛书写重要的文书,缣帛的优点是便于裁剪、轻便,缺点是太贵,造价高。

(4)纸张

根据考古的发现,早在西汉初年就发明了植物纤维纸。东汉的蔡伦改进了造纸术之后,人们开始用纸写字。到魏晋南北朝时,纸写本才开始盛行。史书记载,陈寿《三国志》成书以后,时人多爱抄录,左思《三都赋》写就,京师豪贵竞相传抄,一时"洛阳纸贵"。纸张、书籍的装订也曾发生了一系列变化。唐以前是卷轴,唐以后出现了折叠,后来才有了散页装订(竖排版),唐至清代,折叠制与散页装订制(线装)是主要装订形式,比如,你能见到的明清奏折(折叠)和线装本古书(积成册)。明清的公文称奏折,是因为他们是折叠成卷的。

4. 雕版与活字印刷

雕版又叫刻板,在木板或金属板上刻上文字或图形,使之成为印刷用的底版,再在底版上着墨印刷。这种技术起于中唐,最初是从印刷历书和佛经开始的,甘肃敦煌发现的唐代印的《金刚经》,是我国发现的雕版印刷实物。唐至五代,雕版印刷极为盛行,形成了官刻、坊刻、民刻并行的盛况。活字印刷术发明者是北宋的毕昇,他在仁宗庆历年间发明用胶泥刻成单个反体字,用火烧以后,便成了陶字。另在有铁框的铁板上,均匀地涂上油松脂、蜡、纸灰混合制成的黏合剂,然后把活字按需要排列在铁板上,加热使黏合剂熔化,再用另一块平铁板把字压平。冷却后泥活字就固定在铁板上,施墨即可印刷。用毕略烤,可取下活字,以备后用。后来他又创造了木活字。活字印刷术在明代渐成规模,当时流行铜活字,也有铅活字,中国印刷术的发明和改进开创了书籍的历史纪元,以后传到世界各地。目前,人们对宋元时的刻本极其重视,因为错误少,刻工、印刷都很精巧,所以宋元版本成为收藏家的抢手货。北京已设立中国印刷科技博物馆。

# 第二节  社区生态文化分析

## 一、社区生态文化建设存在的问题

社会在不断地向前发展,社区生态文化建设虽然已有较长时间的建设,但它在物业管理行业中运作状况却还不如人意。因为它目前还没有得到政府有关部门的高度重视和大力支持,仅仅停留在物业管理的有限空间和思维下,为物业管理所利用。如果对物业管理没有多大创意和帮助,社区文化就形同虚设,一片空白。取得了一定成效但仍然存在不少困难和问题,主要问题有以下方面。

(一)社区生态文化建设思想上不够重视

"一手硬、一手软"的现象在有的社区还不同程度地存在,对社区生态文化建设思想上不重视。一些社区物业管理部门对文化在社区发展中的重要地位缺乏认识,文化建设重视不够,没摆在应有的位置,文化观念比较淡薄。一些人认为社区文化建设发展慢一点不重要、关系不大,还有的人认为社区文化就是简单的黑板报或开展一些文娱活动,形式单调、无新意。黑板报、宣传栏或小区内的期刊,逢节日或纪念日开展一些文娱(体)活动,内容比较单一,使居民提不起兴趣来参加,不能调动其参加活动的积极性,或者就是请专业的表演团体来表演,从而忽略了业主的参与性,开展社区文化活动的目的也就达不到。在开展活动时,不能充分利用小区或周边的配套设施,使得活动场地及设施受到限制。

(二)社区生态文化建设投入不足

这些年来随着经济的发展,社区逐步加大了对文化建设方面的投入,但总体来说对生态文化建设投入还是不足,表现在以下几方面。

1. 社区文化工作人员专业素养不足

形象好、会说、会写、会跳、会唱,有组织协调能力,是社区文化工作人员基本要求。但目前许多社区文化工作人员达不到这些要求,给社区文化工作的开展带来不利的影响。

2. 人员数量太少

社区文化工作如果全面开展起来,不是一个人、两个人就能够全面动作起来的,而是需要很多不同专业人员才能开展起来。现在许多住宅区,只配置一个社区文化工作人员,许多工作没有人干。

3. 由于物业管理经费的吃紧,社区文化活动不得不走形式

有物业管理公司搞社区文化活动仅仅是为了达到宣传企业、树立企业形象的目的。一些公司在实施物业管理时,往往只重视物质方面的工作,而忽视了精神文明在人们生活中的重要作用。这样一来,社区文化工作任务就会加重,物业管理工作也会越来越不轻松。

### 4. 对物业管理工作支持的力度不够

社区文化运行得比较完善的企业,还要额外地对计划生育工作、出租屋管理工作、"三无"人员的清理和整顿等等进行工作,这些实质与物业管理毫无利益和权责关系,但社会把这许多项工作交给物业管理公司做。一些大型住宅区的管理处虽然明白这不是自己份内的事,但为了一个住宅区的整体利益和住户(用户)的切身利益,他们还是不得不贴出这一笔开支。

### 5. 社区生态文化建设设施滞后

各社区的文化设施尽管这几年有所改善,但仍十分落后。社区文化室、图书室低水平,规模小。居民活动和健身运动场所相当紧缺,社区生态文化建设设施较滞后。

### 6. 社区生态文化建设制度不活

缺乏激励制度和淘汰制度,干与不干、干好与干坏一个样的现象还普遍存在。这些表明我市社区文化建设发展的氛围还没有形成,社区生态文化建设制度不活。

## 二、社区和社区文化的分析

### (一)社区

社区文化建设是一项系统工程。组织开展社区文化建设必须遵循一定的原则、讲究一定的方法,才能有成效。那种打突击、走过场的形式主义作风和附庸风雅的表面化行为都不利于社区文化的持续健康发展。社区文化建设是一项艰辛的、细致的、持久的工程,只有扎扎实实、一步一个脚印,才能抵达理想的彼岸。法国社会学家 F·滕尼斯在《社区与社会》一书中,将人类群体分为两种类型,即社区和社会。社会是社会共同体,以目的、利益、契约以及距离为基础;社区则是生活共同体,以地域、意识、行为以及利益为特征。此后,社会学家们从不同的角度给社区下过不同的定义。据社会学家的统计,已达140多种。韦伯、帕克、帕森斯、阿莫斯等对社区都发表过具有代表性的论述。在这些定义中,社区被描述成群体、过程、社会系统、地理区隔、归属等等,其中共性的因素有地域、共同联系和社会互动。

参照社会学家的定义,结合居住区的情形,从实际出发我们所说的社区是指区域性的社会,是在相对独立的区域内,具有一定人口和建筑规模,能满足人们的日常文化需要,凭感觉能够感觉到的具体化了的社会。

### 1. 社区的基本特征

社区作为一定的地缘性群体和区域性社会,具有四个基本特征。

(1)地域要素。指为城市干道所分割或自然界限所包围,具有生存发展的硬件设施、相对独立和稳定的地域。

(2)人口因素。指一定规模、数量、分布状况和类型构成的人口。

(3)结构要素。社区由一些群体和组织所构成,如家庭、邻里、商业、学校、医院、民间团体、政府机关等。

(4)社会心理要素。群体对个体的行为产生决定性的影响,形成共同的生活方式、行为规范和心理取向。社区成员对本社区具有归属感,产生参与群体的集体意识和行为。

### 2. 都市社区的含义

社区可以划分为农村社区、集镇社区和都市社区,此后提及的社区主要是指都市社区,即在现代城市里,具有一定共同利益关系的人们,在同一地域内共同生活的有机体。它具有鲜明的城市特点,如地域的独立性渐趋模糊,居民需求对外部的交通、通信和服务有更强的依赖性,人口密度调整适当,年龄结构老化,社区管理机构多元化,社区成员的归属感和参与感增强等。这些特点要求城市社区建设必须充分发挥服务功能、整合功能、凝聚功能、稳定功能和发展功能。

（二）社区文化

1. 社区文化的含义

文化一词指经过人类耕作、培养、教育、学习而发展的各种事物或方式，是与大自然本来存在的事物相对而言的。1871年，爱德华·泰勒在他的《原始文化》一书中，首次将文化作为一个中心概念提出，并把文化表述为是一个复杂的总体，包括知识、信仰、艺术、道德、法律、风俗以及人类在社会中所获得的一切能力与习惯。美国文化人类学家克鲁伯和克拉克洪等将文化定义为是历史上所创造的生存样式系统，其中既包含显性样式也包含隐性样式。《大英百科全书》将文化分为两类：一类将文化等同于总体的人类社会遗产；另一类是一种渊源于历史的生活结构的体系，这种体系往往为集团的成员所共有，它包括集团的语言、传统、习惯和制度，包括有激励作用的思想、信仰和价值观，以及它们在物质工具和制造物中的体现。文化概念有多种外延不同的含义，但可以作一个最基本的区分。广义上文化是指人类社会历史实践过程中所创造的物质财产和精神财产的总和；狭义上文化仅指精神层面的内容，像哲学、艺术、道德、宗教、礼仪、制度等。从上述定义出发，文化显现出几个基本特征：第一，文化与行为有密切的关系，它在很大程度上决定着人的行为，并激励和限制行为的结果；第二，价值观是文化的核心；第三，文化是后天习得的，可以继承，生生不息。社区文化应该是一个较为宽泛的概念，我们将社区文化界定为：社区文化是指在一定的区域范围内，在一定的社会历史条件下，社区成员在社区社会实践中共同创造的具有本社区特色的精神财富及其物质形态。

2. 文化与社区不能割裂

文化是在一定的空间范围和时间向度上生成的，社区是文化的土壤，社区结构的形成赖于文化的制约，文化的孕育和传承又存在于社区的社会活动和生活工作之中。社区文化的定义由于文化外延的不同也有很多说法。吴文藻先生认为文化的简单定义,可以说是某一社区内的居住所形成的生活方式;也可以说是一个民族应付环境——物质的、象征的、社会的和精神的环境——的总成绩。马林洪斯基认为文化从功能的角度来考察,包括经济、教育、政治、法律与秩序、知识、巫术、宗教、艺术及娱乐等八个方面。桑佳斯论述的社区文化的外延更小,包括语言文字、公共象征、知识信仰、价值体系以及有关行为程序中的惯例、规则与特定方式。理解社区文化的概念需要注意社区文化是社区成员在社区社会实践中所构建的。社区文化是社区成员在社区实践中所构建的各种成果;社区文化是社区成员在社区实践中所构建的各种生活方式或样式;社区是社区文化的生存地、生产地和传播地。

### 3. 社区文化的特点

社区文化具有自身的一些特点,表现在以下几方面。

(1)社区文化有着浓郁的企业化色彩。社区管理者主观推动,企业在社区文化建设中扮演着重要的角色。在物业管理对小区实施一体化管理之后,物业管理企业成了社区文化的组织者、创造者与传播者。

(2)社区文化具有理性化和世俗化的特征。社区成员以效率和效能作为衡量与评价日常生活的标准,对事件的处理不太强调邻里个人感情,而以利益为基本准则。人们讲究实效,讲究实惠,注重切身利益,重视实实在在的好处。社区成员的人格往往呈孤独的、冷漠化的态势。

(3)社区文化具有开放性特征。这种开放性一方面表现为社区文化的手段对社区外的依赖,另一方面则表现为社区成员对域外各种文化的吸纳。同时,社区成员的文化需求呈多元性,除了因年龄、素质、兴趣等因素之外,跟社区文化的内外撞击有很大的关系。

(4)社区文化建设有潜在的功利性。物业管理企业借此推动物业管理,节约劳动成本,提高工作效率。社区文化旨在改变问题住户,创造理想住户。

# 第四章 传统文化、艺术、科技、教育进化发展

## 第一节 传统文学的演化和"和"精神

中国文学在中国文化中占有重要的地位,文学作品在古代文化典籍中占有很大的比重。我国文学如日月经天,万古长新;如江河行地,源远流长。中国文学始终是文化典籍中的一个重要组成部分。在上古时期,文学已成为先民们文化活动的一个重要内容。其最初形成是歌谣,我们从《易》卦卜辞所看到的那些简短的小诗,尚可依稀看到它们的原始风貌。《诗经》中的《风》是民歌,《雅》《颂》是贵族所作,说明一般平民和贵族都开始创作十分成熟的诗歌作品了。孔子把《诗经》作为教科书,对弟子实施"诗教",说明教育中文学是必不可少的内容。到了魏晋时期,文学已被视为"经国之大业,不朽之盛事",魏晋以后的士大夫几乎无人不写文学作品。隋唐以后,实行科举制,文学作为考试内容,作诗唱对是为文人雅士的必备技能。在传统的文化典籍四大部类中"经、史、子、集",其中的"集"主要指文学。从数量上来看,"集"类文学作品的比重是首屈一指的,其数量相当可观,以致无人能统计出历代究竟有多少文学作品。比如仅《全唐诗》收录的唐诗就有近五万首,陆游诗留传下来的有九千多首。如果把诗词、曲、赋、散文、小说、戏剧都放在一起加以统计,肯定是一个令人吃惊的数字。总之,中国古代文学在古代文化典籍中占有首屈一指的比重,它在古代文化中是极为重要的组成部分。文化主要由"文、史、哲"构成,其中"文"占首席地位。

### 一、中国文学的发展历程

中国文学即中华民族的文学,是以汉民族文学为主干部分的

各民族文学的共同体。中国文学，具有数千年悠久历史，以特殊的内容、形式和风格构成了自己的特色，具有自己的审美观以及自己的起支配作用的思想文化传统和理论批判体系。发展概况是中国作为一个统一的多民族国家，各民族文学都有各自发生、繁衍、发展的历史，也有各自的价值与成就，它们之间相互渗透和交融。例如藏族史诗《格萨尔王传》、维吾尔族的叙事长诗《福乐智慧》、傣族的《召树屯》、彝族的叙事长诗《阿诗玛》、蒙古族的叙事诗《嘎达梅林》等，都是中国文学宝库中的璀璨明珠。少数民族文学与汉族文学互相补充，使中国文学表现出极大的丰富性和多层次性。诗歌，是中国文学中产生最早的艺术形式之一，《诗经》是最早的一部诗歌总集。其中最早的诗篇产生于西周初年，最晚的产生于春秋中叶。紧接着，又兴起了一种新的诗体——楚辞，楚辞的光辉代表作者，即是伟大的诗人屈原。《诗经》中的"国风"和以《离骚》为代表的楚辞，是中国古代诗歌的两个典范。以创作方法而言，《诗经》和《离骚》分别开创了中国文学现实主义和浪漫主义的诗歌传统。汉魏六朝，出现了带有民间文学刚健清新风格的新诗体——乐府，强烈的现实感，是它们的重要标志。《陌上桑》《孔雀东南飞》《木兰诗》等，都是中国古代长篇叙事诗中的瑰宝。在乐府诗的发展过程中，五言、七言的句式日渐引人注目，到汉末出现了《古诗十九首》，五言诗体便基本成熟了。七言诗的产生要晚于五言诗，它的广泛流行，大约在晋宋之际。经过齐梁间以沈约为代表的"永明体"诗歌在声律方面的充分准备，唐代，近体诗进入鼎盛时期。在这个时期，古体诗和近体诗全面发展，出现了李白、杜甫、白居易等世界闻名的伟大诗人。中国诗歌同音乐有着非常密切的联系。两者的关系发展变化经历了"乐府从诗""采诗入乐"和"倚声填词"三个阶段。"倚声填词"是诗与乐各自经过长期的发展演变，在新的历史条件下重新进行的一种更为高级的形态组合。词，是一种音乐化的文学样式，起源于民间，盛唐以后，文人才士填词渐成风气。五代时，中国第一部文人词总集《花间集》问世。到宋代，词的现实内容和表现形式达到了完美统一的程度,成为可与唐诗并列的中国文学的另一座高峰,出现了苏轼等一大批杰出的词作家。南宋后期,词逐渐失去了和乐能力。而以"胡乐"结合北方民间的"俚曲",配入通俗化语言而形成的新的诗歌样式——散曲,则引起了人们新的兴趣。由于散曲大量吸收民间方言俚语,具有浓厚的市民通俗文学色彩,并且具有以往诗歌中少见的诙谐和幽默,给诗坛注入了一股清新的空气。散曲在元代得到迅速发展,成为中国诗歌史上最兴盛的体裁之一。同时,传统诗歌仍创作有大量作品,宋、元、明、清各代均数量巨大且有自身的特色,但总成就都没有超过唐代。在中国传统的文学观念中,与诗词并列的文学正宗是散文。中国文学史上第一部记叙文和议论文的集子是《尚书》,它是上古历史文件和部分追述古代事迹著作的汇编,虽然文字佶屈聱牙,但已略能叙事,初具文学特质。战国时代,群雄争霸,战争频繁,士人们纷纷献计献策、著书立说,形成了百家争鸣的局面,散文亦得以迅速发展,其中主要是历史散文和诸子散文。历史散文以《左传》《国语》《战国策》为代表,诸子散文以《论语》《孟子》《庄子》《荀子》《韩非子》为代表。由于儒、道是中国思想史上的两大流派,所以《论语》《孟子》《老子》《庄子》在文学史上影响最大。这时期的散文,特点有感情激越、论辩性强;辞藻华美、结构严谨;多用寓言、善使比喻等,散文的基本形式已经确定。汉代散文更讲究文采,对偶句增多,有辞赋化倾向。这时期,司马迁的《史记》问世,这部巨著"究天人之际,通古今之变",规模宏大又结构严谨,无论写景状物,还是刻画人物性格、抒情议论,都获得极大成功。因此,《史记》不仅被视为史书杰作,而且传记部分也是中国传记文学的典范。骈文兴盛之后,散文式微。直到唐代韩愈、柳宗元大力提倡"古文",反对过于矫饰、渐趋空洞的骈文,散文才恢复了它的生机与地位。唐宋古文,直承秦汉传统,尤以游记散文清新隽逸、生动活泼。后世纯文学散文一直沿着这条轨道前进。明清小品文是纯文学散文的一种重要样式,吸收唐代散文的精髓,融入魏晋南北朝笔记文的谐趣和隽永,具有独特的艺术魅力。赋与骈文,是中国文学中介乎诗歌和散文之间的两种体裁。赋源于楚辞体,流行于两汉,有诗的韵脚,崇尚铺张扬厉。骈文则兴盛于魏晋南北朝时期,追求句式的整齐,强调对仗工稳与音律的和谐,不要求押韵。

在中国的传统文学观念中,小说常被当作街谈巷议之言;戏曲被认为是不能登大雅之堂的东西。所以,小说和戏曲,由于不受重视而发展较晚。至元、明、清时代,小说和戏曲才迅速发展起来,一些伟大的作家与作品相继出现,如元代杂剧、明清传奇戏曲《窦娥冤》《西厢记》《牡丹亭》《桃花扇》等,都是不朽之作;小说《三国演义》《水浒传》《西游记》《聊斋志异》《儒林外史》等,也均为文学珍品。《红楼梦》更是纪念碑式作品,它把中国文学推向了新的高峰,并足以和世界许多著名的小说媲美。中国古代文学虽然在不断发展着,但却表现出异常稳定和凝固化的特点,与西方文学相比,统一性和单一性相当明显。这种特点是和中国社会的历史进程紧密相关的。中国文学大部分在封建社会的小生产土壤中产生,几乎一直在中央集权的统一国家中,在重视文化思想,并对之严格控制的情况下发展。所以中国古代文学与外国文学的联系相对说来较少,大部分时间处于封闭的环境中,除了特殊历史时期外,总的说来与宗教的关系相当淡漠。这就形成了中国古代文学凝重稳健的性格。19世纪后半期至20世纪初,随着中国封建社会开始发生的重大变化,这种性格开始打破。中国古代文学的正宗诗文,到清代中叶,大都由于因袭旧艺术形式、缺乏新思想内容而走向末路。鸦片战争以后,一部分知识分子开始认识到本民族经济文化上的弱点,文学上出现了龚自珍、黄遵宪等为代表的"开明派";戊戌变法运动前后,资产阶级改良主义代表人物梁启超、黄遵宪等提出了"诗界革命""文界革命""小说界革命"的主张,要求崇白话而废文言,号召革命的政治小说也相继产生,例如李宝嘉的《官场现形记》、吴沃尧的《二十年目睹之怪现状》、刘鹗的《老残游记》、曾朴的《孽海花》等,都是揭露当时社会黑暗的"谴责小说"。与此同时,出现了以柳亚子、秋瑾为代表的一群爱国诗人,他们救国图存的作品,形成了近代文学中新的文学潮流。"五四"新文化运动,使中国文学进入了光辉的现代时期。这时期的文学,已成为自觉、独立而又面向整个社会的艺术。它以改变文学语言为突破口(以白话代替文言),对文学的形式、表现手法、内容,进行了全面深刻的变革,产生了不同于传统文学的新诗歌、散文、小说和戏剧,还引进和创造了散文诗、报告文学、电影文学等新体裁,创作主体的个性、自我意识和描写对象社会化的深度和广度都得到了从未有过的强化。对于人的命运和人民、民族命运的关注,现代民主主义和社会主义思潮,成了新的文学主潮的思想基础。知识分子的道路、农民的苦难、抗争与解放、武装斗争,是作品常见的题材。作家与读者有了更广泛而亲切的交流,而且也更广泛地汲取了世界文学新潮的营养。正是通过外来影响的民族化和文学传统的现代化,才创造出了新的民族文学,并成为现代世界文学的自觉成员。这时期的文学取得了辉煌的成就,出现了鲁迅、郭沫若、茅盾等一批世界性的作家。鲁迅创作的《狂人日记》《阿Q正传》《祝福》《药》等富有高度思想性、艺术性的小说及大量杂文,创造了中国现代文学最伟大的里程碑。中国新文学运动的伟大旗手鲁迅,以他的作品在中国人民中产生了极其深远的影响。中华人民共和国建立后,中国文学一方面发扬了"五四"以来的新文学传统,一方面又表现出新的历史时期的时代特色。在更广泛更深刻的程度上与人民结合,积极表现中国人民在反帝反封建斗争中的革命精神,努力反映社会主义时期中国人民新的生活风貌,出现了一大批富有时代气息的优秀作品。经过"文化大革命"的文学停滞时期,从20世纪70年代后期开始,中国文学又出现新的转机,大群新作家走上历史舞台,文学的现实主义传统得到恢复和发展,新的艺术形式和艺术方法获得多方面开拓,文学内容也获得很大程度的深化,中国文学呈现了新的繁荣局面。

## 二、中国文学各方面的特征

中国文学由于自己的语言特点以及中国哲学、伦理的影响,形成了一些与外国文学不同的特征。汉语言文字是世界上历史最悠久、最古老的语言文字之一,属汉藏语系,是拼音文字。汉语言文字对中国文学的形成和建设起着巨大的作用:①容易引起具体意象。由于汉字具有表意性特征,其自身排列有时就会引起某种具体的"意象"。例如赋和骈文,就大量运用同形旁的字。中国文学的象征表意特征造成了一种独特的审美效果。②汉字一般为单文独义、一字一音,这就使中国诗歌的音节变化有了一整套独特的谨严的格律,并且在外观上构成整齐对称的形式美。③汉语有四声,诗人们利用汉语言的这种特性,写诗时注意字声安排,于是近体诗(五言律、绝,七言律、绝)、词、散曲等诗歌体应运而生,并统领诗坛达千年之久。诗歌充分利用四声变化,造成了节奏鲜明、抑扬顿挫的艺术效果。④文言文作为特殊的书面语言,可与日常用语长期分离而保持官方语言的地位,这就发生了文学在文言和白话两个不同的轨道上运行、内容与形式皆有巨大的差异的现象。

中国文学,除了因为汉文字语言具有自己的特征以外,还具有它自己的独特文学观念体系。这种观念体系受中国传统的思想体系所支配,其思想渊源在于孔子创立的儒家学派。以孔、孟为代表的儒家思想主要在以下几个方面影响中国的民族性格和文化思想与性格的:其一,是以"修身、齐家、治国、平天下"(《礼记·大学》)为核心的入世思想;其二,是以"仁、义、礼、智、信"为标准的道德观念;其三,是以"天、地、君、亲、师"为次序的伦理观念;其四,是以"允执其中"(《论语》)为规范的中庸哲学。在这种思想的支配下,诗文以教化为功用的中国文学在内容上偏重于政治主题和伦理道德主题。将文学视为政治的附庸和说教的倾向一直被当作一种无可非议的倾向。君臣的遇合、民生的苦乐、宦海的浮沉、战争的胜败、国家的兴亡、人生的聚散、纲常的序乱、伦理的向背等,一直是中国文学的主旋律,无论是诗歌、散文、小说还是戏曲概莫能外。儒家的入世哲学和教化观念,给中国文学带来了政治热情、进取精神和社会使命感,但同时也抑制了自我情欲的释放、自由个性的迸发和自我意识的开掘,尤其是存天理、灭人欲的理学观念,使文学蒙上了理性主义的烟霭。与上述内容特点并行的是"中庸"的美学追求。中国文学讲求中和之美,"乐而不淫,哀而不伤",一般不把情感表达得过分热烈。中国旧体诗大都感情节制、思想含蓄、言有尽而意无穷,同样表现出浓厚的理性主义色彩。

在中国思想史上,儒、道两家的思想体系是互为补充的,儒、道、释三家也常常合流。儒家、道家、佛教思想有相异和对立的一面,又分别给予中国文学以不同侧面的影响。所谓"达则兼善天下,穷则独善其身"的思想,儒家继承的是兼善精神,道家则本着"无为"之旨,发展了独善思想。在中国文人身上,积极入世和消极避世思想往往交织在一起,彼此消长。在文学作品中,这种现象有着鲜明的表现。如果说"兼善天下"与"独善其身"是古代士大夫的互补的人生趋向,那么,慷慨悲歌与愤世疾俗,则成为古代知识分子常有的心理状态和艺术意念。虽然儒家思想对中国文学总体风格的影响占着主导的地位,但老庄哲学对中国文学艺术的影响也是巨大的。这种影响有两个方面:第一,大音希声,大象无形的观点揭示了艺术中"虚"和"实""无"和"有"的辩证法,指出有生于无。对于形成中国文学含蓄精炼的艺术表现形态上的特点起有异常重要的作用。中国文学极强调以虚写实,以静写动的表现方法。中国文人不喜欢纤毫毕现地直接描述,而把艺术感觉、艺术想象的空间留给读者自己去品味、揣摩和思寻,追索那些不可言传的"大音""大象"——美的极致,创造出"无声胜有声"的艺术境界。第二,大制不割、道法自然。不割即强调一种自然的完整性,强调自然的纯朴、素朴、浑朴。然而,至高无上的、形而上的道,要求"法"形而下的自然,这里强调的是一种"自然"的美。因而,中国文学艺术家向来把刻苦的技巧训练与不露刀斧凿痕的无技巧境界结合起来,"看似寻常最奇崛,成如容易却艰辛",这是大多数中国作家毕生孜孜以求的艺术境界的写照,也是他们艺术道路的真实反映。由于上述两方面的影响,中国文学和西方文学相比,大体上说,西方文学显得直截了当、率性任真,中国文学则委婉曲折、含蓄深沉;西方文学倾向于锋芒毕露、深刻广大,中国文学则倾向于绵里藏针、机智微妙;西方文学尚一泻千里的铺张,中国文学则尚尺幅万里的浓缩。这种审美观在总倾向上的差异是显而易见的。有人根据艺术对世界的审美关系的不同,将艺术分为表现的和再现的两种类型。再现的艺术力求按照感知和认知的方式客观地、准确地反映现实世界,使现实世界的表象与艺术的意象达到一致和重合;而表现的艺术则是以心灵外射的方式,根据主观的意愿拆碎现实表象的固有的常态的组合并重新加以组合。

中国文学一般来说是倾向于表现的,这可以从体裁和创作方法的选取看出来。首先,在体裁上,中国文学一直以诗歌为主基调,偏重抒情,而叙事文学兴起较晚,也较不发达。在整个诗歌史上,从《诗经》这部最早的古代诗歌总集开始,抒情诗蔚为大观,而叙事诗则总体不够景气。中国小说到了魏晋南北朝时期才有所起色,但真正具有小说意识,是进入唐代以后的事情。长篇小说的产生时期更推迟到了明代。中国戏剧文学则不仅产生得晚,而且充满浓厚的抒情气,近于抒情诗的联缀的格局。中国戏曲的假定性的虚拟表现手法,则更为某些表现派戏剧家(如布莱希特)所乐道。其次,在创作方法上,中国文学不重写实而重写意。比如古典诗歌中游历山川、探览名胜、凭吊古迹的题材,可以处理成叙事性或描述性的作品,但在众多的诗歌中,却往往是代之以象征、暗示、隐喻、抒情等艺术手段,而虚化了即目所见的景象。例如唐朝诗人陈子昂的《登幽州台歌》:"前不见古人,后不见来者,念天地之悠悠,独怆然而涕下。"无一字关于幽州古台的具体描写,完全是人生的感喟、心灵的外射和意念的迸发。古诗常提倡"情景交融",其实主要也是借景抒情,着眼点在于内心郁积情感的宣泄与抒发。中国古代文学理论批评在自身发展中形成了自己的体系,有着整套与西方不同的范畴。它们不是玄虚而是微妙,往往是拟象取譬以供参悟,不易落入言筌,如"气""风骨""韵""味""意""神""体""肌理""格调""意境"等。这些范畴经过不断演变、完善,内涵也日渐丰富,又逐渐在相互间交叉,形成网络、构成了体系,相对于西方的"悲剧""喜剧""崇高""滑稽""幽默""典型"等美学范畴。中国古代文论的诸范畴,表现出一些多义性特点,但更注意主客体的和谐。中国文学的这些总体特点,到"五四"新文化运动以后发生了明显变化,如现代文学中由于小说、戏剧受到重视,就不再显示出抒情胜于叙事、表现多于再现的特点。古代文学中儒家思想的主导地位已被现代的民主主义和社会主义思潮所取代。文学理论也出现了许多新的范畴和概念,语言结构也发生了巨大的变化,这一切使中国文学形成了新的民族文学的特点。

### 三、中国古代文学的影响

中国文学是世界历史上最悠久的文学之一,在世界文学发展史上占有重要的地位,产生过很大的世界影响。

中国古代文学的对外影响,有一个从东方逐步扩大到欧洲最后到达美洲的过程。具体可分以下四个阶段。

第一阶段是唐代。唐代由于政治经济的发展,中外文化交流也十分广泛频繁,中国以诗歌为主的文学也开始传到国外,主要影响范围是邻近的日本、朝鲜半岛、天竺(今印度)、大食(今阿拉伯)及东南亚各国。中国文学对日本的影响始于秦汉,唐代达到高潮,李白、杜甫、白居易、元稹等诗人的诗作都为日本人所喜爱,影响最大的当属白居易的诗。据《日本国见在书目》记载,当时传到日本的有《白氏文集》(70 卷)、《白氏长庆集》(29 卷)。平安时代的诗集与《和汉朝咏集》共收录 589 首诗,其中白居易的诗就达137 首之多。白诗不仅在日本宫廷中流传,曾受到嵯峨天皇的激赏,宫廷女官紫式部所著长篇小说《源氏物语》明显地受白诗影响,贵族文人多喜欢白诗,而且白诗也为平民百姓所欢迎,《长恨歌》《琵琶行》在日本几乎家喻户晓。其他方面,如南朝梁太子萧统所编《文选》,在文艺思想和编选体例上也给日本诗歌总集《万叶集》以影响。日本奈良时代的文学家阿倍仲麻吕(汉名晁衡),

曾被派遣来中国留学,在唐生活50余年。日本高僧空海(弘法大师),游学于唐,归国时携回大量中国书籍,其后撰著《文镜秘府论》(6卷),将中国诗文作品、文学理论介绍给日本人民。

第二阶段是18世纪开始对欧洲的影响时期。近代西方人从《马可·波罗游记》中开始对中国产生兴趣,而正式把中国文化传往近代西方的是一些前来中国的传教士,18世纪形成第一次热潮。明末天启六年(1626),法国人金尼阁把五经译成拉丁文在杭州刊印。此后,法国人宋君容曾译《诗经》《书经》《易经》《礼记》。马若瑟(J·普雷马雷)亦翻译《诗经》《书经》刊于1735年巴黎出版的《中国通志》。这时,中国古典小说、戏剧和寓言也开始进入欧洲。1732至1733年间,马若瑟翻译了元代纪君祥的杂剧《赵氏孤儿》。从18世纪30年代中期到60年代初期,该剧又先后在英国、德国、俄国翻译出版。法国启蒙思想家伏尔泰还将它改编成一个新剧本《中国孤儿》。此外,1761年,在英国刊印了第一部英译的中国小说《好逑传》。1781年,德国诗人J. W. Von 歌德通过杜赫德的德译本,了解到《赵氏孤儿》和《今古奇观》中的4篇短篇小说及《诗经》中的一些诗作。同年,他尝试将《赵氏孤儿》改为悲剧《哀兰伯诺》。19世纪初,歌德读了《好逑传》并得出了"世界文学时代已快到来"的结论;而且他还受到清代小说《花笺记》《玉娇梨》的启发,创作了著名的组诗《中德四季晨昏杂咏》。

第三阶段是对美洲的影响。中国文学在美洲产生较大影响始于20世纪一二十年代。这时中国诗的翻译、模仿、评论大量出现在美国刊物上。被称为"美国现代诗歌之父"的E.庞德,对中国诗含蓄、凝炼、意象鲜明和情景交融非常崇尚,并从中吸收了有益的创作营养,他认为,在美国文学所受的外来影响中,"中国是根本性的"。蒙罗也把意象派意义界定为"对中国魔术的追寻"。庞德的长诗《诗篇》中有12章是以中国为题材的。1915年,他根据美国东方学家费罗诺萨的译稿整理出版了译诗集《中国诗抄》,收有《诗经》《汉乐府》《古诗十九首》中的诗以及郭璞、陶渊明、李白的诗共18首。之后,他又翻译出版了多种中国诗的译本。

第四阶段是"五四"新文化运动以后的现代阶段,这个阶段一直持续到现在。这个阶段由于中西政治、经济、文化已开展了全面的交流,中国文学也得到全面传播。一方面把代表中国文学较高水平的古典小说《水浒传》《红楼梦》等翻译出国,另一方面世界各国也将"五四"新文化运动以后新出现的作家作品,例如鲁迅、郭沫若、茅盾、巴金、老舍等人的作品大量翻译介绍。仅鲁迅的著作,就被 40 多个国家译成 70 多种文字。鲁迅生前,《阿 Q 正传》在日本就有 5 种不同的译本,逝世后又有近 10 种新译文。《阿 Q 正传》传到西方后,法国作家罗曼·罗兰给予了高度的评价。随着中国文学的广泛传播,其价值愈来愈为世界了解,世界文坛也给了中国文学以更高、更科学的评价。

中国古代文学一方面对外产生影响,另一方面也不断地接受外国文学的影响。这种影响的第一次高潮是东汉至唐宋佛教文化的影响。佛经的翻译活动从东汉桓帝末年安世高译经开始,魏晋南北朝时进一步发展,唐代形成高潮,北宋时开始衰落。无数自梵文翻译过来的佛学经典带有浓厚的文学色彩,如《六度集经》中的《遮罗国王经》和《马鸣菩萨》本身就是传奇性作品,而马鸣写过的《佛所行赞》和《美难陀传》就是两部长篇叙事诗。印度的两大史诗之一《罗摩衍那》,其罗摩的故事也通过佛教经典介绍过来。由于佛经的传入,佛经中的思想、语言、故事、音节都对中国文学产生了影响,为中国文学带来了新观念、新意境和新的用词遣词方法。佛经的传入刺激了魏晋南北朝志怪小说、唐代传奇及元杂剧的故事发展。此外,唐代变文的产生、流行也与佛教有关。由于佛教词汇的大量涌入,中国文学语法结构和遣词用句的方法也发生了某些变化。汉语中反切四声的确立,就是佛经影响的结果。中国最早的韵书是按"宫商角徵羽"五声排列的,"平上去入"是西域输入的技术,而"平上去入"的区别,则是因为当时转读佛经三声,与印度古"声明论"的三声相符,和入声相配,所以形成四声。此外,佛经的文体特点,如不用"之乎者也",不用骈文绮词丽句,以及多倒装句法,多提挈句法,句中段落中的解释语,散文诗句的交错等,也都影响了中国文学风格的变化。

外国文学对中国文学影响的另一次高潮是鸦片战争之后。特别是 19 世纪末以来,由于外国的政治、经济、文化学说大量地涌进,与此相应,改良主义的代表人物大力提倡政治小说,一些翻译家也大力引入外国小说。晚清时期,翻译的国外小说达 400 种,仅 1907 年,翻译的小说就有 80 种,其中英国小说 32 种,美国 22 种,法国 9 种,日本 8 种,俄国 2 种,其他国家 7 种。仅林纾在辛亥革命前后近 30 年中,就翻译介绍(与别人合作)了英、美、法、俄、日、西班牙、比利时、挪威、希腊等国 180 余种小说,达 1 200 万字。这种翻译介绍在"五四运动"前后达到最高点,其数量令人惊叹,世界上著名作家的作品几乎都被介绍进来。中国文学因此开拓了自己的视野,从思想内容到艺术形式都受到震动。中国现代文学家采取拿来主义的态度,努力加以借鉴,使新文学步入了十分兴旺发达的时代。20 世纪以来,这种影响一直持续不断,只是在文化大革命时期才采取了全面封闭的绝对态度。文化大革命过后,继续开放,又出现了新的高潮,这时期主要介绍 20 世纪世界文学新观念和作家新作品。由于中国文学自身的巨大成就和数千年积累的丰富经验,由于对世界上一切优秀文学采取积极借鉴的态度,也由于中国社会历史的发展为文学创作提供了无限丰富的源泉,中国文学将会创造出更灿烂、更伟大的篇章,对整个人类文学艺术事业将做出更大的贡献,它将以更美更辉煌的面貌屹立于世界文学之林。

## 四、中国古代诗歌、散文、叙事文学(小说)的发展历程及其成就

在有文字可考的 3 000 多年的历程中,中国古代文学也走过了三千年的发展历程,在群星闪耀、丰富多采的中国文学史上,中国文学表现出多层次的内容,多样化的风格。诗、词、曲、赋、散文、小说、戏剧"一代有一代之所胜"。归纳起来,主要有诗歌、散文、叙事文学(小说)三个粗略的类别,下面我们分三个部分介绍它们的发展历程及其成就。

（一）中国古代诗歌的发展历程及其成就

中国古代诗歌的主要功能是抒情，以表现意境为追求目标。中国古代将不合乐的称为诗，将合乐的称为歌。古代文学往往与音乐紧密联系，诗歌、戏剧、散曲，能读能唱，自不必说，小说也往往搬上舞台表演。从古至今，按历史发展可把诗歌分为古体诗、近体诗（五四以后）和新体诗。古体诗是指唐朝以前的诗歌，主要是四言诗、五言古诗、七言古诗，有少部分的六言诗。古体诗不受格律限制，在押韵方面比近体诗要自由得多，韵脚也可平可仄。近体诗是指唐朝以后的诗歌，主要指律诗和绝句。在字数、声韵、对仗方面都有严格的规定，文人称之为调平仄。按规定近体诗只能押平声韵。例如："好雨知时节，当春乃发生。随风潜入夜，润物细无声。野径云俱黑，江船火独明。晓看红湿处，花重锦官城"。

1.《诗经》

《诗经》是我国第一部诗歌总集。它反映了从西周初年到春秋中期 500 多年广泛的社会生活，共选录 305 首诗，主要是四言诗，分风、雅、颂三部分。其中包括十五"国风"，有诗 160 篇；雅分《大雅》和《小雅》，有诗 105 篇；颂分"周颂""鲁颂""商颂"，有诗 40 篇。它们的创作年代很难具体指出，但从形式和内容的特点来看，可以大体确定："周颂"全部和"大雅"的大部分是西周初年的作品；"大雅"的小部分和"小雅"的大部分是西周末年的作品；"雅"主要是贵族宫廷宴乐的乐歌。《湛露》写宫廷贵族"厌厌夜饮，不醉不归"。《鱼丽》描写了他们筵席的丰富。《宾之初筵》具体描写了贵族宴饮的场面；《鸣鹿》"呦呦鹿鸣，食野之萍。我有嘉宾，鼓瑟吹笙"，通过喜迎嘉宾，欢天喜地，表现了社会景象的繁荣太平。另外《大雅》中还有一些诗篇叙述了周族历史的一些片段，如《公刘》叙述周的远祖公刘率领部族迁移到幽的经历。《诗经》中的"颂"，分"周颂""鲁颂""商颂"，有诗 40 篇，为春秋前期周王室和鲁国、宋国用于宗庙祭祀的乐歌。有的是颂扬武王灭商的，《武》《桓》，有的是表现春夏祈谷、秋冬报赛的祭歌，如《臣工》《丰年》。"雅颂"有文献价值和文学价值。"国风"的大部分和"鲁颂""商颂"的全部则是平王东迁以后至春秋中叶的作品。"风"包括十五国风，有 160 篇，主要是民间歌谣，《诗经》中的精华，有的揭露了当时政治的黑暗和腐朽，如《魏风·伐檀》"砍砍伐檀兮，置之河之干兮？"《硕鼠》的鼠比喻令人憎恶的统治者。有的表现兵役给人们带来的不尽灾难。反映爱情和婚姻的占很大比重。总之，"国风"都是风土之音，发自真情实感，表现常人的喜怒哀乐。

《诗经》各篇都是可以合乐歌唱的，所以司马迁说孔子曾弦歌305 篇。风、雅、颂的划分就是由于音乐的不同而分类的。风是带有地方色彩的音乐，十五"国风"就是十五个地方的土风歌谣，除"周南""召南"在南方江汉汝水一带外，其余十三"国风"都产生在黄河流域。雅是周王朝直接统治地区的音乐，雅有正的意思，当时人们把王圻直接统治地区的音乐看成正声。颂有形容的意思，它是朝廷用于祭祀鬼神、赞美祖先和统治者功德的舞曲。《诗经》就其艺术特色而言，其表现手法主要分为赋、比、兴三类。它和风、雅、颂一起被称为《诗经》"六义"。

《诗经》的内容极为丰富，称得上周代社会生活的百科全书。大致可分为以下几类：①歌颂周代的祖先发祥、迁徙、发展、壮大的过程和历史事件。如《大雅》中的《生民》《公刘》《绵》《皇矣》《大明》等，堪称周民族史诗的重要作品。②描绘了周人在生产生活中的极为恢宏的画卷和农牧渔猎的真实场景。如《豳风·七月》《周颂·噫嘻》等。③婚恋题材在《诗经》中占有很大的比重。约占三分之一以上。有反映婚姻不幸与失恋的诗篇。《卫风·氓》是反映不幸婚姻的诗。《氓》中没有留下姓名的女主人公是一位勤劳善良、忠贞专一的妇女。她追述了自己与氓的相识、恋爱、婚姻和家庭生活，谴责了丈夫遗弃她的负心忘义的行为。这首诗为后代弃妇诗开了先河。也有反映美好爱情的诗，如《周南·关雎》《秦风·蒹葭》是反映美好爱情的诗等。总的来看，诗经里的爱情诗,昵而不亵,谑而不虐,乐而不淫,洋溢着积极健康的审美情趣。④《诗经》中有许多作品直接反映了阶级对立的社会现实。如《魏风·伐檀》《魏风·硕鼠》等。《诗经》在我国文学史上的地位高,《诗经》是我国文学光辉的起点,它的出现以及它的思想性和艺术成就,是我国文学发达较早的标志,在我国乃至世界文化史上都占有极高的地位。

2.《楚辞》

《楚辞》是战国时期以屈原为代表的楚国人创作的诗歌,是《诗经》之后的一种新体诗。它的形式是杂言体,比如屈原的《离骚》《湘君》《山鬼》《桔颂》。

"楚辞"的产生有其复杂的原因,绝不是偶然的。春秋以来,楚国在长期独立的发展过程中,形成了自己独特的楚国地方文化,宗教、艺术、风俗习惯等都有其特点。与此同时,楚国又与北方各国频繁接触,吸收了中原文化,也发展了固有的文化,这一南北合流的文化传统就是"楚辞"产生和发展的重要基础。楚辞是先秦时期另一部著名的诗集。《楚辞》的作者主要是屈原,还有宋玉。

屈原是"楚辞"的最主要代表人物,约生于公元前 340 年—前277 年间,名平,是楚国的贵族。他"博闻强记"善于外交辞令,洞察政治风云。屈原曾身居要职,参与楚国内政外交方面的重大政治活动,但后来被谗失宠,遭到放逐,满怀悲愤,自投汨罗江而死。屈原的作品有《离骚》《九歌》《天问》《九章》《远游》等,据汉书记载共 25 篇,有的已失传。其中影响最大的是长达 373 行、共有2 940 个字的《离骚》。离骚是遭遇忧患的意思。《离骚》是屈原的代表作品,我国古典文学中最长的抒情诗,也是一篇光耀千古的浪漫主义杰作。《离骚》共分三段,第一段首先叙述了诗人自己的家事出身,以及自己的天赋、修养和抱负,通过追述古代史事,回顾自己辅佐楚怀王革除弊政的过程,以及受谗被逐的遭遇;第二段,诗人发挥想象力,进行了大量超现实的描写,上天入地,涉水登山,来表达自己的愿望和对理想的执著追求;第三段写诗人的热情和理想最后幻灭,他因苦闷而求神问卜,寻找出路,倾诉了远游他方与眷恋故国的内心冲突,并决心以死殉志。《离骚》是我过古代文学中最长的、带有自传性的、富于叙事成分的抒情长诗。它的出现标志着我国文学浪漫主义创作方法的成熟,其浪漫主义主要表现为大胆的想象和奇特的联想,揉合深化传说历史人物和自然现象,编织了一系列幻想的情景。《离骚》还广泛运用比兴手法,如以香草象征诗人的高洁;以男女关系比君臣关系;以众女妒美比群小嫉贤;以驾车比治理国家。这样使全诗生动形象,极富感染力,成为浪漫主义代表作。因为屈原《楚辞》的主要作者,《离骚》又是屈原的主要作品,所以《楚辞》又名《离骚》。中国文学史上,诗歌创作一直是文学的主基调,其中《诗经》是现实主义的源头,而《离骚》则被视为浪漫主义的先河,二者被后世文人合称为"风骚",成为我国诗歌的两大源头。诗——现实主义,骚——浪漫主义。

### 3. 汉乐府与古诗十九首

诗经之后,四言诗式微,辞体在楚地兴起,到汉代演变成汉赋和散文。此时的诗歌情形如何呢? 也就是说自春秋中叶以后至汉代近四百年的时间里诗歌是不是销声匿迹了呢? 不是的,汉乐府的产生和发展正好填补了诗坛这一段空白,汉乐府是中国诗歌史上继《诗经》《楚辞》之后,将中国诗歌引向又一个重要阶段。乐府的含义是有演变的。两汉时所谓乐府是指汉代官府所设立的音乐机关,乐即音乐,府即官府,这是它的原始意义。到魏晋六朝时却将乐府所唱的诗也叫乐府,于是所谓乐府便由机关的名称变成带有音乐性的诗体的名称。汉代通过乐府机关大规模搜集民间歌辞,是在汉武帝时代,内容分两大类:一类是供朝廷祭祀祖先所用的郊庙歌辞,其性质与《诗经》的"颂"相同;另一类则是从全国各地采集来的俗乐,都是无名氏之作,后代称之为"乐府民歌"。而"乐府民歌"正是乐府诗的精华之所在。宋代郭茂倩编《乐府诗集》100卷，将自汉至唐的乐府诗分为十二类，即郊庙歌辞；燕射歌辞；鼓吹曲辞；横吹曲辞；相和歌辞；清商曲辞；舞曲歌辞；琴曲歌辞；杂曲歌辞；近代曲辞；杂歌谣辞；新乐府辞。这个分类既全面又系统。现存汉乐府民歌40多篇，多是东汉时的作品，真实地反映了当时广阔的社会现实生活和人民的爱憎感情，有着极其鲜明的现实主义倾向。汉乐府诗分为两类：一类是民歌；另一类是文人采风写的歌功颂德，祭祀求福的诗歌，配上乐曲能歌唱。其中最优秀的是来自民间的民歌，皆"感于哀乐，缘事而发"，真实而深刻地反映了社会生活的各个层面。有反映下层人民的贫困生活的，如《东门行》；有反映战争和徭役带给人们的深重灾难的，如《十五从军征》；有揭露统治者骄奢淫逸生活的，如《相逢行》《陌上桑》；有反映爱情矛盾和受压迫被离弃妇女的痛苦的，如《有所思》《上邪》，尤以《孔雀东南飞》（即《焦仲卿妻》）最为出色。汉乐府大部分是叙事诗，颇能描摹人物的口吻神情，创造性格鲜明的人物形象，有比较完整的故事情节，较《诗经》"国风"中的叙事之作，演变之迹甚明，开拓了叙事诗的新阶段。主要思想内容有：①对阶级剥削和压迫的反抗。汉代土地兼并剧烈，统治者的剥削和压迫又极惨重，农民生活异常痛苦。乐府诗中有不少对饥饿、贫困的血泪控诉。如《妇病行》《孤立行》等。②对战争和徭役的揭露。汉自汉武帝后，长期的对外战争给人民生活带来了深重的灾难。许多民歌描写了战场的残酷和统治阶级的残忍。如《战城南》《十五从军行》等。③对封建礼教和封建婚姻的抗议。自汉武帝实施罢黜百家，独尊儒术的政策之后，封建礼教的压迫就更加沉重了。在"三从""四德""七去"等一系列条文的束缚下，妇女的命运便更加可悲。因此在汉乐府中很少能读到像《诗经》的"国风"所常见的那种男女之间的相娱相悦之词。只有《江南》是个例外。其他如《上山采蘼芜》《白头吟》《有所思》《上邪》等反映的大都是妇女被遗弃的悲惨命运。

汉乐府民歌的艺术特色主要有以下几点：第一，强烈的现实主义表现手法。如《十五从军征》《战城南》《东门行》等。《战城南》揭露了战争的残酷性和穷兵黩武的罪恶，诗中对"良臣"之死并非赞美，而是伤悼，表现了诗人强烈的反战情绪。第二，通过人物的语言行动来表现人物性格。第三，形式自由而多样。没有固定的章法、句法，长短随意，整散不拘，有四言体、五言体、杂言体等丰富多样的形式，毫无疑问，这是有助于复杂的思想内容的表达的。第四，浪漫主义色彩。乐府诗虽以现实主义为主，但也有些作品具有不同程度的浪漫主义色彩。如《上邪》那种如山洪爆发似的激情和高度的夸张，便都是浪漫主义的表现。

汉乐府民歌的艺术成就主要有以下几点：第一，开创了中国叙事诗的更趋成熟的发展阶段。第二，汉乐府民歌以杂言诗为主，逐步趋向五言诗，也可以说开始了大量的五言诗创作，以成熟的五言诗形式大大地促进了文人五言诗的成熟，成为由四言、骚体向五言诗过渡的一个重要阶段。第三，汉乐府诗语言文从字顺，贴近口语，表现力强且富于生活气息。因此，汉乐府对后世诗歌发展的影响极大，从现实主义精神到语言形式，以及具体的叙述描写方法等，都使后人受益匪浅，从魏晋乐府到唐代拟乐府、新乐府运动，都是从思想上、写作手法上、艺术技巧上学习汉乐府的结果。从建安作家到唐代大诗人，没有不受汉乐府影响、没有不从中获得思想和艺术养料的。如陶渊明、谢灵运、白居易、孟浩然等。

汉乐府民歌的双璧：一是悲剧性长诗《孔雀东南飞》；二是喜剧性名篇《陌上桑》。

《古诗十九首》是中国诗歌的一大转折，是乐府五言的兴盛。唐代以前的东汉、魏、晋、宋、齐、梁、陈、隋八代是中国诗史的重要阶段，五言诗是这一时期最重要的诗体，除了民间创作的大量乐府民歌外，汉代文人创作的五言诗也很多，梁武帝的太子萧统把两汉以来19篇无名氏的文人五言诗选编在一起，标明是"古诗十九首"，后来，这一名称竟成为一个专用名称。专指出自当时社会上那些以传统的"游学"方式生存的，太学生阶层的文人士大夫们所做的伤时失志的抒情诗。这些诗有一个共同的时代主题——

中下层文人学子的苦闷、牢骚和不平。《古诗十九首》从其抒发情感观之,这批作者内心世界的悲凉情绪明晰可见。这种情绪又大都通过对时光飘忽的感叹,对生命短暂的悲伤来表现的。情绪的抒发,形成了《古诗十九首》的一种基调。通观《古诗十九首》,读者可以体味到:处于动乱时代的那些失意之士,他们的抱负遭压抑,在仕途角逐中被无情抛弃的心态。这是他们和大一统政权在内心上疏离的最后一丝眷恋。这些诗把这批士人内心深处的苦闷、悲哀、牢骚、不平,一股脑地抒发出来,这是他们的心声,他们的歌。在他们的诗歌中,不少乃是从自身仕途失意情感抒发中,倾吐了苦闷彷徨、愤世伤时的激愤。其中不仅可见对腐败黑暗政治的疾视与抨击,在这类诗歌中,还隐约可见这批人士对外在权威的怀疑和否定,表现了他们在苦闷彷徨的思考中,探求人生的价值,追求自我和个性的再生。这是《古诗十九首》最为突出的思想价值与意义。"汉乐府"和"古诗十九首"基本上产生和盛行于同一个时间段内,但他们的显著区别就是:汉乐府是一种民间作品,古诗十九首是一种文人创作。《古诗十九首》的内容分为两类。其一是思妇游子之歌。中国诗词中有相当数量的作品是表现离情别绪的。对于那些长年游学在外、营求功名的士人来说,更有切身的体验,如《迢迢牵牛星》等。《迢迢牵牛星》讲的是家喻户晓的牛郎织女的爱情故事,所以一提到它,就会引起长时间里积累起来的丰富联想和感情。这首诗以女方的哀怨为主,属于思妇之辞,却借天上的牛女双星写人间的别离之苦,形象性和概括力更强。其二,是不得志的文人学子的伤时失志之作,如《生年不满百》《行行重行行》等。它们有一个共同的特征,就是对人生易逝、节序如流的感伤,这些复杂的心态可能是社会大动荡前夕,文人们对于现实生活和内心要求的矛盾、苦闷的反映。《古诗十九首》的艺术造诣有三:其一是抒情言志,情景交融;其二是深入浅出,自然而工;其三是浑然一体,天衣无缝。

### 4. 魏晋南北朝的诗歌

《古诗十九首》造诣虽高,却无主无名,到汉末建安至曹魏正始年间，"五言诗"已成为诗坛的主要诗体，此时，名家如从，产生了曹操、曹植、阮籍、左思等承前启后的重要诗人。其中以"三曹""建安七子"和蔡琰为代表。

三曹指曹操、曹丕、曹植父子三人。曹操（155—220）字孟德，安徽亳县人，杰出的政治家、军事家。他以镇压黄巾军起义起家，挟天子以令诸侯，是北方实际的统治者。曹操以其帝王之尊，外定武功，内兴文学，开创了魏晋文学彬彬之盛的先河。他的文学创作富于创造性，开辟了文学史上诗歌创作的新风气。曹操的诗全部都是乐府歌辞。他的四言诗应该说是前代诗歌的"压卷之作"，也就是说是四言诗中最后出现却又是最好的作品。乐府诗反映汉末动乱的现实，如《薤露行》描写了汉末大将军何进谋诛宦官、如四方军阀为助，结果招致董卓作乱京师的史实。曹丕（187—226），字子桓，曹操之子，为魏文帝。他生活在相对安定的环境里，因此他的文学创作远不及曹操丰富。他的诗有两个比较明显的特点。一个是描写男女爱情和游子思妇题材的作品很多；另一个是形式多种多样，四言、五言、七言、杂言无所不有，但成就较高的是五言诗和七言诗。他的两首《燕歌行》是灵活自由的七言诗，为后来的七言律诗开创了一个新时期。曹丕的《典论·论文》是中国文学批评和文艺理论的开山之作。曹植（192—232）字子建，曹丕之弟。他是建安时期最负盛名的作家。《诗品》称其为"建安之杰"，说他的诗"骨气奇高，词采华茂"。现存诗歌八十多首。他的一生以曹丕称帝为界，分为明显的前后两期，这种变化也反映在他的作品中。前期的作品主要表现他追求理想和颖脱不群的性格。以《白马篇》为代表，这首诗塑造了一个武艺高强、渴望为国立功甚至不惜壮烈牺牲的爱国壮士的形象，充满了豪壮的乐观精神。曹植后期因为备受迫害和压抑，所以作品更多地表现了壮志难酬的愤激不平之情。以《杂诗》为代表。

建安七子是指孔融、王粲、陈琳、徐幹、阮瑀、应场、刘桢等，见于曹丕的《典论·论文》。除孔融外，其余六人都是曹氏父子的僚属和邺下文人集团的重要作家。这些诗人目睹了汉末动乱，有的还经历过困苦流离的生活，而且他们都有一定的抱负，所以他们的作品既反映了动乱的现实，又表现了建功立业的精神，具有建安文学的共同特征。其中，王粲是"七子"中成就最高的作家，他能诗善赋，以《七哀诗》最为有名。诗中通过对避乱途中"出门无所见，白骨蔽平原"的概括描写和"路有饥妇人，抱子弃草间"的特写场面，深刻地提示出当时军阀混战所造成的凄惨景象和人民的深重灾难，使人怵目心惊。与"七子"相颉颃并以才华著称的是当时的女作家蔡琰，即蔡文姬。现存作品共三篇，五言《悲愤诗》、骚体《悲愤诗》和《胡笳十八拍》，都是自传性的作品。

继建安之后的正始文学，在文学史上也有它的贡献，代表作家是阮籍、稽康。与当时兴起的玄学思潮相联系，他们的作品有浓厚的老庄思想。

南北朝时期最有影响也是成就最大的作家是陶渊明。陶渊明（365—427），名潜，现存诗120多首，散文6篇，辞赋3篇。他的全部诗文展示着一种平常而有深度、有魅力的人生境界。其诗品与人品对后世文人影响极大，如唐代的王孟、韦柳、李杜、白居易等都不同程度地受到他的影响，称得上是唐诗的先驱性人物。陶渊明的诗分为两大类，一类是咏怀言志之作，如《杂诗》《咏荆轲》。另一类是田园诗。田园诗是陶渊明对中国诗歌的最大贡献，自他之后，田园诗不断发展，到唐代形成了影响很大的山水诗派，宋以后，描写田园生活的诗人就更多了。如《归园田居》《读山海经》《饮酒》等。他在艺术上的造诣主要有两个方面：其一，平常与醇厚的统一，诗人惯用白描的手法，日常生活的语言，朴质自然的笔调来精练地勾勒对象，明白如话；其二，情景与哲理的结合。陶诗常通过写景抒情，有意无意地表现出诗人从生活中领悟到的哲理。如《饮酒》。此诗"结庐在人境，而无车马喧。问君何能尔，心远地自偏"四句，就含有心为物宰的至理，"远"是玄学的基本概念之一，指超脱于世俗利害的、淡然自足的精神状态。更多的时候，陶渊明并不采用说理，而是直接通过景物本身来传达他的颖悟，此诗便是代表作。他的许多诗都含有梵家所谓"梵我一致"，冥忘物我、和气周流的妙谛。从这个意义上说,陶诗为我们创造了一种前所未有的新的美学范型,其特点是和谐静穆,圆融庄严,达到了古典主义的极致。

南北朝乐府民歌是继周代民歌和汉乐府民歌之后以比较集中的方式出现的又一批民间口头创作,是我国诗歌史上又一新的发展,它不仅反映了新的社会现实,而且创造了新的艺术形式和风格。一般说来,它篇幅短小,抒情多于叙事。其中南朝民歌以《清商曲辞》中的"吴声歌"和"西曲歌"为主,前者共计 326 首,后者 142 首。它们有一个共同点,就是几乎全是情歌。在艺术形式方面,南朝民歌的特点:第一,体裁短小,多是五言四句;第二,语言清新自然;第三,广泛使用双关语,如大量的《柳枝词》。影响表现在诗歌史上,北朝民歌的刚健清新为诗坛注入了一种新力量、新血液,对后来"豪放"派诗歌的产生有很大的影响,而婉转绮昵的南朝民歌对后代宫体诗的形成和泛滥,在客观上也起了一定的消极作用。唐五代以后,许多描写男女艳情的诗词,在意境、语言等方面,都受到南朝民歌不小的影响。

### 5. 唐五代的诗歌和词

中国诗史的光辉篇章——唐代诗歌。中国是一个诗的国度,唐诗是诗歌中最为辉煌的高峰。唐代诗人之众和作品之多,都超过了以往各代。仅《全唐诗》所录,就有 2 300 多人,流传至今的作品有 55 000 多首诗,其中有数以千计的名篇,妇孺皆知。所谓"熟读唐诗三百首,不会作诗也会吟",唐诗成了后代文人士子乃至市井百姓学诗、吟诗、寄情、抒志的典范之作。唐诗是古代诗歌的宝库,也是人类文化史上一大奇观。这个时候,五、七言诗经过了长期的发展阶段,在题材走向、格律形式、艺术手段、风格倾向等各个方面都取得了巨大的成就,诗人不计其数,李白、杜甫、白居易并为诗国华岳三峰。我们分初唐、盛唐、中唐和晚唐四个时期,其中盛唐诗歌成就尤为辉煌。另外,中唐诗歌也很辉煌。

初唐诗人的代表是在诗歌史上被称为"初唐四杰"的四个诗

人，即：王勃、杨炯、卢照邻、骆宾王。这四个诗人的作品，我们都比较熟悉，在此不作介绍。初唐值得一提的是有"以孤篇压全唐"之誉的《春江花月夜》。其作者是张若虚，他的诗虽仅存两篇，但《春江花月夜》独立华表，被后人以"孤篇横绝，竟为大家"。此诗前半部在春江花月夜的背景上，对人生展开哲理性深思；后半部写人生悲欢离合，较为生活化。其形象概括力极强，与其说是一夜的纪实，不如说是整个人生的缩影，诗人在描写自然景物和表现内心世界两个方面，都不受任何压抑，它第一次较为充分地展示了唐人的生活理想和精神风貌。至于语言的清新优美，韵律的宛转悠扬，更是无有出其右者。初唐诗人，除上述几位外，著名的还有宋之问、刘希夷、王绩、陈子昂等。

　　盛唐时期是指唐代开元、天宝年间，经济繁荣，国力强大，唐诗也出现了全面繁荣。这个时期，李白、杜甫是杰出的代表，除李杜之外，成就较高的还有以孟浩然、王维为代表的山水田园诗人和以高适、岑参、王昌龄为代表的边塞诗人。

　　山水田园诗派的主要诗人是孟浩然、王维。他们以清新秀丽的语言描绘宁静的田园和优美的山水，写农家生活简朴而亲切，写故人情谊淳淡而深厚，写自然景色空灵而美丽。孟浩然（689—740），襄阳人（今湖北襄樊）人，他的《夜归鹿门歌》《过故人庄》都非常有名。王维（701—761），字摩诘，太原祁（今山西祁县）人，他是一个多才多艺的人，不仅能诗，而且精通书画和音乐。他的作品保留下来的有四百多首。以四十岁为界，他的诗分为前后两期，其风格和内容有较大的不同。前期有一些关于游侠、边塞的诗篇，表现了那个时代人们的英雄气慨和爱国热情。而后期的诗，主要写隐居终南、辋川的闲情逸致的田园生活。而且这一时期的诗成就较大。

　　盛唐边塞诗人的代表是高适、岑参和王昌龄。他们用诗抒写了边疆的大漠风光，塑造了边关健儿保家卫国的形象，有英雄气慨的激昂豪迈，也有缠绵婉转的儿女柔情。他们的诗较山水诗来说，更直接地表现了时代精神和盛唐气象。高适（700—765），字达夫，早年贫寒,有《高常侍集》。他的边塞诗多抒发安边定远的理想,歌颂将士的忠勇和牺牲,谴责了不义战争带给人民的苦难,并反映了阶级矛盾,对士卒和人民寄予同情。他的诗有慷慨激昂、豪放悲壮的风格,从而形成其边塞诗的特色,如《燕歌行》,写的是大将破敌立功、誓死为国的情况。岑参(715—769),南阳(今属河南)人。他的边塞诗中描绘了神奇的西部地区的异域风光、习俗及其内在精神。在写景、状物、叙事、抒情方面颇多奇趣。他的《走马川行奉送出师西征》《轮台歌奉送封大夫出师西征》和《白雪歌送武判官归京》是其杰作。诗充满了奇情妙思,有大笔挥洒,有细节勾勒,有真实描写,也有浪漫想象,神化了瑰丽的西部风光,让人充满了边地生活实感。王昌龄(698—757),字少伯,长安人。他长于七言绝句,所作篇篇俱佳。诗人用边塞诗忠实地描绘了当时战争生活的丰富画面,并为唐代成边将士树立起了一个有血有肉的人物集体形象,流露出忧国忧民和深厚的人道主义情怀。

　　盛唐之音的代表和顶峰是李白和杜甫。李白(701—762),字太白,祖籍陇西成纪(今甘肃天水)人,出生于绵州昌隆(今四川江油)。25岁时离蜀,以安陆(今湖北)为中心长期漫游各地,天宝初受玄宗征召,供奉翰林,因受权贵谗毁,仅一年多时间,即赐金还山,再度漫游中原地区。安史之乱中,曾为永王幕僚,永王和肃宗发生权力之争而致失败,李白受到牵连,流放夜郎,中途遇赦东还,晚年流寓当涂而死。李白是唐代最杰出的浪漫主义诗人,他志向高远,向往拯物济世,但现实的不公又使他不甘心事奉权贵,茫然失路。李白一生浪游祖国名山大川,喜爱奇丽的大山、江河和瀑布,留下了九百多首诗篇,著名的有《古风》《蜀道难》《梦游天姥吟留别》《丁都护歌》《将进酒》《望天门山》《早发百帝城》等。李白诗的思想内容包括:第一,借历史人物表达自己的政治抱负;第二,歌颂游侠的高尚品德;第三,揭露现实,抒发自己的痛苦和愤懑;第四,赞美祖国雄伟奇险的山川江河。李白诗歌的艺术特色也非常鲜明,主要有以下几点:第一,李白诗中的主体性异常鲜明突出,表现了诗人傲岸不屈的人格和形象。李白的诗豪迈奔放,表现了诗人的个性。李白的诗飘逸奔放,通过大胆的夸张、奇丽的梦想、迷人的神话来表现自己炽热的情感和强烈的个性。第二,李白才思敏捷,遣词用句常常喷薄而出,一泻千里,使其诗痛快淋漓,成为屈原之后中国文学史上浪漫主义的又一个颠峰,人称"诗仙"。第三,"清水出芙蓉,天然去雕饰",是李白诗歌语言最生动的形容和概括。这和他认真学习汉魏六朝乐府民歌是分不开的。他的《长干行》和《子夜吴歌》就非常酷似《孔雀东南飞》和《子夜歌》《西洲曲》。李白的诗具有反叛传统的精神,形成了对传统美学规范的强大冲击,成为李白诗歌无可抗拒的魅力所在。杜甫(712—770),字子美,祖籍襄阳,生于巩县(今河南),杜审言之孙,他的诗与李白齐名,是唐代现实主义诗人。杜甫生活在唐帝国由盛而衰的急剧转变时代,经历了开元之治、天宝之乱和乱后的动荡时期。他的诗能够以清醒的洞察力和入世精神反映社会现实,描绘了安史之乱前后的生动历史画卷,因而被称作"诗史"。他的代表作有《丽人行》《自京赴奉先县咏怀五百字》《春望》《闻官军收河南河北》《三吏》(《新安吏》《石壕吏》《潼关吏》)、《三别》(《新婚别》《垂老别》《无家别》)等。杜甫诗的内容博大精深,举凡民生疾苦、社会时事、自然景物、名胜古迹、个人生活、题咏赠答,以及描绘画、音乐、建筑、舞蹈等,莫不摄之于诗,可以说是一部中唐文化史。杜甫诗中充满了忧国忧民的意识,体现了儒家的仁爱思想。杜诗有的气魄雄浑,有的沉郁,有的欣喜若狂,语气都很锤炼、凝重,表现出高超的艺术技巧。人们称他为"诗圣"。杜诗的艺术特色如下:第一,善于对现实生活作典型的艺术概括,如《三吏》《三别》;第二,杜诗沉郁顿挫,既有鲜明的个性特征,又具有丰富的内涵,如《望岳》(泰山);第三,对话的运用和人物语言的个性化;第四,采用俗语;第五,细节描写,如《兵车行》《丽人行》《石壕吏》。

中唐诗坛有两个主要流派。一个以白居易为首的"新乐府"诗派(现实主义流派),他们的诗表现出正视现实、抨击黑暗的精神,在写诗上语言通俗流畅、平易近人。白居易(772—846),字乐天,晚居香山,自号香山居士,他是继杜甫之后杰出的现实主义诗人。白居易最优秀的作品是长诗《长恨歌》和《琵琶行》。《长恨歌》,旨在讽刺当时和以后的统治者应以玄宗为戒,不要因"重色"而荒淫误国,给自己造成"长恨"。《长恨歌》对后代的小说戏曲产生了巨大的影响。元曲中的《梧桐雨》、清代洪昇的《长生殿》都是在长恨歌的基础上产生的。《琵琶行》通过对琵琶女沦落身世的生动描绘,抒发了自己被排挤、受打击的悲愤心情,同时表达了对琵琶女不幸命运的深切同情,把自己和琵琶女相对比,抒发了"同是天涯沦落人,相逢何必曾相识"的感慨。诗歌的艺术成就主要在于对音乐的描写,语言通俗易懂。

晚唐诗人有杜牧、李商隐、皮日休等。其中杜牧、李商隐被称为"小李杜"。杜牧的诗句清新俊逸,如《江南春》等深受后人喜爱。

唐五代时出现了词。词是一种音乐文学,是与乐器相配合的歌辞,在词的初期,歌辞依附于乐曲,所以词被称为"曲词"或"曲子词"。"曲"指的是音乐,"词"指的就是与音乐相配套的文辞。最初,这二者是不可分离的,清人刘熙载在《艺概》中认为词既曲之词,曲既词之曲。词与诗相比,因其长短不齐,所以也被称为长短句。关于词的产生,较普遍的看法是,词是配合隋唐时期燕乐曲调的歌唱,以"倚声填词"的方式创作出来的,以长短句式为其主要形体特征。燕乐是随着隋唐王朝国家的统一,民族的融合,中原地区的旧乐与民间音乐、西域胡乐渐次融合而形成的一种新的音乐系统。这种音乐曲调丰富繁多,旋律和节奏活泼而多变化,格调多姿多彩,既有中土韵味,亦兼容异域风情。因此,这种音乐一出现,很快就得到了各阶层人士的普遍喜爱,所以,倚声填词,就成了当时文人士大夫们的一大乐事,词这种形式就悄悄诞生了。不过,依曲拍为句,需要词人具有较高的音乐修养,所以,词的普遍化是在文人对曲调有了逐渐深入了解的中唐以后才正式形成的,到宋代达到了极致。词按音乐的不同分为令、引、近、慢数种,其区别在于音乐曲式以及节拍长短的不同。

清朝光绪二十六年(1900)，郭煌鸣沙山藏经洞因为偶然的机遇被打开，千年以前的四万珍贵文献重见天日。在这其中，人们发现了许多歌辞作品，称之为郭煌曲子词，这种词以民间词为主体，产生年代为唐五代时期。这一发现可以说是填补了词史的空白。郭煌词的内容主要有三个方面：第一，是表现战争和动乱生活的题材；第二，是征夫思妇题材；第三，是烟花女性题材。其艺术特色为：第一，体现了词体初期的不完备和不定型；第二，表现出民间文学的质朴俚俗的特点；第三，风格多种多样。

唐代是曲子词孕育、诞生和初步定型的时期，一方面民间词在茶楼酒馆蓬勃兴起，一方面文人开始尝试填词。

唐代文人词分为三个阶段：第一阶段，初、盛唐时期，此时歌词所配之乐尚不稳定，燕乐与其他音乐因素正处于相互交融之中。诗和词的界限尚不分明，词主要以齐言为主。第二阶段，中唐时期，倚声填词渐成风气，然而中唐词人所填之词无论其所依配之曲调，还是所表现出来的风格气质都与乐府诗歌或民歌相似，而与本色当行的词体有所区别，后人往往视之为诗。如张志和、刘禹锡、白居易之所填的《渔父》《杨柳枝》《竹枝词》皆如此。说明此时的词体仍不能完全摆脱诗体而独立。但白居易的《忆江南》成为这一时期的名篇。第三阶段，晚唐时期，词体初步成熟，可以温庭筠、皇甫松、杜牧等人为标志。他们的词作大多收在《花间集》中。《花间集》十卷，共收入"诗客曲子词"18家500首，这是最早的文人词总集，成为倚声填词之祖，也成为后世文人词作的典范。花间体也因此而成为词体的"本色""当行"。这一阶段比较著名的词人是温庭筠。温庭筠(812—866)，本名岐，字飞卿，太原祁人，是花间体的鼻祖。他才思敏捷，却恃才傲物，讥讽权贵，生活放浪不羁，因而仕途不顺，一生大半漂泊困顿。他的诗与李商隐齐名，并称"温李"。温词极为五代人所推崇，他是文学史上第一个以词名世的作者。他的词以闺阁绣帏、离情别思的题材和浓艳华美的语言确立了词为艳科的观念，温词的表现手法成为花间体的典型艺术手法，其特点是：第一，多以城市女性生活中的景物构筑精美的物象,加强环境氛围的渲染,以表现女子的感情生活;第二,表情达意、含蓄蕴藉,讲求饶有余韵的效果,如《菩萨蛮》。温词的《望江南》呈现出清新自然的风格,显现出乐府诗和民间词影响的痕迹。

南唐词是词的深化和转折点,冯延巳和李煜为此时词作者的代表。其中,李煜(973—978),本名从嘉,字重光,号钟隐、白莲居士。中主第六子,建隆二年(961)嗣位,在位15年,开宝八年(975),宋军攻破金陵,李煜出降,从宋军北上汴梁,被封为违命侯。978年七月七夕服太宗所赐牵机药(断肠草)而死,史称南唐后主。他在政治上昏庸无能,但在文艺上却有极高的造诣。诗文俱工,书画精通,尤其以词的成就出类拔萃。李煜词以降宋为界,分为明显的前后两个时期,前期的李煜是一个昏庸荒唐的国君,生活奢侈荒淫,常于宫中纵情声色,通宵达旦。此时的词多描写宫中生活。后期他沦为阶下囚,"终日以泪洗面"经常沉湎于感怀身世的悲情之中,词中多写故国之思,他这时的词艺术价值较高。其最大的一个特点就是感情真实,毫无造作之嫌,如他的名篇《虞美人》。李煜词在词的发展史上具有重要地位。他的艺术价值在于:其一,在内容意境上,李词打破了从花间词以来的男欢女爱、相思离别的题材领域,将家国之痛、感情磨难写入词中,开辟了词境的新天地,对宋代豪放词风的形成有启迪意义。其二,李煜词由为人而作变为为己之作,词成为抒发词人主体感情的载体,成为词情与声情完美结合的典范。

## 6. 宋词

词这种特殊的诗体产生于初盛唐。它是一种合乎音律,用来歌唱的曲辞。它真正成为一代文学之胜,并在古代诗歌史上堪与唐诗交相辉映的是宋代的词。宋朝时期,词的用途非常广泛,无论朝廷盛典、士大夫的宴会,还是长亭离人送别、歌楼艺人卖唱,都离不开词,同时宋代几乎与外患相始终,少数民族的金戈铁马,使宋朝人枕不安席,于是收复中原、伤时忧国,成为词人咏叹的又一主题。在这种大背景下,前者形成了婉约词派,后者形成了豪放词派。

(1)婉约词派

北宋的词坛几乎是婉约派的一统天下。他们写小境界、写离愁别绪,充满柔靡之风。在北宋词坊上,晏殊、欧阳修等人的词反映了士大夫的雅致生活,如晏殊的《浣溪纱》。而柳永则反映了世俗生活。

柳永(987—1053),原名柳三变,字景庄,行七,亦称柳七,改名永,祖籍河东(今山西永济),徙居崇安(今属福建)。因作过屯田员外郎,所以人称柳屯田。柳永生于宋初经济繁荣,市民享乐意识膨胀之际,他凭着高超的词艺水平受到乐工和风尘女子们的推崇,成为当时最负盛名的通俗歌曲作家。他在词史上的贡献有两个方面:其一,是他是长调的倡导者;其二,他用民间俗语填词,因此而为广大人民所喜爱。他的词以青楼歌妓为主要描写对象,迎合市民情趣。

女词人李清照及姜夔、吴文英分别以清新、清空和深密的艺术风格丰富了婉约词的词风。李清照(1048—1155),号易安居士,济南章丘人,是"南渡词人"中最有成就的词人。她的词以靖康之难为界,分前后两期。前期,她生活在少女、少妇的温馨和美而又充满诗情画意的氛围中,其词景物雅致,意象清疏,淡淡的清愁中时时透出闺中的温馨惬意,题材集中于写自然风光和离别相思。她的词虽多是描写寂寞的生活,抒发忧郁的感情,但从中往往可以看到她对大自然的热爱,也坦率地表露出她对美好爱情生活的追求。这出自一个女词人之手,比起"花间派"代言体的闺怨词来要有价值得多。李清照南渡后的词和前期相比也迥然不同。国破家亡后政治上的风险和个人生活的种种悲惨遭遇,使她的精神很痛苦,因而她的词作一变早年的清丽、明快,而充满了凄凉、低沉之音,主要是抒发伤时念旧和怀乡悼亡的情感。在流离生活中她常常思念中原故乡,如《菩萨蛮》写的"故乡何处是,忘了除非醉",《蝶恋花》写的"空梦长安,认取长安道",都流露出她对失陷了的北方的深切怀恋。她更留恋已往的生活,如著名的慢词《永遇乐》,回忆"中州盛日"的京洛旧事;《转调满庭芳·芳草池塘》回忆当年的"胜赏",都将过去的美好生活和今日的凄凉憔悴作对比,寄托了故国之思。她在词中充分地表达了自己在孤独生活中的浓重哀愁。她的词具有很高的艺术成就:第一,语言清新淡雅又通俗易懂。如以"黄花瘦"比人,用"绿肥红瘦"比花,皆信手拈来,增添了许多新鲜生动的情味。这种语言对于北宋末期华贵典雅的词风无异是一种冲击。第二,精于音律,尤其善于将语言变化与声情、词情相结合,达到表现情感的艺术极致。如《声声慢》的开头一连用了14个叠字,其独创性历来为评论者所盛赞。总的看来,婉约派的词人写的都是自我情愁,但也能够从个人情感中写出一种普遍的人生境界,打动人心,为后人传诵不绝。

(2)豪放词派

宋词一向有婉约和豪放之分,却以婉约为主,豪放词的兴起比较晚。其代表人物有苏轼、辛弃疾。苏轼(1037—1101),宋代文学家、书画家,字子瞻,一字和仲,号东坡居士,眉州眉山(今属四川)人。他出身于寒门地主家庭。幼年承受家教,深受其父苏洵的熏陶,母程氏也曾"亲授以书"。在北宋词坛上,苏轼突破词必香软的樊篱,创作了一批风貌一新的词章,为词体的长足发展开拓了道路。从今存三百多首东坡词来看,苏轼对词体的革新是多方面的。苏轼扩大了词反映社会生活的功能,他不仅用词写爱情、离别、旅况等传统题材,而且还用词抒写报国壮志、农村生活、贬居生涯等,扩大了词境。他以健笔刻画英气勃勃的人物形象,来寄托立功报国的壮志豪情,如《江城子》等篇。苏词在笔力和体制上有所创变。他以写诗的豪迈气势和劲拔笔力来写词,使词的格调大都雄健顿挫、激昂排宕。其实苏轼把写诗的笔力句法等带进词作,正可以扩大词体的表现力。在语言和音律上,也体现了苏轼的创新精神。苏轼词风呈现出多样化的特色,除了壮丽词外,另一些作品,或清旷奇逸,或清新隽秀,或婉媚缠绵,都各具风韵。辛弃疾(1140—1207),南宋词人,原字坦夫,改字幼安,别号稼轩居士,历城(在今山东济南)人。绍兴三十一年(1161)夏秋间,金主完颜亮大举入侵,北方各族人民发起抗金武装。大名王友直、海州魏胜与胶州开赵,以及济南耿京,纷纷聚众起义。其时,辛赞已去世,22岁的辛弃疾也在济南南部山区聚众2 000人,隶属耿京,为掌书记。但南归之后,辛弃疾的生活道路并不平坦。40余年间,或赋闲散居,或沉沦下僚,不得尽其才。一腔忠愤,无处发泄,正是这一特定的遭遇,使他成为一代词宗。辛弃疾光复旧山河的理想得不到实现;但他将无处发泄的一腔忠愤以及不受信任、不受重用的抑郁无聊之气,一寄之于词,在词史上留下了光辉的一页。辛词的题材十分广泛,现存600多首词作,从各个方面真实地体现了词人的精神面貌,并在一定程度上反映了时代的生活和情绪。辛弃疾词的艺术成就主要表现在以下方面:首先,在驾驭词调上,辛弃疾有着非凡的才能。无论是篇幅短窄、形式格律接近于声诗的令曲小词,还是格式多变的长词慢调;也无论以赋体、诗体入词,他都十分擅长。其次,善于调动一切艺术手段为塑造生动鲜明的艺术形象服务,也是辛弃疾的重要艺术成就之一。辛弃疾以论为词,将策论中所陈述的内容写到词中,用词体现理想、抱负,但并非"直说",而是用具体的形象来表达。此类艺术手段,多种多样,主要有两种:①通过艺术形象创造意境;②用典、用事,体现本地风光。用典、用事,切合实际,更加增强了艺术形象的感染力。总之,在宋词中,可以看到不同于诗的另一种境界:题材上注重个人的情感而不是社会现实;表现功能上长于抒情而短于叙事;风格上偏重阴柔而不是阳刚(豪放派不占优势)。

元明时期词走向衰落,而清词再造辉煌。

### 7. 元曲

广义的"元曲"包括元代散曲和元代杂剧。元代散曲是元代流行于北方的由唐诗宋词及北方少数民族乐曲融合而成的一种新的诗歌体裁。它是一种用于抒情写景、叙事的文学题材。散曲分"小令"和"套曲"两大类。其中,套曲多由同一宫调的数个曲子组合而成,一韵到底。元杂剧把歌曲、说白、舞蹈等有机地结合起来,形成戏曲的第一种成熟的形态。元杂剧的剧本主要有唱词、对白(有口语:兀自,也么哥)、动作三个部分,一般分为四折一楔子,内容多为一个完整的故事。元杂剧是中国文学史上出现的第一种长篇巨制。杂剧在元代极为兴盛,涌现出一大批优秀作家和作品。其中,最伟大的杂剧作家是关汉卿。关汉卿(1227—1297),号已斋叟,大都人,是我国戏剧史上最伟大的作家。他创作了大量的散曲和杂剧,向来被列为元曲四大家之首。有目可考的达67种,今存18种。散曲存小令57首,套曲13篇。他的作品主经写儿女之情和闲放之意。关汉卿是个博学能文、滑稽多智、多才风流的文人,具有世俗化的玩世不恭情调和叛逆传统的性格。他塑造的下层文人放浪不羁的人格形象,是元代落魄文人士大夫们绝望于现实之后对传统文人观念的大胆叛逆,是以玩世而求避世的最极端的表现。他既是剧坛的领袖,又是个大编剧,还能亲自登台演出。在元杂剧作家中,关汉卿属于本色当行派,所谓本色主要指语言的本色(通俗口语化),所谓当行主要指符合演出要求。

元杂剧从内容上来说可以分为五种类型:一是爱情剧,二是公案剧,三是水浒剧,四是世情剧,五是历史剧。下面结合作品着重介绍三种:第一,爱情剧。歌颂青年男女勇敢的爱情追求。王实甫在《西厢记》里明确体现了愿普天下有情人都成了眷属的愿望。作品描写的是张生和崔莺莺的爱情故事。故事的最早来源是唐代元稹的传奇《莺莺传》,实际上却是从金代董解元《西厢记诸宫调》脱胎出来的,但情节有很大不同。第二,公案剧。一般通过行事案件的的审理,揭露社会黑暗、批评现实。公案剧的代表作是关汉卿的《窦娥冤》:窦娥因为父亲窦天章无力偿还高利贷而被抵押给蔡婆做童养媳,不幸成婚后不久,丈夫死去,又做了寡妇。蔡婆索债时遇到麻烦,无意中被张驴儿父子所救,张驴儿为了霸占窦娥,企图药死蔡婆,不料误毒死自己的父亲。州官听信张驴儿的诬告,对窦娥施以酷刑,并以毒打婆婆相威逼。为使婆婆免受刑罚,窦娥屈招,被判处死刑。含冤的窦娥在临刑前悲愤的控诉,最后窦娥许下三桩誓愿:六月飞雪、三年大旱、血溅白练。不料想窦娥的三桩誓愿一一应验。三年后窦天章(窦娥之父)做了肃政廉访使来到楚州查核案卷。窦娥的鬼魂向他申诉冤屈,窦天章捕获了真凶,冤情得了昭雪。关汉卿在《窦娥冤》当中写窦娥的悲剧命运,突出了她善良而坚强的性格,为我国悲剧艺术提供了典范。第三,历史剧。歌颂中华民族崇高的道德力量。元代历史剧都有借古讽今的含义,曲折地表现人们的道德观念。马致远的《汉宫秋》写的是汉元帝的妃子王昭君出塞和亲的故事。王昭君出身农家,被征选入宫时,因家道贫穷,不肯应付画师毛延寿的索贿,画像被丑画,因而打入冷宫。一次汉元帝巡宫,听到她弹琵琶的声音,发现她是个才貌双全的女子,于是封为明妃。汉元帝以为毛延寿欺骗他,想把毛延寿斩首,不料毛延寿畏罪叛逃,将美人图献给匈奴呼韩邪单于。于是呼韩邪遣使赴汉,以武力威胁,指明索要王昭君,当时满朝文武软弱无能,束手无策。在这国难当头之际,为了国家大计,昭君挺身而出,情愿和番。汉元帝虽然不忍割舍,但在匈奴大兵压境之时他也无可奈何,只好到灞桥送别。昭君北行至边界便毅然投江自尽。《汉宫秋》所写的王昭君的故事与历史事实有很大出入,王昭君出塞后曾生儿育女,并没有投江自尽。作者虚构昭君自杀,是为了表现王昭君对汉朝的忠贞,歌颂她宁死不屈的人格力量。

元杂剧具有深刻的文化意义。第一,元杂剧高扬了反抗精神,抨击邪恶势力,歌颂不畏强暴,反抗压迫,争取自由的叛逆形象。如《窦娥冤》中的窦娥是个与邪恶势力斗争到死的叛逆形象。《西厢记》中的崔莺莺、红娘也是封建礼教的叛逆者。第二,元杂剧褒贬分明,剧中人物的忠奸美恶判若泾渭,这种体现大众意志的价值判断是具有民族倾向和进步意义的。如《赵氏孤儿》中程婴等人的行为体现了中国人讲义气、见义勇为、舍生取义的价值判断,因此受到世世代代中国百姓的喜爱。元杂剧以浪漫的理想化方式处理现实主义的体裁。元杂剧几乎都是"大团圆"的结局，《窦娥冤》《西厢记》《赵氏孤儿》无一例外。这种大团圆的结局体现了中国人善有善报，恶有恶报的信念，体现了正义战胜邪恶，幸福普照人间的理想。

（二）中国古代散文的发展历程及其成就

1. 中国古代散文的发展

《尚书》标志着中国古代散文的形成。《尚书》是古代文献总集，是文章的源头，其中有些篇章富有文学色彩，如《盘庚》记述了商王盘庚迁殷的过程。春秋战国时期出现了带有文学色彩的散文，历史散文如《左传》《战国策》。诸子散文如《孟子》《论语》《庄子》。秦汉以后的散文在形式上发展为古文和骈文两大类。古文以散行的单句为主，如《史记》中的《廉颇蔺相如列传》《陈涉世家》都是优秀的散文。骈文以骈偶的字句为主，又叫汉赋，如贾谊的《吊屈原赋》。魏晋六朝的散文也是骈文占据文坛主导地位，如曹植的《洛神赋》。唐代自中唐古文运动的兴起，出现了大量以古文撰写的散文。如唐宋八大家中韩愈代表作是《师说》，柳宗元代表作是《捕蛇者说》等。宋代的散文文风平易，长于议论。著名的有苏轼《石钟山记》。明清两代仍有不少散文家，写了不少古文体散文，但其成就远未超过唐宋。总的来说，中国古代散文的功能有三：一是叙事，二是论说，三是抒情。

2. 中国古代散文的成就

（1）先秦散文

先秦散文包括历史散文和诸子散文两大类。历史散文，主要指春秋末期的史书，从文学角度讲它们就是历史散文。主要有《易经》《尚书》及编年体的《左传》等。其中《左传》是先秦历史散文中文学价值最高的一种。《左传》最突出的成就是长于叙事，其主要特点是简洁生动，工巧严谨。作者创造性地运用了不少出色的艺术手法，使其叙事文约事直，精妙优美，达到了微而显、婉而辩、精而腴、简而奥的辩证统一。不仅叙写了春秋时期宏阔的社会图景，而且在记言记事方面，都表现出极高的艺术成就。如《郑伯克段于鄢》写郑国的郑庄公和他的弟弟共叔段，为了争权演出了一场骨肉相残的悲剧。记叙了郑庄公兄弟、母子之间错综复杂的矛盾和尔虞我诈的斗争，深刻地提示了统治阶级自私、虚伪的本质及其内容不可调和的矛盾，无情地撕开了罩在封建伦理关系上的那层温情脉脉的面纱，把所谓"父义、母慈、子孝、兄友、弟恭"的虚伪本质暴露无遗。作者成功地刻画了几个人物形象，如郑庄公的阴险狠毒、共叔段的愚昧张狂、姜氏的自私贪婪和颍考叔的淳厚机智。这篇文章在刻画人物性格、展示人物形象方面取得了很高的成就。《左传》中的文章结构严谨，语言传神，形象生动，堪称叙事文学中的杰作。先秦散文中的另一大类是诸子散文。春秋末年，诸子蜂起，百家争鸣，产生了以论说为主的哲理散文。这个时期的主要作品有《论语》《孟子》《庄子》等。《论语》主要记录了孔子及其弟子的言行。其特点有三：其一是语录体的散文，主要是记言。书中的文字，虽然大多是三言两语，各自独立，不相连贯，但它论及社会人生的道理，言简意赅，思想深刻。其二在描写人物的对话和行动中很真实自然地展示了人物的形象。其三是全书浅显易懂，接近口语。尤其是一些哲理性很强的语句至今流传。《孟子》是孟轲及其门人所作，虽然基本上也是语录体，但它已向对话体论辩体过渡。《孟子》文章不仅清畅流利，而且气势充沛，感情强烈，笔带锋芒，富于鼓动性，有纵横家、雄辩家的气概，充分反映了战国时代尖锐激烈的阶级斗争。《庄子》是战国时期庄周的作品，是先秦文学中成就最高的散文。庄周（约公元前369—约公元前286），宋之蒙（今河南商丘）人，尝为蒙漆园吏，与梁惠王、齐宣王同时。他家境贫寒，住陋巷，织草鞋，但他淡泊名利。《庄子》一书是先秦散文中最富于文学色彩和艺术的作品。就学术渊源而论，庄子的思想与老子一脉相承，但无论在哲学观、政治观、人生观方面，庄子具有自己鲜明和特征。在政治上，孔子是"知其不可为而为之"，老子是以"无为"达到"无不为"，实际上仍然是欲治天下。庄子则彻底主张"不为"。他主张看破功名利禄、权势尊位的束缚,而使精神得到彻底解放。这种思想在《逍遥游》中表现最为突出。他对黑暗现实的揭露是深刻的,讽刺是辛辣的,认识也是非常清醒的。在人生观上,庄子追求绝对的精神自由和对现实社会的超脱。《庄子》一书的主要内容是主张顺应自然,反对礼乐制度,希望人类社会返璞归真,回到清静无为的太古时代去。《庄子》一书的艺术特点非常鲜明,他把深刻的哲理形象地寄寓于扑朔迷离、真伪莫辩的虚妄情节中,在一种超现实的氛围中巧妙地表现自己的真实思想。

(2)汉赋

赋是一种兼有散文和韵文特点的文学形式。在写法上,它往往以华丽的词藻、夸张的手法、设为问答的形式,韵散结合,卖弄文采。它的主要特点是,其一散韵结合,其二是不歌而诵,其三是专事铺排,其四是极尽夸张。写作内容多为夸耀王朝的盛况和声威,对统治者歌功颂德。赋由战国时的游说之辞和楚辞脱胎而来,到汉代达到鼎盛。汉赋的文化意蕴:尽管汉朝大赋过于堆彻铺陈,显得呆板,缺少情感,以致在文学界有人说汉大赋味同嚼蜡,和类书字典差不多。但它对大汉帝国天上人间各种事物的描写,却折射出汉帝国所具有的繁荣、活力和自信。汉大赋的恢宏气度正是自强不息的民族性格和积极乐观的时代精神的艺术体现。

(3)建安风骨

曹氏父子之文:清新、通脱、华丽、壮大。建安诸子之文:雅好慷慨、神采飞扬。

(4)唐宋散文

韩愈之文:艺术特点——抒情与创新。柳宗元之文:山水意境与平民传记。苏轼之文:艺术特点——文与道俱、挥洒自如。其他如纵横驰骋的苏洵、纡徐简奥的曾巩、长于辩论的王安石。

(三)中国古代叙事文学(小说)的发展历程及其成就

叙事文学主要指小说。中国叙事文学的源头可推至上古神话传说和先秦散文中的叙事片段以及汉史传作品,但真正的文学创作则始于魏晋小说。魏晋小说有志怪小说(如干宝的《搜神记》)、轶事小说(如刘义庆的《世说新语》)。干宝的《搜神记》以辑录神仙鬼怪故事为主。如书中的宋定伯买鬼、干将莫邪、嫦娥奔月、仙女下嫁董永(天仙配)等均为后世流传的优秀神话传说。该书记神鬼妖怪,为研究中国宗教史和民间传说提供了宝贵资料。刘义庆的《世说新语》按内容分类记事,有德行、言语、政事、文学等 36 篇。记述汉末到东晋的轶闻,以魏晋名流的言行为多。许多篇章表现晋代士大夫的思想和生活情况。如士大夫的清埃、放荡的风气,重视仪容、辞采、虚无、厌世的思想。读书对后代笔记小说颇有影响。魏晋六朝小说被分为志怪和志人两类,是以当时的两种创作倾向为基础的,志怪多以"怪""异"为书名;志人多以"说""语"为书名,所以"志人"小说又被称为"世说体"。文学史上一般认为,六朝小说是中国文言小说的正式开始期。六朝小说总的特征是驳杂而琐碎。性格、人品、情趣不同甚至完全相反的人物都可以在小说里得到表现,他们既可以忧患时事,也可以高蹈避世;既可以津津乐道于人的外貌、仪表、风度、才智、德行,以及沉湎于由酒的刺激所带来的兴奋,也可以对鬼神怪异抱有浓厚的兴趣。在形式上,既有简单的记载,又有曲折的故事;从内容上,则是更加注重表现现实生活中的人生。也可以说,在儒、道、佛三教相与激荡的魏晋时代,六朝小说即是个人性格、思想和行为方式多样化的产物。

唐朝的叙事文学在情节结构人物描写方面已达到了很高的成就,内容已非常复杂,形成了唐传奇。例如沈既济的《枕中记》,记述唐开元七年卢生进京考试,在邯郸客店中遇到道士吕翁,卢生自叹贫困,屡试不第,吕翁乃授之青瓷枕,使之入梦。此时客店主人恰巧刚蒸上黄粱。卢生在梦中历尽荣华富贵,醒来后发现店主人所蒸黄粱尚未熟,因而悟得富贵功名如同一梦。作品对当时热衷功名的士人作了讽刺,同时也宣扬了人生如梦的思想。这一则故事脍炙人口,历久不衰。后世有两个成语(词语)皆由此故事发出——"黄粱一梦""邯郸梦"。唐传奇的出现标志着文言小说的成熟。六朝小说以若干条目合成一个集子才有一个书名,唐传奇则每篇都有一个题目,以"传"或"记"名之,因而不可能与其他杂记性片断相混淆。唐传奇的发展初期大体上相当于历史上的初盛唐时期。其最明显的特征是叙述者丝毫不掩饰自己的存在。他不仅提供有关故事本身的信息,而且还经常公开自己的叙述者身份,交待故事的来源、创作动机、插入对人物事件的看法等。因此,唐传奇在中国文学史上第一次造就了与众不同的、小说化的读者。唐传奇的繁荣期是在开宝之后,大约公元 8 世纪以后的一百多年间。根据题材性质及其表达方式的不同,这一时期的传奇大体上可分为以下几个类型:①恋情故事,其中恋情故事还有多种形式,如人与非人之恋、士妓之恋、才子佳人之恋;②梦幻故事,这类故事也分有多种情形,具体说有理想之梦、反讽之梦、异常之梦;③逸史故事;④侠义故事;⑤怪异故事。唐传奇进入晚唐出现了衰退。

宋代话本小说的兴盛标志着叙事文学进入了一个新阶段。北宋后期,随着城市商品经济的发展,市民阶层的兴起,市民对于文化娱乐的要求不断提高,两宋京城涌现了许多市民技艺表演的活动场所,即"瓦舍勾栏",各色艺人在这些场所中靠演艺为生,其中就有以"说话",即讲演故事为职业的一种小说家,小说家说话的文本叫做"话本","话本"就是民间"说话"艺人讲故事所用的底本。后来,一些文人参与其中,专门为说话艺人编写话本,话本小说即由此而产生,并且成为宋元时期颇为盛行的一种文学形式。话本大致分"小说""讲史""说经""合生"四类。其中的"小说"一般为白话短篇,多为爱情和公案。宋代话本从篇幅上来看,分短篇小说和长篇讲史两种。前者多以城市下层平民为正面主人公,反映他们的生活,赞颂他们的品德。后者大多依据历史,讲说历史兴废之事(类似于今天的说书、评书)。话本是面对听众讲述的底本,故事用接近口语的白话写成,通俗易懂;艺术上能细致地刻画人物,全面展开情节,讲唱结合地安排结构。它突破了六朝小说和唐代传奇描写社会上层或非现实情节的局限，并且把作品接受对象扩大到社会各阶层，在小说史上占有重要地位，是古代文化的典型代表。宋元话本所包括的内容主要有四个方面，即婚姻爱情类、讼狱公案类、神怪灵异类、人物侠事类，其中以前三类的数量最多、影响也最大。

　　明代最流行的话本是"三言""两拍"，这是明代人辑录的宋代话本及拟话本集的总称。"三言"指《喻世明言》《警世通言》《醒世恒言》，为明代冯梦龙编辑，共收话本120篇。"两拍"为《初刻拍案传奇》和《二刻拍案传奇》，为明末凌濛初编著，共80篇，内有一篇重复，一篇杂剧。后来又有抱翁老人从上述5种中重新选录，题名《今古奇观》。冯梦龙（1574—1646），字犹龙，又字子龙。长洲（今江苏苏州）人。冯梦龙博学多才，诗词歌赋、小说戏曲、丹青绘画，无不精通；他是通俗文学的集大成者，经他创作、篡辑、改编或增补的戏曲、散曲、小说等作品近80种，现存30余种。其中最有价值的是"三言"。凌濛初（1580—1644），又名玄房，号初成，别号即空观主人。乌程（今浙江吴兴）人，出身官宦世家。他一生所作和篡辑评点编刊的书籍很多，通俗文学著作已知者有20种。最有影响的是小说戏曲，小说最著名的是话本二种，即《初刻拍案惊奇》和《二刻拍案惊奇》，后人称之为"二拍"。"三言二拍"反映了明代社会现实：第一，揭露明代社会的黑暗现象；第二，反映宗法伦理家族中的矛盾斗争；第三，爱情婚姻主题的新发展；第四，明代商业活动的再现；第五，神仙怪异题材的新内容。

　　中国的小说历经了魏晋志怪、秩事小说，唐代传奇小说和宋元话本小说之后，到明清两代臻于极盛，最为著名的是被称之为明代"四大奇书"的《三国演义》《水浒传》《西游记》《金瓶梅》，和清代长篇小说中的双壁《儒林外史》《红楼梦》。

　　（四）中国古代文学的特征

　　中国古代文学具有自己的鲜明特征。一方面，由于受到儒家思想的哺育，中国文学表现出深厚的现实主义传统；另一方面，由于中华民族的苦难和作家人生境遇的挫折,中国古代文学又表现出对命运的沉重的忧患意识和不为现实榨干的洒脱的超越精神。具体来说,有以下几点表现。

## 1. 关注现实的理性精神

例如"女娲补天""后羿射日""大禹治水"中的女娲、后羿、大禹等神话故事人物其实就是人间的英雄、氏族的首领。"夸父追日""精卫填海"实际上反映了当时先民们征服自然的愿望,因此都是关注现实的历史人物在神话传说中的投影。在整个古代文学中,无论是抒情文学还是叙事文学,诸多作家都把目光对准人间而不是天国。现实主义作品,无不是反映现实,即使浪漫主义作品,也都是现实世界中悲欢离合,真善美丑的虚化反映。《离骚》虽然神游天地上下求索,但表现的是现实生活中的抒情主人公的人生追求。《西游记》中借助神佛的天界和妖魔鬼怪的混沌世界,表现的是现实生活中人们反抗邪恶势力的理想。因此,中国古代文学中自始至终都体现着拯物济世关注现实的理性精神。

## 2. "文以载道"的教化传统

"文以载道"是先秦诸子百家争鸣时,儒家首先提出的。意思是文学的主要目的在于载道,即道德的提高和完善,宣扬政治,提升道德。宋代理学家认为"文以载道"是指文学的价值在于阐述经典的道理,在于它的社会功利性,近代梁启超等人所理解的"道"是强调文学对社会人生的影响。不管他们是怎样理解"道",有一点是肯定的,历代作家在理论上都注重文以载道。理论上注重载道,在文学创作中也是如此,先秦诸子著书立说,目的都是宣扬自己的政治理想和观点。司马迁忍辱负重完成《史记》,离不开他对国家的强烈使命感。屈原借诗抒态,李白歌风咏月,杜甫批判现实都是表现出对现实人生的强烈的使命感。就是那些一度被人认为的不登大雅之堂的小说中也不无带有明显的教育目的。如"三言""二拍"每小段故事开头都对人世道理作发人深省的阐述。明清六大小说代表作,也都是蕴含着作者对社会人生道理的理解。蒲松龄的《聊斋志异》,不仅有批判现实政治的篇目,而且在写鬼说狐的作品中,通过描写一个充满人情和爱的鬼狐世界与人间的狭隘、冷酷、自私、争斗、形成了鲜明的对比,蕴藏着现实主义特点和教化意图。文以载道的传统,培养和浇灌了文学家的社会责任感和使命感。文学家们关心现实有兼济天下的理想和抱负。因此他们的作品重陶、感染和影响着中华民族对真善美的追求、对祖国的热爱、对人生的依恋。

### 3. 写意手法与中和之美

写意手法原本是中国传统绘画的手法。在中国文学中也有大量的注重写意的作品。所谓写意,就是作者所追求的艺术境界不是真实而是空灵,不是形似而是神似,不重写实而重写意。中国古代文学发展最成熟的样式是诗歌,诗歌大都是抒情性的,表现作者情感的。具体地说,中国古代的大量诗、文、词、曲都是表现作者悲情和愁绪的。如诗人展现给我们的意象:梧桐夜雨、芳草斜阳、断鸿声里、烟波江上,都有一种悲情和忧患。叙事文学中如戏曲、小说中也往往洋溢着浓浓的抒情色彩。《红楼梦》之所以感人至深,主要是因为作品中洋溢着作者对生活的感受(意)——一把辛酸泪。中和之美实际上是中国传统文化倡导的"中庸之道"在文学界的反映。中庸之道反对片面化和极端,在文学中表现为主张有节制地宣泄情感,反对过分强烈的情感表达。李白在情感表达上是喷薄而出,一泻千里的,并且常借助神话运用夸张来表现自己的激情。但是李白的激情里没有得意之外的忘乎所以,更多的是对人生欢乐与痛苦的恰到好处的体验倾诉。李白之情,欢乐之中有忧愁,潇洒却又不如意,仍然是中和,是情感有限度的宣泄,符合文学描写中的中和原则。中和的目的在于和谐,但在现实中总有毁灭,有不可调和的矛盾。在"中和"的影响下,文学作品中的解决不可调和的矛盾的途径有两种:一是对现实回避和超脱。陶渊明仕途失意后写了大量田园诗,从田园风光当中得到了归宿感。《桃花源记》中描绘了一个安详和乐的社会。《金瓶梅》写了一个污浊的世俗世界,写出了种种人情世态的炎凉和丑恶。西门庆在时,家中的繁华如烈火烹油、鲜花着锦;西门庆一死,立刻树倒猢狲散,败得快而惨。这种世情之恶应该如何解决?作者转向了空,把一切功名、富贵、情爱、欲望和仇恨都看空,让吴月娘从尘俗的痴迷中顿悟,把西门庆的遗腹子送给和尚出家。古代文学中,以出家作结局的作品绝不在少数。二是对现实的理想化,即"大团圆"的结局。中国古代文学家往往在现实矛盾无法解决的情况下,把自己的美好理想转移为浪漫手法,去尽心描绘来世理想或大团圆结局。

(五)中国古代文学的现代意义及价值

中国古代文学作品的现代意义及永久魅力:杰出的文学作品都具有永久的魅力。中国古代文学的永久魅力主要体现在以下三个方面:一是爱国忧民的情怀。古代文学表现的爱国忧民的情怀鼓舞着现代人去关心现实,完成历史赋予的新使命。它也是当代文化建设应吸取的有益成分。关汉卿的《窦娥冤》、马致远的《汉宫秋》都表现了对国家对人民的忠诚和热爱。二是具有永恒魅力的艺术形象。中国古代文学创造的许多艺术形象,具有不朽的文化价值。从文化价值和现实主义来看,有人生豪杰,如《水浒传》中塑造的 108 将。有不屈精神和叛逆性格的人物形象,如《杜十娘怒沉百宝箱》中的杜十娘,《窦娥冤》中的窦娥,《西游记》中的孙悟空,还有许多带有人性觉醒性质的张生和莺莺、杜十娘、贾宝玉、林黛玉等一系列形象。诸葛亮则是古代理想中的贤良知识分子(贤士)形象(智绝);曹操是奸诈的典型(奸绝);刘备讲义气(义绝)。三是脍炙人口的语言。中国古代文学中简练、丰富、音律和谐的语言不仅是后代人师法学习的楷模,更是教育、熏陶和感染现代人的有益材料。中国古代文学的语言之美主要表现在以下两个方面:首先,音韵之美。中国古代文学语言和美的音律,使中国文学具有感染力。如《诗经》用几个季节性的景物衬托出离人的情绪,语言流转如珠。其次,具有强烈的表现力。中国古代文学语言的强烈表现力,不仅体现在和谐押韵的诗歌中,还体现在散文情境的引人入胜、美不胜收以及小说戏剧中的简洁深刻的描绘之中。比如《红楼梦》的语言,简洁而纯净,朴素而多彩,使人读了有身临其境之感,有时又为之落泪。

今天,人们的人生体验和情感生活模式发生了很大的变化,但中国古代文学仍然具有其他形式难以替代的魅力,因为中国古代文学是传统文化中最容易为现代人理解、接受的一种形态。总之,古代文学的现代意义主要有以下几点:一是中国古代文化是传统文化中最容易为现代人理解、接受的一种形态,哲学、历史、宗教无法与文学相比;二是中国古代文化是沟通现代人与传统文化的最直接的桥梁,通过文学作品我们可以回到几千年的古代社会;三是中国古代文化是世界其他文化背景中的人民了解中国文化的最佳窗口。现代人(包括外国人)了解中国古代文化的最佳途径是观赏古装电视剧、电影,阅读古代文学作品。

## 第二节 传统艺术的演化和中和境界

在庞大复杂的中国文化体系中,必须有一个艺术体系。毫无疑问,艺术体系是中国文化的精华所在。根据历代学者的研究成果,艺术体系包括:陶瓷艺术、青铜器艺术、建筑艺术、雕塑艺术、园林艺术、书法、绘画、音乐、舞蹈、戏曲、文学等。这些不同形式的艺术,可以按照不同的标准分为不同的类别。按照艺术形象开展的原则来划分,可以分为三类:第一类是空间艺术,即艺术形象在空间开展,它包括绘画、雕塑、书法、陶瓷、青铜器、园林、建筑艺术等。空间艺术又叫静态艺术,即只描绘静止的现象或一瞬间的运动过程。第二类是时间艺术,在时间的持续过程中开展艺术形象,而不在空间开展艺术形象。它包括文学、音乐等时间艺术。第三类时空艺术,艺术形象既在时间上开展,又在空间上开展,这种艺术也叫综合艺术。它包括戏曲、舞蹈。所谓时间艺术、空间艺术、只是就其艺术形象本身的存在形式而言的不能从一般的字面意义上来理解它们。从另一个角度来分类,按照人对艺术感知的方式来划分,可以把艺术分为三类:其一,用眼睛感知的叫视觉艺术,如绘画、建筑艺术、雕塑艺术、园林艺术、陶瓷艺术、青铜器艺术和书法、文学;其二,用耳朵感知的叫听觉艺术,只有音乐属于听觉艺术;其三,既用眼又用耳朵来感知的叫视觉听觉艺术,又叫联合艺术,其中有戏曲、舞蹈等。

我们首先给艺术分类,目的是为了让大家从总体上把握艺术的不同类别,也从宏观上了解艺术的总体情况。我们研究中国古代艺术的目的是,了解中国古代艺术创作,促进各种艺术的繁荣。要研究中国古代的艺术,首先要追根溯源,从中国的远古艺术谈起。

### 一、辉煌的远古艺术

要研究中国艺术的源流,就当从 18 000 年前的山顶洞人说起。1993 年,在北京周口店龙骨山顶部发现了一个经过修整的大洞,在这个大洞内,保留有三个完整的头骨化石、一些头骨碎片和牙齿,经签定,它们是距今 1.8 万年以前的人类遗骨化石,这种人类被称为山顶洞人。经过专家们的研究,山顶洞人的文化发展大大超过了前人。依据是在山洞内发现小石珠、青鱼骨、海蚶壳,而且这些东西上都有洞眼,就像现代人戴的项链一样,小石珠、青鱼骨和海蚶壳可以用线串起来做成装饰品,有的还染上了红色,这些装饰品的出现,说明早在 18 000 年以前,人类刚刚懂得穿衣御寒,就已经知道爱美,开始打扮自己,开始有艺术活动了,人们的文化生活逐渐丰富起来了。但是山顶洞人的装饰品只能算作人类艺术活动的萌芽。随后在西北少数民族地区的贺兰山、昆仑山一带山岩上和山洞内发现了三千年至一万年前人类绘制的岩画。有的是人的面孔、有的是羊的样子,如贺兰山上的岩画"公牛",现在人们在新疆、青海、甘肃、宁夏的一些地方仍能看到这些原始人所绘制的岩画(电视上播放过),这些岩画也能证明远古时代的人类已经有了艺术活动。不过,这些岩画从艺术的角度来看,还比较粗糙,太原始了,因此在中国艺术史上,都把西北岩画和山顶洞人的装饰品看作中国艺术的萌芽。在中国艺术史上一致公认原始彩陶是中国华夏文化的核心。

（一）原始的彩陶

彩陶是指我国新石器时代原始先民烧制的陶质器皿。通常在灰黄色的器物上绘有黑、白、红等颜色的形纹或几何图案,器形及图纹均古朴自然,具有极高的艺术价值。其艺术价值主要体现在造型优美、纹饰丰富多彩等方面。原始彩陶是中国最早的陶器,具有悠久的历史。距今6 000年前的仰韶文化以彩陶为主,又称彩陶文化。丰富多彩的陶器是仰韶文化的最大特征,仰韶文化的制陶工艺已相当成熟,器物种类多样,陶器上一般绘有黑色、棕色和红色的几何、植物、动物图案,所以仰韶文化又称彩陶文化。仰韶文化是指我国黄河流域新石器时代的一种文化,因最早发现于河南渑池县仰韶村而得名,但黄河流域的文化均称仰韶文化。中原地区和西北地区均属仰韶文化。距今4 000多年前的大汶口文化属于彩陶文化。大汶口文化是指以山东省泰安县大汶口遗址为典型的在新石器时代的文化。因最早发现于山东泰安大汶口而得名,一般把东南沿海地区的文化均称作大汶口文化,大汶口文化区也有大量彩陶出土。

关于原始彩陶的起源,有的说"神农作瓦器",传说神农教民务农,勇尝百草还说他发明了瓦器。有的说"轩辕氏作碗碟",轩辕氏即黄帝,黄帝姓姬,号轩辕氏,因崇尚土德,黄河流域的土地是黄色的所以称为黄帝。传说黄帝当了部落首领后,教人们建筑房屋、喂养家畜、种植五谷,发明了车船、蚕丝、衣服,连文字、乐器和彩陶也源于他们那个时代。因此,黄帝尊为华夏族的共同祖先。这些传说反映了古代人们搞不清究竟是谁先发明了制陶,就把他归功于理想中的人物。应该说制陶是古代劳动人民长期劳作的结晶。在生活和劳作中可能偶尔发现黏土经过火烧而变硬,后来发明了制陶。制陶的起源目前尚无定论。在新石器时代，陶器制作技术较完善，其艺术性也较高，这个结论是有大量依据的。下面结合一次考古发现来证明这个结论。

1971年，我国考古工作者在陕西临潼姜岸发现了一处距今约6 000多年，面积约18 000多平方米，保存基本完整的仰韶文化的村落遗址。村落南靠骊山，北望渭河，村落的布局相当完整而有规律，包括居住区、制陶区和墓葬区。居住区大致分为五个群落，每一群落内必有一间大房子，周围散落一些小房子。在居住区的东、南、北三边，有宽一米多、深两米多的壕沟。制陶的窑，位于壕沟内，房屋建筑群的两侧。从制陶留下的碎片中找出一些碎片化验证明，这些原始彩陶产生的条件是：高岭土作胎；高温烧焙，火候达到1 200℃～1 300℃以上，胎体烧结；吸水性弱（低于190），有的表面还有彩色釉；在物理性能上，胎体结实、坚硬、叩之发出清越的金属声。又从氏族公共墓地发现了大量的随葬品，总的来看，妇女死后的随葬品比男性多一些。在随葬品中，有陶器，陶器上有鱼纹、鱼蛙和人面鱼身的标志。这些出土文物表明，早在六千年以前，我国的制陶工艺已经达到了相当高的水平，并且已经开始注重陶器的造型和图案了。除了陕西临潼姜寨发现的原始彩陶以外，在河北藁城台西村，山东济南的大辛庄、益都等地的遗址和墓葬中，也都发现了原始彩陶的瓷器和碎片，从这些出土的原始彩陶的造型上，可以看出其造型并非都是瓶子、盘、碗的形状。有的摹拟动物造型，如河姆渡猪形方钵；有的摹拟人物造型；当然最常见的还是符合陶器功能需要的能盛水的以下几种：碗——造型多种多样，以高足碗居多。罐——多为直口丰肩敛者，有直口大腹罐，有的还的盖。盆——盆边多有沿，盆身垂直而下部稍丰，平底壶——有大小不同造型多种，壶上端有中，有的还有把。瓶的造型最多，有的仿葫芦形，有上小下大的扁瓶。另外还有钵（即"钵"的异体字），形状像盆但比盆小，就像现在的饭盆。鬲——最早出现于新石器时期，形状像高足盘较大，是用来盛粮食用的，水缸般大小，容器部分浅腹大中如盘，无盖无耳。鼎——源于八千年前的原始社会，作为普通炊具。1978 年河南新郑发现的陶鼎，形状为圆腹、环底、三足。根据出土的发现，鼎底有黑色烟灰，说明鼎主要用来煮饭或盛放食物用的。目前北起辽宁、南至福建都有陶鼎出土，后来到了奴隶社会，除陶鼎外，还有青铜鼎。鬲——原始社会陶制炊事器具，形状很像鼎，有三个空心的足，圆口，有的还有两耳。以上介绍的种种原始陶器如果只是作为生活用具来使用的话，只有使用价值，没有艺术价值可言。但以上种种原始彩陶之所以称为艺术品，是因为它们的造型或表面的图案是有艺术性的。它们的表面大都有令人叫绝的图案，有人物纹样，青海大通县出土的原始彩陶盆，盆内画有五人为一组拉手跳舞的图案，图案之间用"〈〈〈"形纹饰隔开。还有动物图案，半坡出土的陶盆有鹿纹图案，在其他地方出土的原始陶器上较常见的动物图案有壁虎和鱼。南方某地一原始陶器上绘有"鹳吃鱼"的图案，左侧是高大的仙鹳，右侧是奄奄一息的鱼，鹳嘴里咬着一条鱼。据专家考证，这个图案表示"鹳"家族战胜了以鱼为标记的家族。植物图案更为常见，有花辨纹、叶纹、三角纹、圆圈纹、云纹等。其中，最著名的是庙底沟出土的陶器上的花朵图案、马家窑出土的陶器上的波浪图案、半山出土的圆圈图案，以及西安半坡出地的陶盆上的人面鱼纹。

从上面介绍的原始彩陶的基本状况中，我们可以发现许多有价值的东西。首先，我们可以从原始彩陶图案的变化中发现艺术的演化过程，那就是由具体形象到抽象图案的演化过程，由实到虚的演化过程。我们从大量的出土文物中可以看出来，开始的原始人类是把陶器作为生活用具而创造的，这些陶器只有使用价值，在造型和图案上都没有什么讲究，后来人们依照植物的样子、动物的样子、人的样子制造陶器，即使是一日三餐离不开的碗、罐、盆、壶也要在其表面上纺出具体的图案，美化生活。另外，仅从陶器的图案上也可以看出由抽象到具体的思想演化过程，开始人们在陶器上绘上人的形象、鱼的形象、猪的形象、鹿的形象，后来西安半坡的原始群落就把人的形象和鱼的形象合而为一，绘出人面鱼纹的图案。至于几何图形更是极度抽象化的,只是觉得对称的、连续不断的水波纹好看,大小一样的方格纹一个连一个看了叫人赏心悦目,于是就将这些图案绘在陶器上,追求的就是和谐之美、对称之美、比例之美、均衡之美、节奏之美。彩绘者在彩陶上已能熟练地运用重复多样、虚与实、节奏与韵律等形式美的原理和法则,证明人类在制作最早的生活用器时,就已经根据美的法则在创造。其次,原始彩陶还给后人留下了两个重大的艺术法则:一是"无始无终,回味无穷"的法则。原始彩陶虽有多种造型、多种图案,但主要造型是圆形的。人们在观赏这种圆形陶器上的图案时,是步步移、面面观,无始无终。没有起点也没有终点总也看不够,从有限的画面中获得无穷的美的享受。原始彩陶的这个无始无终、回味无穷的艺术法则在后代的瓷器制作中得到了发扬光大,比如商周时期的青瓷、唐代的彩瓷、宋元时期的影青瓷、明清时期的青花瓷,都已经成为专门供观赏的工艺品,而且都是以圆形为主的。至于后世的园林和绘画也都发扬了"回味无穷"的艺术法则。二是"仰观俯察,由上观下"的法则,原始陶瓷不管是什么形状的,在图案的绘制上都照顾到由上方下视形成一幅和谐的图案。如人面鱼纹由上观下是条头朝下的鱼(上面鱼尾,底部鱼头),左上一条小钱鱼,右上一条小鱼,左下右下又是两条对头的鱼。这就是说,原始彩陶很注重整体欣赏效果,原始彩陶上的图案和散点透视的法则对后世的绘画影响很大;原始彩陶的造型对后世的雕塑,尤其是塑像影响很大;原始彩陶的烧制艺术对后世的建筑影响很大,后世建筑装饰如瓷瓦的彩色纹饰屋顶装饰也是受到原始彩陶烧制艺术的影响。因此原始彩陶极具艺术价值和文化品位,可以称得上是中国文化艺术的源头。

(二)青铜纹饰

中国青铜器是我国文化的重要组成部分,具有重要的历史价值和观赏价值,青铜器主要指我国自夏代末期至秦汉时期用铜、锡制作的各种器物,其中商周时期的青铜器最有价值。中国青铜时代形成于公元前 2000 年经奴隶社会的夏、商、西周、春秋四个朝代。根据近几年的考古发现,早在原始社会,我们的先人已经能铸造工具和装饰品等小件青铜制品。根据学者们的意见,商朝和周朝的青铜礼器是青铜文化的核心。古代青铜器按使用功能分,包括:①工具,如小刀、钻、锥、凿等,基本上是仿石、骨工具制作的,造型很简单。②农具,斧、铲、鱼钩等。③兵器,戈用于钩杀。弓形器、盔、兽头刀、雕脊刀等。④饮食器,仿陶器而制,如大方鼎、圆鼎,还有大量成套使用的饮食器。⑤酒器,爵——铜制带足带把的酒杯。⑥梳妆用具,如盨、洗手洗脸的用具,铜镜现存最有价值的是 1976 年河南安阳出土的周代的妇女墓里的四面铜镜,共有四件,其中大型一件,中型两件,小型一件。镜面为弓形,背面有花纹。⑦车马器,即车上的装饰品,如铜铃。⑧玺印就是印章,铸或刻在铜章料上,作为权利的象征。⑨乐器:古代吹奏乐器埙,铜鼓,如商代的传世品:双鸟饕餮纹鼓,鼓面有鳄鱼皮和钉皮的鼓钉,都是铜制的,但仿得十分相像。1977 年湖北出土,是商代作乐而铸的,后代皆无发现。鼓的四周是对称几何纹饰图案。又如编钟,编钟是西周中后期以后出现的,这时的编钟以三枚为一组。目前最早的编钟是陕西宝鸡茹家庄所出,共三件,大小相次,以后在陕西长安也发现了三件西周的编钟,在陕西扶风县还发现了八枚一套的周朝末年的编钟。春秋时期的编钟,由周朝末年的八枚发展为九枚。战国时期的编钟,其音域、表达能力都超过春秋。最杰出的代表是楚国属下一个县侯叫曾乙侯拥有的楚国编钟。在曾乙侯墓中发现了 65 枚编钟,其音域达五个八度,十二个半音。这套编钟的音阶俱全,可与现代乐器媲美。⑩青铜器当中最有艺术价值的是礼器。夏有夏礼、殷礼,周有周礼,而礼藏于器,所以夏商时代的礼器是十分发达的。下面介绍几种礼器。一种是鬲,本来鬲是古代炊具,大口、袋形腹,其下有三个足,有立耳口,有的方鬲下面有门可以开合,门内放入木炭可以点燃加热。西周晚期的鬲数目较多,在一些墓葬中发现不少铜鬲,多以偶数出现,如四鬲、六鬲、八鬲和九鼎同墓,由此推知,鬲作为礼器在活人和死人的生活中都发挥了较大的作用。第二种是鼎,几千年前有陶鼎,到了奴隶社会,鼎从日用器皿中分化出来成为礼器,青铜鼎最兴盛的时代是商周阶段。此外礼器还包括尊、瓿、爵、角、壶、觥、禁等祭祀祖先和天地神灵时所用的物品。以上介绍的各种青铜器皿,除了具有实用价值之外,还有一定的艺术价值,主要体现在它们的造型和纹饰上,如果在造型上和纹饰上没有艺术性,那就谈不上是艺术品了。比如尊的造型,青铜尊原是盛酒器,有圆的、有方的。在商周时期还出现了大量的鸟兽的造型,尊有的像牛、有的像羊、有的如象、有的像鸟、有的像虎,甚至还有多种动物合为一体的四羊尊、龙虎尊、牛象尊、双马尊,还有一种四足尊,牛头形状的盖子、大弯角、前足像鸟爪,后足是人头,通身是龙和鸟的花纹,体现当时人们人兽共生的愿望。再说各种青铜器的饰纹,商代时期的青铜器常常出现的花纹是云雷纹、圆涡纹、圆圈纹、龙纹,商代后期的青铜器上的花纹就复杂得多了,有写实的虎、牛头、蛇、鸟、龟、鱼、蝉、蚕等;还有非写实的龙、凤、饕餮、怪鸟、怪兽;还有大量的几何形纹饰,如三角纹、蕉叶纹等。西周时期青铜器上的纹饰就更复杂了,以兽面纹、龙纹为主,云雷纹为底纹,不过龙的形象为张着大口、短身子、躯体卷曲形状。鸟纹变成了长尾高冠的凤鸟纹和分尾的长纹。双身纹饰增多。总的来看,商周时期青铜器皿上的纹饰是以怪兽为主的。不同时代的青铜器具有不同的艺术风格。商代的青铜器形质重华丽,纹饰多兽面纹,充满了神秘、威慑的气氛。西周中期到春秋晚期,风格趋向简朴,追求朴素、典雅之美。春秋后期到战国,器形奇巧,轻灵,纹饰易于理解。秦汉时期向轻便、精巧方向发展,往往以独特的造型取胜。这个时期的青铜器有许多是世界级珍品。例如:后母戊鼎。商代后期王室的青铜礼器,1939 年在海南安阳武官村出土,三足两耳,鼎内铸有"后母戊"三字,据考证是商五文丁为祭祀他的母亲所铸的。长方形腹,立耳,柱足,饰饕餮纹。通高 133 厘米,器口长 110 厘米,宽 78 厘米,重 875 千克。后母戊鼎是我国现存最大的青铜器,在世界上也是绝无仅有的。方鼎结构复杂,耳、身、足分别铸成后,再合铸成一个整体,大概是用二十个部件合铸的,外表的饰纹铸得天衣无缝,难度相当大的,该方鼎现存中国历史博物馆。例如:宴乐渔猎攻战纹壶。形状、图案相同的有两件,一件传世品藏于故宫博物院,另一件出土于成都百花潭。据专家考证这两个壶是战国时期的艺术品。这两个铜壶都是鼓腹、圆足、斜肩,肩上有衔环二兽耳,壶身满饰图案。图案以贵族狩猎、宴乐的礼仪活动为主要内容,以三角纹为界带,分上、中、下三层。上层为采桑射猎图、中层为宴乐图、下层为水陆攻战图。画面反映了战国时代生活的许多侧面,对研究当时的生产、音乐、生活、战争、礼俗、建筑等均有重要价值,毫无疑问,这两个壶也是青铜器中的珍品之一。

从以上介绍的各种青铜器来看,青铜纹饰主要反映出两个明显的现象,这两个现象体现了中国艺术的两个艺术法则。一是重组变形法则。我们前面介绍过青铜器上的纹饰主要是怪兽,其中见得最多的也是这个时期刚出现的形象饕餮纹。饕餮是什么呢?《辞海》解释为:传说中的一种贪食的恶兽。从字面上也可以看出来。古代钟鼎礼器上多刻其头形作为装饰。当然,夏商、西周、春秋战国时期的饕餮形象不尽一致,但有一点是肯定的,它是多种动物形象的重组变形。这种重组变形的形象在当时的龙和凤的形象上也到了体现。至于青铜器上的其他怪兽,虎面人身等各种原始面具服装等都是重组变形。这种重组变形的艺术法则对后世艺术影响极大。比如从商周时期开始出现的龙凤纹样成为后人乃至现代中国人生活中的艺术精华。在整个封建社会,龙凤是皇帝和后妃政治权势的标志;在民间生活中大量的石刻的形象是龙;结婚娶亲也是龙凤标记;生儿育女后也用龙或凤来取名;遍及世界各地的中国人都称自己是龙的传人。人们出门旅游,也喜欢看巨型龙雕塑——山西大同九龙壁、北京北海九龙壁和故宫九龙壁,都是著名的龙的胜地。这些都说明青铜器上产生的龙凤形象对中国人文化生活的深远影响,也是重组变形对中国文化产生的影响。第二个法则就是人兽共生,艺术与文化从原始向理性演化。在原始社会的彩陶上,普遍采用的纹饰是把具体形象抽象化了(如人面鱼纹),而在殷商和西周,则是人兽合一。人兽共存的图案,如前面介绍的四足尊,前足像鸟爪,后足是人头,通身则是龙和鸟的花纹。显然这就是人兽合为一体的图案。另外在有些酒器上,饰有虎头中含着人头,或两个动物对称地张着大口,口中有一个人头,这些图案主要想表明:人兽一体为神物。人通过兽才能与上界沟通。这时的大量的怪兽图案也能说明这一点。到了后代,人们在艺术品上就不再突出这些主题了,而是表现人对兽取得主动地位,人能胜兽是主题。比如著名的战国时期的宴乐渔猎功战纹图壶,它反映了人在狩猎生活中的乐趣,人能胜兽的理性认识。因此,我们可以得出结论:远古至春秋,艺术图案逻辑反映出中国文化从原始到理性的演化过程。

## 二、中国古代艺术各个门类的风采与成就

首先我们要从整体上把握中国艺术发展的三个时期:第一个时期是远古至春秋,艺术与文化从原始向理性的演化。这个演化过程从陶器和青铜器的造型和纹饰上就能很清楚地看出来。距今四千年前至六千年前的原始彩陶,开始是很讲究它的实用性的,造型上模拟动物、植物、人物,图案也以人物、动物、植物为主。后来才有了更多的几何图案,人兽合一图案。在青铜器造型上,近几年的考古发现表明,在夏朝以前的原始社会,我们的先人已经能铸造青铜用具和装饰品,但造型小而薄,造型极为简单。青铜器的发达时期和鼎盛时期是商代。商代青铜器的特点是:造型多样化,特别是礼器成套。另外,在青铜的纹饰上,商代的青铜器最多,这些纹饰多是重组变形,比较抽象,是人们跟据现实生活中的图形概括,归纳而成的,因此也是比较充满理性的。另外商末至周初,人们在青铜器上开始铸符号,注文字。符号多为标记族名而铸的,文字大都是较长的记事性内容。由此我们可以看出,原始的彩陶和夏商时期的青铜器的造型和纹饰,足以说明中国艺术与文化从原始向理性的演化过程。第二个时期是战国至西汉,

各门艺术以其自身的功能在寻找自己的地位。这个时期,有许多举世闻名的艺术珍品,很能说明某种艺术有了特种功能,找到了自己的位置。在建筑方面,秦始皇陵、汉武帝庙,由于我国考古技术上不发达,至今尚未全面开发。举世闻名的秦始皇兵马俑,只是秦始皇陵的一小部分,而兵马俑又是当时雕塑艺术的杰作。在绘画艺术上,咸阳阿房宫出土文物中有壁画残块四百四十多块,壁画五彩缤纷,鲜艳夺目,具有相当高的造诣。汉代墓室壁画盛行,1976年河南洛阳西汉的卜千秋墓壁画可谓代表。壁画以长卷展开,描绘了墓主夫妇在仙翁、仙女和怪兽的陪送下生入天界的情景。1976年长沙马王堆出土了一幅覆盖在棺材上的西汉前期的绘画。内容分三段:上段绘天界、玉兔、嫦娥、女娲及天门神,形象逼真;中段画墓主人拄杖而行,前后有数人相迎送;下段画一巨人,立双鱼上,双手托物。郭沫若认为此画的主题是"引魂升天"。在书法艺术上,秦篆是书法艺术史上的两座丰碑。秦篆分大篆、小篆,多刻于石上,如著名的《封泰山碑》,是公元前219年秦始皇东巡登泰山,丞相李斯等颂泰德而立。汉代隶书也是风格独特的一种书法。至今人们常说:学篆非秦不可,学隶非汉不可。很能说明秦时的大篆、小篆和汉代的隶书已经在书法史上找到了自己的特有位置。在文学艺术上,先秦的诗歌散文、两汉的辞赋,在文学史上找到了自己的定位。在声乐和乐器方面楚国的编钟举世闻名。在建筑方面秦长城、汉长城号称"中华国宝,世界奇观",以上的成就足以表明:战国至两汉,特别实在秦汉时期,各门艺术较为成熟,并且以特有的功能在寻找自己的定位。第三个时期,魏晋以后各门艺术在文化整体中的位置基本确立。这个时期是指南北朝。唐宋元明清时期,人们最推举的是诗文,其次是绘画和书法,再次才是建筑、雕塑、音乐、戏曲。在文学艺术方面,唐诗、宋词、元曲、明清小说都是最辉煌的文学艺术门类。在绘画艺术方面,东晋时的画圣三绝顾恺之(三绝谓其痴绝、才绝、画绝),其代表作是《维摩结》《洛阳赋图》。前者为寺院争得百万钱捐款,后者是描写曹植的《洛神赋》的故事。共五本,第一本藏故宫,第二本藏东北博物馆,第三在美国美术馆,第四也藏故宫,第五本在日本有印本。至于魏晋以后的画家,更是数不胜数的。特别值得一提的是有些画家是多才多艺的。唐代诗人王维的山水画,意出尘外。元代书法家赵子昂的山水画,人物、马、花木竹石都很精刻。郑板桥是清代"扬州八怪"之一,除在书法上创造了板桥体之外,他画的兰竹也是一绝。在书法方面,晋代的王羲之最有名的《兰亭序》,可惜现在流传于世都是临摹本,真迹已散失。唐代颜真卿、刘公权的楷书流传至今。宋代的书法成就主要在行书方面。苏轼、米芾、黄庭坚等都是在行书上取得巨大成就的大家。清代的宰相刘墉,小楷、行书也有独到之处。在建筑艺术方面,至今尚存的北京古建筑就是中国古代艺术的代表作。在雕塑方面,自魏晋以后雕塑无处不在,在建筑物上,在园林里,在帝王陵墓上,在寺院里,在桥梁上等,都有雕塑。最有名的是甘肃敦煌莫高窟的彩塑和佛象石雕。现存上至西凉、北魏,下至清代的大量彩塑和石雕。在音乐方面,仅仅以乐器为例,就能说明音乐在这个时期已确立了自己的位置,对后世影响很大。汉代的琵琶和箜篌,秦代以前出现的筝、瑟,都是从古至今一直保留下来的民族乐器。许多诗歌、绘画中描绘了魏晋至清代演奏音乐的壮观场面。如白居易的《琵琶行》中写道:"大弦嘈嘈如急雨,小弦切切如私语,嘈嘈切切错杂弹,大珠小珠落玉盘。"可见当时弹奏琵琶之美妙无比。

下面我们对建筑、雕塑、书法、绘画、音乐、戏曲的具体成就进行分析。

（一）建筑

中国建筑艺术起源于五千至七千年前。据 1986 年 8 月 6 日《光明日报》和 7 日的《人民日报》报道:甘肃秦安清理出原始房屋240 座,灰坑 342 个,墓葬 79 个,窑址 38 个,出土各类文件八千余件。其中的房屋遗址呈现出原始居住大村落或部落布局的轮廓,除矮小的窝棚式建筑外,还发现有殿堂式建筑。被编号为 f901 的房屋整体,分主室、左室、右室,后室,前面附属建筑和宽阔的场地建筑部分。从远古到清代,中国古代建筑类型分为四种类型,即宫殿、陵墓、寺庙、园林。此外,城池、塔刹、故居、长城、桥梁、亭台、楼阁等也属建筑艺术,是中国文化的实体。

## 1. 宫殿

古代称高大的房屋为殿。宫殿以帝王的皇宫为代表。根据史料记载和现存的宫殿现状来看,宫殿在秦汉时期以后成为建筑艺术中的一个门类。如秦时的阿房宫、北京的故宫、西汉的未央宫等都是中国古宫殿的代表作。中国古代宫殿的特点是高、大、深、庄。高主要是显示帝王高人一等;大,是指宫殿占地很多,让人们产生对帝王的敬畏情绪;深,宫殿都排列井然有序,能给人森严的感觉,因此宫殿之深,主要是为了体现等级秩序;庄,是以建筑完全沿中线对称排列和墙柱门的深红色显示出来。对称是为了显示四平八稳、规规矩矩的特点。红颜色主要是为了体现庄严、肃穆、不可动摇的气派。因此高、大、深、庄都是为了显示帝王的庄严。

## 2. 陵墓

中国古代帝王陵墓极有文化价值。比较著名的帝王陵墓主要有秦陵、汉陵、唐陵、北宋陵、明陵和清陵。

（1）秦陵

秦陵位于陕西临潼县东鱲山北边,建成于公元前 210 年。这个陵的主体尚未打开。经调查发现冢高 76 米,周长 2 000 米。陵内有内外两城,有十个城门,内外城四周都有角楼,经调查发现证实了司马迁记载的始皇墓以水银为"江河大海"的记载。但究竟如何?待开棺验尸后才能见分晓。我们见到的秦始皇兵马俑只是秦陵的一个部分,但它已是世界奇迹。

（2）汉陵

汉陵位于陕西咸阳北部,有十一个西汉帝王陵墓。最著名的是长陵(刘邦墓)和茂陵(刘彻墓)。1978 年在霍去病墓所在地建立了茂陵博物馆。茂陵附近有"白鹤冢"遗址、李夫人墓、霍去病墓。

（3）唐陵

唐陵位于陕西关中六县。其三大特点是：封土为陵；神道偏东；因山构成。其中，武则天的碑文是无字碑，叫后人琢磨不透。

（4）北宋陵

北宋陵集中在河南巩县境内。南宋六陵都在绍兴城南。南宋的陵被盗严重。宋陵的特点是地点集中，石象较多，但规模不如唐陵大。

（5）明陵

明太祖朱元璋在南京紫金山下（孝陵），其他十三位帝王皆葬于北京昌平县天寿山南骊，就是人所共知的——明十三陵。

（6）清陵

清代帝王陵墓分为东陵和西陵。清东陵在河北遵化县，昌瑞山下，有十四座帝王和后妃的陵墓。其中有五位帝王的陵墓：顺治、康熙、乾隆、咸丰、同治。东陵占地2 500公里。清西陵在河北易县的永宁山下，总面积小于东陵，埋葬着四位皇帝：光绪、道光、嘉庆、雍正，九个皇后，五十七个嫔妃。清代皇帝的墓区规模宏大，建制完备，保存较好。综观自秦至清，我们不难看出几乎所有的帝王陵墓都是由神道和山岭两部分组成，陵上陵下的各种建筑也非常讲究对称、和谐、森严，实际上是宫殿风格的延伸。

3. 寺庙

寺庙属于宗教建筑。其中佛寺与道观是有区别的。道观是道教的活动场所，寺院是随着佛教的流传和发展建立起来的，是佛教的活动场所。一般说来，佛寺与道观的直接区别是，佛寺有塔，而道观无塔，但也不是肯定的。如峨眉山的万年佛寺，本应有塔但无塔。最早的佛寺是河南洛阳的白马寺。据传，东汉明帝时期朝廷接纳外国僧人以后，才有了以塔为标记的佛寺。东汉帝接纳外国僧人布道传教,并安排他们住在鸿胪寺。后来就根据外来僧人的建议,改建为精舍,专供僧人居住。所谓改建就是在原址上建一座塔,由此开始后代都在佛寺建塔作为佛门圣地的标记,之所以取名为白马寺,也只有记载的,"外国国王曾毁坏寺庙,为鸿胪寺未及毁坏,夜有一白马绕塔悲鸣,即以启王,王即停止,因改鸿胪寺为白马寺"。现存佛寺最著名的有:①唐代山西五台山的南禅寺和佛光寺,其中佛光寺最为著名。该寺坐距山腰,三面环山,环境幽雅,松柏苍翠,建筑错落有致,共有 120 余座。传说北魏时孝文帝见佛光照遍山林,便名为佛光寺。②辽宋时期:独乐寺在天津附近,关于命名,一说因寺独有乐水;另一说唐安禄山在此誓师叛唐,思独乐而不与民同乐而得名。隆兴寺,在河北正定,始建于隋开皇六年,当时规模较小,称龙藏寺,宋初改名为隆兴寺,清代乾隆为隆兴寺,又因以寺内大佛著名,故又叫大佛寺。此寺规模宏大,超过宋代以前的寺院,寺中高约 10 米的弥勒佛像,塑功精致,姿态动人。佛香阁内的铜铸大悲菩萨像也是我国现存的最高的一座铜佛像。铜像有四十二臂,故又称千手千眼观音。1944 年重修隆兴寺时,建筑面积减少了三分之一,所以我们现在见到的隆兴寺并不很大。除此之外,山西大同的华严寺、河南登封的少林寺,也是极其著名的。③元明时期:著名的有济南的千佛寺、江苏的金佛寺、北京香山的碧云寺、青海湟中的塔尔寺。④清代寺院大都保存完整,其中一部分是清代重修的前代寺院,一部分是清代建造的。例如,北京的潭柘寺、大觉寺、大钟寺。特别值得一提的是,大钟寺汇集了商周以来的一百六十余口古钟,有陶制,有铜制,可谓中国古钟博物馆。其中最大的是永乐大钟,重 46.5 吨,被列入《大英百科全书》,称雄世界。清代的寺院在承德避暑山庄也是比较集中的,有普宁寺、普乐寺、普陀宗乘(小布达拉宫)、须弥福寿之庙(班禅行宫)等,都是清代皇家建造的寺院。在五岳之上也有许多庙宇,如东岳泰山、西岳华山、中岳嵩山、南岳衡山、北岳恒山等,都有高大雄伟的庙宇。总之,历代佛寺数不胜数,其建筑和塑像、装饰都是中国建筑艺术的瑰宝。

道教宫观,即道观,比佛教寺院少,但著名道观也不乏其例。例如福建莆田的三清殿,北宋风格,在建筑上彩绘道教图案;苏州的三清殿,是现存的最大的木构建筑,藏有吴道子、颜真卿、李隆基的字画;山西芮城县的永乐宫,传说是吕洞宾的出生地方,其道教壁画是艺术珍宝。另外,武当山也是道教胜地,因此山上道观建筑也是道观的代表作。综观佛寺和道观的全貌,可发现宗教建筑有以下特征:①追求整体对称,力求肃穆效应。佛寺以塔以主,四周建筑讲究对称。道观以主殿为主,四周建筑也讲究对称。②佛寺和宫观由于熔建筑、雕塑、绘画、园林、艺术为一炉,化哲学、宗教、伦理、道德、美学、书法、文书为一体,因而具有丰富的文化内涵。现如今,善男信女在参观佛寺和道观的同时,也受到了中国古代文化的熏陶与感染,心理上得到某种平衡,精神上得到某种松弛,从而丰富了人们的文化生活,缓解了社会矛盾,有利于社会稳定和国家的长治久安。

## 4. 园林

中国古代的园林是由人造的建筑物、山水、花木、匾联、文物等要素综合构成的艺术品。由于融建筑、山水、花木、匾联、文物为一体,因而有别于其他建筑。依据这个特征我国古代园林可追溯到西周的苑囿合池。据《诗经》和《尚书》记载周文王的苑囿"方七十里",掘土造台,在最高处建楼阁,建筑物与水面高低起伏,相互映衬。这表明西周初年已有人造园林。园林的发展壮大是从春秋到秦汉。春秋战国时期楚庄王曾建大型园林,楚灵王的章华台也不小。秦汉时期苑囿中出现了神话意味的仙岛。汉武帝也曾建过海上仙山。其实,秦汉时期的园林只不过是把宫殿的建筑造于依山傍水之处,讲究"一池三山"或池水堆山之法,并未构成建筑物、山水、文物融为一体的园林。到了魏晋南北朝时期,一些士大夫爱好自然的野致,在园林制造方面企图创造一种比较朴素自然的环境。晋代一士大夫曾建造了一金谷园,种松柏几万株,河水环其下,水中养鱼,亭台四处养鸟和奇兽怪禽。这个金谷园是晋代私人园林的代表,除私人园林外,皇家园林也不甘示弱。魏文帝曾建造了一个假山园林,叫景阳山。其规模之大,建筑物之豪华是相当可观的。此时期的私人园林和皇家园林对后世园林产生了相当大的影响。隋唐时期是我国封建社会的鼎盛时期,也是各门艺术的成熟时期,皇家园林与私人园林均有很大发展。隋炀帝在洛阳建西苑,聚土石为山,凿北海引水环三山,山上建台榭回廊。唐代最有名的园林是华清池,杨贵妃和唐玄宗在华清池留下了许多风流韵事,想必大家有所耳闻。这个华清池至今还坐落在陕西临潼的温泉附近。另外诗人王维的辋川别业是唐代著名的私人园林,这座园林在风景优美的终南山(陕西长安)上,是将自然地形略加整理点缀而成的。北宋时期的园林集中在洛阳。洛阳的名园众多,形成了所谓城市山林,但正如名人王世贞认为洛阳有水、有竹、有花,又有树木,但无石。北宋园林中不曾叠石为峰岭,实在是洛阳园林的缺憾。到宋徽宗时期,园林多建于浙江余杭一带,这时建造的艮岳是我国造园史上的一个杰作,艮岳位于余杭凤凰山旁边,因地处京城东北,属八卦中艮卦的位置,故名艮岳,又称万寿山。这座园林吸取并聚合了当时全国名园胜景,奇花异石。此时江南私人园林也很盛行。总的来看,唐宋时期的园林是由临摹自然山水向写意山水发展的阶段,具有尽广大而致精微的特点。元明清时期,园林主要集中于北京。元代知名府宅园林有五十多处。明代园林极为发达,其数量之多,艺术水平之高,皆远胜前代,如在北京城内外营造了十几处皇家园林,其中就有北海和中南海。另外有南池子、北池子、南河沿、北河沿、景山公园、清华园等。到了清代,皇家园林集古代园林艺术之大成,并吸收了西欧园林艺术:在紫金城内有小型园林四座(御花园、福建宫花园、慈宁宫花园、乾隆花园);在皇城内扩建了三海(北海、中南海、南海);在西郊兴建了圆明园、畅春园、清漪园、静明园、静宜园,总称三山(玉泉山、香山、万寿山)五园。在承德,兴建了依山傍水的避暑山庄。其中最宏伟、最精致的首推号称“万园之园”的圆明园。除皇家园林外,明清两代的私人园林也很发达,多集中于扬州、南京、苏州、嘉兴和杭州一带。如今,苏州、杭州的园林仍是世界著名的旅游圣地。我国古典园林的特点:一是人造景物与自然景物相交替,组成有韵律的景观;二是追求明朗、华丽、优雅的气氛,能满足人们欣赏大自然的情趣。中国古典园林体现出的美学原则是:真假、动静、曲直、隐显、大小、远近、情景、主景与背景无不对立统一,由此而构成情趣。真假——造园林的基本法则是有真为假,做假成真。动静——若静坐亭中,行云流水,鸟飞花落,皆动也。舟游人行,而山石树木皆静止。故以静观动,以动观静,则景出。俯仰——园林中的景物,妙在含蓄,一山一石,耐人寻味。中国园林不讲究对称,因此俯察仰观,妙趣无穷。远近——有些山水耐远观,有些景物、文物耐细看。文物、匾联都是必须近看才能体味其妙趣的。小中见大——园林犹如盆景之妙。著名的园林很注重把优秀的名山大川之美缩于园内,类似盆景。园林之美难以尽数,因为它的美是多方面的,如果你能多到公园里逛一逛,就可以知道山林之美确实能够怡养身心。因为现代公园实际上就是由中国古代园林演变而来。

中国建筑是以土木建筑为主,既不同于西方古典建筑以石为主,也不同于现代建筑以钢筋混凝土为主。因此中国古典建筑主要是在土木结构的基础上,追求适用、坚固、美观,最底层是屋基,由台基、栏杆构成,栏杆上加以装饰,使它既坚固又美观。在台基上是抬梁式木构架,由木架承担房屋的重量,墙只起间隔作用,亭子、楼阁有的就根本没有墙。柱子、架梁上大都加以装饰,或写上对联,或画上彩图,此即所谓雕梁画栋,把适用、美观、坚固融位一体。斗拱,是中国古代建筑的灵魂,是中国古代建筑的特有结构,所谓斗拱,通俗的说法,是在柱顶与房顶之间用若干小木块纵横交错层叠构成的逐层向外排出的结构,以形成上大下小的托座。斗拱都追求如意伸展的造型。古代的建筑,在建筑物之外,还往往建造牌楼、华表等加以衬托,空闲之处,又以亭池草木加以点缀。总之,中国古典建筑在轮廓、比例、均衡、节奏、色彩等方面都显示出一种特有的宏伟、旨趣和意蕴。

（二）雕塑

雕塑包括雕刻和雕像。在金属、木料、石料、玉器上刻出的形象叫雕刻;用黏土之类软材料造成的形象叫雕塑。中国的雕塑与西方的雕塑有所不同,从造型上来看,西方雕塑从古希腊以来都是以人体为造型,中国的雕塑绝不限于人体,更多的是动物、植物和著名人物。从地位上看,西方雕塑有独立的地位,而中国古代的雕塑基本上是建筑的一部分,是建筑群中的陪衬,或是器皿上的装饰。我国的雕塑有悠久的历史,有自己的特色。中国雕塑的悠久历史可以追述到原始彩陶,陶猪就是黏土捏成了猪的形状,然后烧成陶器。夏商、西周时期把青铜器铸成饕餮的形状、龙的形状、凤的形状、鹤的形状等,这些都可以看作"塑"的源头。春秋战国时期的士俑陶俑,则是古代塑像的代表作,如秦始皇兵马俑,有人物塑像、马塑像,还有铜铸的兵马战车。俑是中国古代典型的雕塑。其实在古代,俑是代替活人活马殉葬的雕塑。春秋以前,盛行活人陪葬,春秋以后逐渐用俑代替活人与活牲畜殉葬。目前,我们所能见到的较早的俑,除秦始皇兵马俑之外,还有春秋末年的陶俑,陕西铜川秦墓出土的一批彩塑泥人俑和彩塑泥牛、泥羊、泥狗和泥鸡等。其中泥人大小约是真人的十分之一。山东临淄一座大墓出土过一批陶舞俑和武士俑。在战国时期的墓葬中,出土过不少木俑,有的身着服装或彩绘,秦汉至隋唐用俑陪葬之风盛行,墓葬出土的各种俑甚多,如秦时兵马俑,咸阳汉墓的彩俑等,特别值得一提的是"唐三彩",它是用彩色釉制作的,常用的颜色主要是黄、白、绿(或蓝),由于它色彩斑斓,富丽堂皇,加上俑的造型别致,在我国的雕塑史上占据了一席之地。宋代以后由于纸冥器盛行,木俑、陶俑等在墓中逐渐减少,但明代一些王公贵族的墓中所见彩陶仍然不少。总的来看,我国古代的俑,一般是用木头,石头雕塑而成,或者用软泥塑出来,然后烧成陶俑,也有用金、银、铜、铅等金属铸成的。俑在中国雕塑史上占有相当重要的地位。除俑以外,遍布各地名胜古迹的石像、宗教造像以及小型民间雕塑品也是中国古典雕塑的精华。我国古代的雕塑主要有以下几种类型：一是陵墓集群，不管是在秦始皇墓的兵马俑，还是在汉霍去病墓，不管是在明十三陵，还是在清东陵、清西陵，都会发现满眼的雕塑。二是宗教集群，不管是在佛寺还是在道观，都可以看到令我们这些俗人惊奇的宗教造像、绘画、装饰。三是古建筑群，在遍布全国的古建筑所在地，你都能发现作为建筑装饰的雕塑艺术品。在曲阜孔庙，你不仅能看到孔子的塑像，还能看到分排两旁的儒家十二子的塑像。在湖北秭归，你能看到屈原的塑像；在陕西韩城，你能看到司马迁的塑像；在四川锦官一带，可以看到刘备、关羽、张飞、诸葛亮的塑像。在青海玉树，有文成公主的塑像；在四川江油县，有李白的塑像；在成都西门外，有杜甫草堂和杜甫塑像；在安徽包河公园，有包拯的塑像；在浙江杭州西子湖畔，有岳飞庙。总之，在遍布全国的古建筑群中，必有一个中心殿，殿中必有一些人物塑像。四是工艺雕塑。主要指小型的工艺雕塑，包括泥塑、瓷塑、木雕、根雕、石雕、玉雕、象牙雕、骨雕等。还有以上内容没有讲到漆器和腊塑。其实，我国在战国时期，就已开始使用漆。除在日常生活中应用外，还在工艺品上用漆上色或用漆绘成图案。以上四类凝结着较厚重的文化内容的是陵墓上的雕塑和宗教场所的雕塑。我们介绍两类。

### 1. 陵墓雕塑

帝王陵墓是一个雕塑博物馆。在地下有陪葬的陶人、泥人、铜人等，这说明帝王企图把自己现世的享乐与威严带到地下去。为了显示自己的威严，陵墓中大都在石头上雕上龙、凤浮雕形象，让神灵来陪伴自己。在地上，陵墓门前和神道旁大都置以大型石刻，最常见的是石狮、石龟、龟驼石碑（有传说：龟不驼石碑，晚上工匠们将龟埋起来不让它看见，然后将石碑推到龟背上）。有的帝王陵墓的门前和神道上还摆放系列石刻，往往是极有特色的石刻精品。

### 2. 宗教雕塑

当我们漫步佛门圣地之时，都会发现千姿百态的充满宗教色彩的石塑、泥塑和彩绘。彩绘属于绘画，以后再细说。现在我们只讲石雕和泥塑。比较而言，佛寺比道观更讲究雕塑，当然道观也有雕塑，比如大都有老子及各个神仙的塑像。我国宗教雕塑大都集中出现于石窟和寺庙，其中石窟又可称作一门独立的艺术，叫石窟艺术。中国石窟艺术自1600年前起，一直在世界上名列前茅。现代可考的古代石窟约120余处，其中最著名的是莫高窟、云岗石窟、麦积山石窟、大足石窟。这些石窟为中国和世界人民欣赏古代佛教艺术提供了最广大的艺术殿堂。魏晋南北朝时期石窟艺术相当发达，敦煌石窟、云岗石窟、龙门石窟并驾齐驱。唐代是石窟艺术的黄金时代，当时的莫高窟已有302个窟。山西大同的云冈石窟现存53个，还有许多小窟。甘肃天水县的麦积山石窟堪称塑像馆，这里荟萃了后秦、西秦、北魏、西魏、北周、隋、唐、五代、元、明、清等十几个朝代的塑像7 800余尊，分布在194个洞窟中。塑像有佛、菩萨、弟子、天王、力士等，诸佛同处一堂，但各具特色。早期的塑像，一般是一佛二菩萨，造型朴拙，额宽鼻子高，眉眼又细又长，嘴唇很薄，不大像中国人。隋代以后的多塑群像，面部丰满，身子长，下身短，鼻子低下，耳朵变大，比例不太协调。到了唐代，塑像雍容华贵，体形饱满，比例匀称，庄重自然。唐以后的塑像更注重反映人物心理，有的低眸凝视；有的含情带哭；有的双眉紧锁，真是千佛千面，栩栩如生。从我国现存的120处石窟中的佛教雕像来看，各代的佛、菩萨、罗汉、释加牟尼雕塑与当时的人体审美观念紧密相连。例如汉魏时期讲究清瘦，以瘦为美，因此塑的佛像也是瘦骨清相；隋唐时期以肥为美，唐玄宗因杨贵妃比较丰满而对其倍加宠爱，因此当时人们塑造的佛像也是圆满丰腴的，女性胖大丰满，男性大耳大腹。以赵飞燕和杨玉环为代表的燕瘦环肥的美女标准反映了不同时代的审美观念。宋代以后讲究人体匀称，因此宋元明清的佛像也较匀称，更讲究反映塑像的心理变化。另外，石窟中的塑像，在一洞一窟之中，必有一个中心塑像，中心塑像大都高大完整，而周围的塑像则小得多，反映出塑像群体中的等级秩序。以上石窟佛像的这两个特点，按审美观造像和体现等级秩序,在陵墓雕塑和古建筑纪念地的塑像中也能体现出来。

透过宗教雕塑,也可以间接地了解它所处的时代特点:南北朝时期的雕塑,体现出一种超脱神情。例如,南北朝时期的山西云岗大佛——第20窟释迦坐像,不仅气魄宏大(高14米),体现了很高的塑造技巧,而且大佛所表现出来的那种超脱神情,好像是把希望和理想寄托于佛教所宣传的"来世"和"天堂"一样,反映了在南北朝战乱频繁的年代里,人们希望得到心灵慰藉的一种渴求。北魏的佛像,清秀洒脱,具有超凡脱俗的气度,充满难以言语的智慧。唐代的雕塑又有不同的时代特点,这就是天上人间似乎合为一体,宗教雕塑中出现了许多温柔敦厚、富有现实感的神情笑貌。甘肃敦煌莫高窟的彩塑《迦叶、菩萨、天王》就是一个突出的例证。他们不仅姿态生动,而且性格鲜明,呼之欲出,在这些雕像上所体现出来的刻画人物个性的技巧,常令今人赞叹不已。唐代佛像,肥硕丰满的体态、慈祥和蔼的表情几乎成为佛教造像的范式。到了辽代,由于人们的宗教观念不如以前那样强烈,所以人们在塑宗教人物雕像的时候,往往赋予更多人的感情。山西大同华严寺辽代彩塑菩萨像,那优美的线条和身姿,以及秀丽妩媚的形象,已经似乎是人间少女的化身了。

此外,由于中国的雕塑没有脱离建筑整体而独立出来,因此雕塑品总是服从于整体建筑,在帝王陵墓前,帝王的陵墓大,在陵墓四周的石像也比较大,秦始皇墓前兵马俑与真人的比例相似。而在较小的陵墓前,其石像也较小,霍去病墓前的石像就没有秦始皇墓前的俑大。而贵族墓中的泥人、泥马、泥猪、泥狗,都是缩小了相应比例的。在各地的石窟中,有大佛不计其数(四川的乐山大佛可能是最大的),但大佛周围的菩萨、罗汉总比佛小。这说明雕塑的各种形象本身也有等级有整体的服从性。另外,中国的雕塑与西方的雕塑比较有两个特点:①欧洲的雕塑是通过人体的变化来传达思想情感,他们的雕塑以人体尤其是裸体为主,更注重立体性,让人们从四面八方去欣赏它。而中国的雕塑更注重平面性,精雕细刻的是形象的正面,而背面则不怎么下功夫。比如寺庙里的佛像、石窟中的佛像、石刻像都是注重突出正面和左右两面。其实突出平面性并不能显示雕塑的优势,因为完美独立的雕塑应当是立体的具有三维空间。②在雕塑品上着色施以彩绘,则是中国雕塑的另一个特点。西方的雕塑多为汉白玉石,雕塑的颜色通常只是石头材料本身固有颜色。而我国的古典雕塑,往往在塑像的各个部位涂上不同颜色,尤其是在寺庙中的宗教塑像和人物塑像多是彩色的。有了色彩固然能使形象更逼真,但从雕塑艺术角度讲,不着色的雕塑更能看出雕塑的技巧和功夫。因此,本书认为,雕塑还是立体的不着色的好。

（三）书法

在中国文化中,书法是用毛笔写汉字的艺术,是一门举足轻重的艺术,也是一门古老的艺术。中国的书法艺术起源于殷商时期的甲骨文与稍后的金文,至今已有三四千年的历史,在汉字发展史上,甲骨文、金文、大篆、小篆基本上都合乎"六书"(象形、指事、会意、形声、转注、假借)的原则,属于古文字。隶书、楷书、行书、草书,则成为单纯的文字符号,属于今文字。书法家一致认为,字体称为艺术要有两个条件:一求其形体之正确表达,以济实用,二求其赋予了形体以艺术生命。按照这两个条件,甲骨文、金文似乎更重实用,因此,严格说来,书法作为一门艺术是在秦汉时期人们所写的篆书和隶书开始的。因为秦始皇统一了文字,字体基本稳定下来,于是,人们在写字时才开始注重其形态的艺术性。

中国书法从字体类型上主要分为篆、隶、楷、草、行五类。下面我们介绍这五种字体的演变过程、特征及著名碑贴。

1. 篆书

篆书起源于周末,流行于战国时的秦国一带,至秦始皇时期达到鼎盛,汉代开始衰退,习惯上人们将东周时秦国的石刻称为大篆,将秦始皇时流行的篆书称为小篆,把汉代篆书称为汉篆。

大篆的代表作是《石鼓文》、小篆相传是李斯创造的，其代表作是《琅琊台石刻》《泰山刻石》，汉篆的代表作是《祀三公山碑》。

2. 隶书

隶书又称为八分。古文"八"与"分"两字同义，八分之名就是因这种字体的点、画和结构像八字分别相背而得名的。隶书是在篆书和秦隶的基本上演化而来。到了汉代，隶书得到了广泛采用，经过一百年的时间，逐渐走向完善和成熟。隶书的没落始于东汉末和三国时代。

3. 楷书

楷书又称为正书，因为楷与正都有标准的含义，因此人们把它叫做正楷。楷书起源于魏晋时代，南北朝时分流发展，到隋开始融合，入唐以后开始成熟，并作为正体字一直流行到今天。楷书与隶书相比，点画形式更加丰富，出现了新的笔画。楷书的发展历史相当复杂。东汉初年，佛教传入我国，大量抄写佛经使小楷很快从汉隶中发展起来，到三国时已相当成熟。曹魏时的钟繇，人称"楷书之祖"，他是一个从汉隶转到楷书的一个关键人物。到东晋时，王羲之、王献之的小楷已经找不到一点隶书的痕迹，成为标准的小楷。唐朝是楷书的鼎盛时期，太宗李世民将书法作为国学之一，置书学博士，并开馆讲学，使得楷书迅速成熟起来。唐代楷书书法家的主要代表有欧阳询、虞世南、褚遂良、颜真卿和柳公权。欧阳询的代表作是《九成宫醴泉铭》，颜真卿的代表作是《多宝塔碑》，柳公权融合了欧阳询和颜真卿的风格特征，创立了柳体，其代表作是《玄秘塔碑》《神策军碑》等。现在的书法爱好者，大多以"欧体""颜体""柳体"为典范。晚唐以后，楷书就难以为继了。

4. 草书

每一种正体字都有它的草体，篆书的草体叫草篆，隶书的叫草隶,草篆和草隶在书法史上地位不高,而正楷的草体却占有很高的地位。正楷的草体叫草楷或今草,介于行书与草书之间的可称为行草,草书之上还有狂草。就草书的发展而言,从汉末到魏晋的草书,还带有隶书的味道。到东晋,经过王羲之的"变体",才脱胎换骨,成为今天草书的样式。到唐代,王羲之所开创的草书传人有怀素和孙过庭,怀素是一个和尚,他以蕉叶勤学苦练,以至"秃笔成冢"。他的传世之作有《圣母帖》《自叙帖》《千字文》《苦笋帖》。孙过庭的代表作是《书谱》。张旭,号称草书之圣,代表作是《古诗四帖》。明末清初,有张弼、徐渭的草书盛行一时,但总的来看,草书名家还是唐代三大家:张旭、怀素、孙过庭。

### 5. 行书

关于行书的源流,有不同的说法。实际上,行书是介于楷书与草书之间的一种书法艺术。就行书而言,应当首推东晋的"书圣"王羲之。他精通各种书体,尤其擅长正楷和行书。其代表作是《兰亭集序》,号称"天下第一行书"。在行书方面,宋代的苏、黄、米、蔡也很有名,人称行书四大家"宋四家"。苏轼代表作是《寒食诗帖》《祭黄几道文》等。黄庭坚的代表作是《松风阁诗》《经伏波神祠诗》。米芾的代表作是《多景楼诗帖》《芜湖县学记》等。蔡襄的代表作是《陶生帖》等。元代的书法大家是赵孟頫,他是画家,又是书法家,他的正楷、行书、隶书、小篆无不精通,代表作有《六体千字文》《四体千字文》《真草千字文》等。清代乾隆十分喜爱书法,他把王羲之的《快雪时晴帖》、王献之的《中秋帖》、另外一部《远伯帖》三部稀世珍品,收藏于养心殿一小室内,乾隆十二年,又选书法精品与这三部汇总成一部丛帖,通称《三希堂法帖》,收集了魏晋、南北朝、隋、唐、五代、宋、元、明共 135 家 340 件楷、行、草书作品,皆刻工精细、字字传神,是现代练习书法者必须临摹的字帖。

### (四)绘画

中国绘画,就其审美原则、情趣、风格、技法等而言,具有完整而独特的体系。就中国绘画的历史沿革而言,原始彩陶和青铜纹饰,可以看作是中国绘画的起源。它们确定了中国绘画整体着眼、以线为主、平面构图的基本原则。春秋战国时期是我国各类绘画的初创期。湖南长沙出土的战国墓中的漆画奁上的图画,描绘有许多人物,而且栩栩如生。战国楚墓出土的帛帛画,所画妇女和龙凤的图案已经很传神,注重人或物的整体形象在画中的位置。秦汉时期的壁画、帛画、漆画、画像石、画像砖都很发达。秦汉宫廷壁画盛行,有专门的画家在宫廷绘画,绘制帛画,当皇帝选美女时,宫廷画师先画人头像于缣帛之上,皇上据画选妃。魏晋绘画是中国绘画的形成期,其成就主要表现在宫廷绘画、佛教绘画和文人绘画几个方面。莫高窟、麦积山石窟、龙门石窟、大足石窟等都有魏晋时期的壁画,即宗教壁画。另外,在宫廷也有壁画,东晋时期顾恺之发展了现实中的名人肖像画,代表作是《洛神赋图》。随后,出现了陆探微、张僧繇等一大批画家。隋唐时期是中国绘画史上前所未有的大发展时期,这和当时国家统一、社会安定、经济繁荣密切相关。在唐朝,从事绘画的艺术家有四百多人,科目也越分越细,如有人物画、山水画、花鸟画、鬼神画、鞍马画、建筑画等,其中吴道子最享有盛名。王维能画能诗。此时的民间绘画也有较大的发展并取得了空前的成就。五代、西蜀、南唐都设有画院,为我国正式设立画院之始。宋代是我国绘画史上的鼎盛时期,标志着我国绘画水平的高峰。宋代皇家设立了翰林图画院,开始对各种题材进行专门化的研究和创作。反映现实的风俗画、肖像画、描写古代事件的历史画、描绘河山的山水画以及富丽堂皇的花鸟画,都如百花齐放,欣欣向荣,此时的杰出画家层出不穷。李成的山水画、范宽的大山画、宋徽宗赵佶的花鸟画等都非常出名。特别是张择端的《清明上河图》为传世珍品。南宋的李唐、刘松年、马远、法常也取得了相当的成就。元代文人画发达,普遍出现了诗、书、画、印四者巧妙结合的作品,使中国绘画艺术更富有文学气息,也更富有民族特色。元代的山水画成就最高,赵孟画人物、山水、马、花木都很精神刻,黄公望、王蒙、吴镇、钱选等画家都在画史留有深名。元代的民间画工较前有比较大的进步。明代市民兴起,民间绘画较盛行,版画得到发展,出现了浙派、江夏派、吴门派等不同流派。人物画家有仇英、陈洪绶、徐渭等。此外,这一时期市民绘画大量出现在小说、戏曲读本的插图中。清代的民间年画开始大行其道,宫廷绘画也远比明代繁荣,这时候的山水、花鸟更为精美,弘仁的《黄山真景册》五十册,画出了黄山五十处美景。石涛的云、郑板桥的竹名驰天下。

中国古代画大致可分为以下五类。

### 1. 宫廷绘画

宫廷绘画是指出现在宫廷墙壁上的壁画和挂在宫廷上的图画。就题材而言,有的是绘制历代帝王和文臣武将的画,反映宫廷生活的画,如《秦王府十八学士驾真图》《凌烟阁功臣二十四人图》《太宗步辇图》均为刻画帝王或反映宫廷生活的名作。唐代宫廷画师阎立本,他能画佛像、人物、山水、最擅长肖像画。阎立本画的《萧翼赚兰亭图》现存于东北博物馆,是一幅反映唐太宗令萧翼去和尚手里骗王羲之《兰亭序》真迹的故事。宫廷绘画以山水画、花鸟画为主,被称为“百代画圣”的盛唐画家吴道子绘画技艺高超,作画神速,他画的嘉陵江三百余里的山水风光画就很有名。

### 2. 文人绘画

文人绘画的要旨是抒情达意,其最高顶峰是水墨画。文人的绘画在中国绘画史上地位最高,他们的绘画虽因画家的情趣境遇不同而表现得千姿百态,但共同的特征是追求写意传神,以形写神,但又不失生活的真实性。就题材而言,有人物画、山水画、花鸟画,其技法有工笔、写意、勾勒、水墨等。文人绘画往往与诗文、书画、篆刻相得益彰,形成独有的艺术特征,文人绘画所使用的材料为中国特制的毛笔、墨、砚台、宣纸、绢等。

### 3. 宗教绘画

宗教绘画出现于寺庙和石窟之壁,多为彩色壁画,宗教绘画的精神是壁画,从公元前 4 世纪佛教传入中国起,反映宗教生活的壁画就开始出现,现存著名的壁画群有甘肃的莫高窟、麦积山石窟,河南的龙门石窟、山西的云岗石窟和天龙山石窟,河北邯郸的响堂山石窟等。另外石家庄西北角的毗卢寺也有宗教壁画。其中最著名的是甘肃莫高窟,存有 480 个洞窟,包括从北魏至元代的 2 400 尊塑像和长达 25 公里的壁画。这些壁画内容可分为各种经文故事、释迦牟尼生前事迹。这些壁画多为民间艺人所做,唐代画家吴道子也曾在长安、洛阳两地寺庙作壁画 300 余间。

### 4. 市民绘画

市民绘画主要指的是小说戏曲读本中的插图,它常出现在明清小说中,或是一些表现市民情趣的杂剧与戏剧话本中,多与故事内容相关。例如《窦娥冤》《红楼梦》《西游记》《水浒传》等古装本都有版画插图。

### 5. 民间绘画

民间绘画表现的是平民百姓的愿望,在题材上主要反映民间习俗,在表现形式上主要指年画。年画流行于明清时代,多为木版水印,含有祝福的意义,如财神、门神、送子图、福寿图等。颜色多用大红、桔红、黄、绿等。年画对后世的影响很大,现代年画以天津杨柳青、山东潍坊、江苏桃花坞、广东佛山、四处绵竹等的年画最为有名。

中国绘画中共同的美学原则,这主要表现在以下几点:第一,散点透视。就是不受一个固定观察点的局限,表现作者想表现的任何东西。也就是把作者的思想靠迁入对象之中,并以艺术形式表现出来,以深切体会对象的情感和状况。例如北宋画家张择端的《清明上河图》。通过这种手法,重在表现对象的精神气质,其优点是灵活性大,可以把不同空间和时间内出现的相互联系的事物完整地表现在一幅画内。而西洋画多采用"焦点透视"法,画面上只能有一个固定的观察点,描写视力以内的景物。近似于摄影,立体感、真实感强。第二,以大观小,以小见大,即神仪在心。要求画家站在一个宏伟的高度,以大观小,一目了然。然后把心中的构图在图画的精神仪态上表现出来。唐代吴道子仅用一天的时间就把嘉陵江 300 余里山水风光在大同殿的墙壁上画了出来,这就是因为他饱览了当地风光而胸有成竹、神仪在心的缘故。第三,遗貌取神,就是说绘画不仅注重形似,更注重神似,而且神似比形似更重要。为了取得传神的效果,必要时可将所画对象的形貌进行变异。例如宋代仕女图,就很夸张地把女子画成柳叶眉、杏仁眼、樱桃小嘴一点点,把旧式美人的神态和阴柔之美显示其中,这就是遗貌取神的原则。第四,平面色彩与骨法用笔。中国绘画不重视描绘物体上的光及物体上的色彩因受阳光的影响而所起的变化,设色比较单调,主要是用平面色彩表示事物的各个方面。这与西方绘画注重色调的明暗不同。骨法用笔,骨法是指人的骨骼之有力架势。表现在画面上,是讲究轮廓的勾勒要刚健有力。总之,中国绘画是中国的四大国粹之一(国画、京剧、中医、武术),其中,中国画以其独特的艺术性和绚丽多彩的民族特色矗立在世界绘画之林。

（五）音乐

中国音乐的起源是从古书上看到记载的。不少古书记载了远古时期祭祀、宗庙、大典仪式上"撞巨钟、击鸣鼓、弹琴瑟、吹竽笙"的场面。近几年,随着考古工作的进展,已经证实了古书上关于音乐的记载是属实的。1993 年 3 月 28 日光明日报有一篇张居中写的《中国第一笛》中说,河南舞阳县发现了 18 支音孔的骨笛,经考证这些骨笛距今已有 8 000 多年。经测音,这些笛子已具备六声或七声音阶结构。用来吹奏小白菜(河北民歌),声音脆亮动听。由此我们可以推知,中国音乐起源于 6 000～8 000 年前的原始社会,当然我们下这个结论,绝不是仅仅以几支骨笛为依据。我国考古工作者还发现了大量原始社会的埙。埙是一种古老的吹奏乐器。在远古时代,埙是作为一种主要乐器而存在的。埙的形状有：管状、橄榄状、鱼状、圆锥形等。其顶部皆有吹空气的孔，音孔有 1～6 个不等。按质料可分为陶、石、骨、玉四种，以陶埙为最多见。近几年我国考古工作者在全国各地发现了相当数目的埙。出土最早的，是浙江余姚河姆渡发现的，椭圆形一音孔陶埙。西安半坡发现了两件一音孔陶埙，经测音，可发出小三度音程。发现最多的是甘肃玉门，共出土 20 多件，均作鱼形，其中有 9 件为三音孔，经测定可吹出四音。在河南郑州和安阳也发现了不少远古期的埙。由此可见，我国的音乐起源于远古时期，作为主要乐器的埙和骨笛主要是在各种仪式上演奏的。到了春秋战国时期，中国音乐形成了独奏的体系。春秋战国音乐已相当发达。据史料记载依据传世与考古发掘的乐器，这时的乐器已有打击乐器、吹奏乐器、弹拨乐器几类。

## 1. 打击乐器

打击乐中，有编钟、鼓、磬、铙、钹等。

### （1）编钟

1978 年 3 月，湖北随县曾侯乙墓中出土了一批古乐器，其中的编钟轰动了中外。此套编钟共 64 枚，是战国时期发现最多的一组编钟。编钟分上下三层。上层编钟 19 枚分三组排列，中下两层是编钟的主体，也分三组。经过专家测定，这套编钟总音域达五个八度之广，十二个半音齐全，可以演奏五声、六声或七声音阶的乐曲。音乐界人士曾完全用出土的这套编钟，奏出了贝多芬第九交响乐欢乐颂，中央电视台和电台将其通过电波传向世界，引起世界轰动。编钟出土证明古代音律发达。春秋战国时期人们依照中国特有的七音阶十二律制造了编钟，这说明中国古典韵律比同期西方的音律发达，后来落后了主要是因为没有把音律符号化。

### （2）鼓

鼓，是一种打击乐器，主要用于战争中指挥军队进攻和宴会、祭祀。商代至战国时期，主要是铜鼓。目前见到的铜鼓最珍贵的有两件：一是解放前出土于陕西凤翔的商代传世品"双鸟饕餮纹鼓";另一件是 1977 年湖北崇阳出土的商代铜鼓。另有大量铜鼓出土于西南少数民族地区,多为春秋时期的铜鼓。古人铸铜鼓是为了象征权利和财富。这些铜鼓除用于祭祀、宴乐及伴奏歌舞外,还用于赏赐和进贡。演奏时,一人击鼓,另一人手持木桶对鼓底,以增强鼓音的共鸣。

（3）磬

磬是我国古代的一种重要打击乐器。

（4）铙

铙古代铜制打击乐器。

（5）钹

钹即大钟,是古代打击乐器,为铜制。

春秋战国时期建立了中国式的音乐体系。音乐种类繁多,吹奏乐（埙）、弹拨乐（古琴）、打击乐样样具全。经测音,这些乐器特别是编钟、编磬已能演奏五音阶和七音阶音乐。传统古籍材料中把五声叫正声,把随音阶形式的差别而改变位置的另外两个音叫做二变。我国现在关注的是早在春秋战国时期,中国就创造了七音节体系,也创造了五音阶体系。这两种音节体系是整个古代一直遵循的。从秦汉开始到清代,中国音乐沿着春秋战国时期奠定的基础,在各方面都得到了发展。

## 2. 吹奏乐器

（1）排箫

汉代以后大量出现,既有单个的箫,又有排箫,这在汉唐的壁画及石刻中经济可以看到,湖北随县曾侯乙墓出土有排箫。

（2）笛

竹笛最早出现于汉代,可能是张骞出使西域引入的,后代一直沿用。

（3）唢呐

唢呐属双簧管乐器,最早出现在波斯、阿拉伯,明代正德时期传入中国,一直流传至今。明清时期,唢呐广泛普及,既是民间最常用的乐器,又是戏曲中的不可缺少的一种伴奏乐。

（4）笙

笙是一种簧管乐器，周代出现，后代不断改进，有十二管、十四管、十八管、十九管等多种，唐宋时期基本定型，有十三至十九管簧。

（5）竽

战国至汉代广泛流行，至宋代失传。近几年出土的汉代百戏陶俑、石刻形象中多有吹竽形象。长汉马王堆一号汉墓出土竽一件，通高 78 厘米，竽头竽嘴为木制，竽管十二根。成语中有滥竽充数，说竽即可独奏又可合奏。

## 3. 弹拨乐器

（1）琵琶

拨弦乐器，公元前 214 年，秦朝筑长城时，秦人创造了一种与音箱类似的弹拨乐器，叫琵琶，公元前 105 年，我国出现了汉琵琶，唐以后的琵琶与现在的相似。

（2）箜篌

弹拨乐器，分卧式和竖式两种，汉代的箜篌是横弹的，据说是汉武帝的乐人创造的，而竖箜篌逐渐发展为竖琴。

（3）琴

传说神农氏削桐为琴，绳丝为弦，创造了最初的琴。琴在西周时期广为流传。早期的琴，有五根弦。目前我国最早出土的琴，是曾候墓出土的两件，一为十弦，一为五弦，琴身由整块木头雕成。汉代琴为七弦琴，后也多为七弦琴。

（4）瑟

出现于周代，仅能弹散音，即一弦、一音，春秋战国的瑟多为25 弦，近几年出土的瑟都是 25 弦，曾候墓出土的瑟有 12 件。

（5）筝

秦代已有筝，筝与琴相似，但比琴小，在汉魏之际，筝是主要乐器，多为十三根弦，唐代至清代的筝一直是伴奏乐器，也可独奏。

（6）忽雷

出现于唐朝,形状为龙首,长柄、梨形音箱,蒙蛇皮,两轴、两弦。唐代以后不断有人仿制。

秦至清创作了数不胜数的名曲,主要有:第一,《高山流水》:琴曲,根据《吕氏春秋》中俞伯牙鼓琴的故事改编。伯牙在琴曲中,先表现高山,又表现流水,他的好友钟子期都能深刻领会,后钟子期死后,俞伯牙在他的坟前把琴摔断,以示从此无人能听懂他的琴音,后人常用高山流水比喻知音难觅。明代朱权编校的《神奇秘谱》记载的《高山流水》曲谱,实际上是宋代以前的人创作的。清代琴曲家张孔山弹奏的《高山流水》增加了许多滚沸手法,借以增加水势湍急、波涛汹涌的艺术效果。在音乐界人们常以此为例,证明琴曲很早就可以独奏。第二,《萧湘云水》:南宋浙派琴师郭楚望所作。该曲流露出作者对国势日危的关切之情,成功地表现出云水掩映,烟波浩渺的艺术境界,并在一定程度上表现了当时爱国知识分子的内心情感。乐曲借九嶷山为“云水所蔽”的形象,寄托了知识分子对黑暗现实的不满和生不逢时的感叹。曲中大音段急促跃进,不同音色交相呼应,表现了云水激荡、奔腾翻滚的景象和作者激动不安的忧愤之情。现存琴谱达五十余种,明代原为十段,清代发展为十八段,经过多人加工,艺术更加成熟。第三,《十面埋伏》:琵琶曲。乐谱最早见于近代直隶华秋苹所编的《琵琶谱》,该书中假托《十面埋伏》是隋代秦汉子所作,但真正的作者难以考证。乐曲描写公元前202年楚汉战争在垓下最后决战的情景。楚军号称十万大军,汉军将领韩信自知兵力不足,他先是让士兵唱楚歌瓦解楚军人心,唱走了楚军六万兵马(四面楚歌),后用四面埋伏的阵法,让楚军分不清汉军到底有多少人马,最后,项羽自刎于乌江,刘邦取得胜利,建立了汉朝。这首乐曲再现了两军决战的情景。

除了以上介绍的三首曲目外,《中国音乐辞典》中列举了五百多首古代名曲,其中,秦汉至魏晋南北朝时期的代表作有乐曲《大风歌》,表现汉高祖刘邦同家乡父老歌唱助兴的情景。《酒狂》是古琴曲,为魏晋南北朝时阮籍所作,借景抒情。隋唐时期的代表作有乐舞《秦王破阵乐》,表现的是李世民征战之中勇往直前、大破敌军的英雄气慨,此曲有歌有词。宋元时期的代表作有古琴曲《平沙落雁》。其他诸如《阳春白雪》《阳关三叠》《汉宫秋月》《春江花月夜》《渔舟唱晚》等曲目,也都流传甚广。特别值得一提的是唐代的《霓裳羽衣曲》。该曲为天宝四年,唐玄宗册立杨太真(女道士)为贵妃时所作。因此该曲具有浓重的道教色彩,相传为李隆基所作,可见李隆基的音乐造诣颇深,当时有"梨园领袖""八音之领袖"之称。白居易有一篇文章叫《霓裳羽衣舞歌》,详细描绘了这套大曲的曲式结构,似乎该曲配以舞蹈,演奏此曲要用金、石、丝、竹等多种乐器,全曲共有 12 段,演唱时间相当长。

以上介绍的是中国音乐特别是乐器的发展历史,这些内容是给中国音乐分门别类和把握其特色进行基础音乐分类奠定了基础。从分类中仍可发现中国音乐的沿革过程。

按音乐功能,大致可将古典音乐分为四类:第一类,仪式音乐,即用于祭祀、宗庙、大典,也包括宗教寺庙的仪式音乐。最典型的仪式音乐是古代的礼乐和春秋时的钟鼓之乐。在祭祀、宗庙、大典礼仪等活动中,借助音乐来体现特定的气氛,区别君臣、父子、上下、亲疏尊卑的规范。在不同的仪式上所使用的乐器,演奏的曲子、排列的歌舞队伍等不尽一致,各有森严的等级规定。比如,使用多大的铜鼓,悬挂多少磬,木架上摆放多少铙,都有规定。他们演奏的曲子一般肃穆庄重,节奏缓慢,主要是想借助音乐体现出特定的气氛。用音乐来体现一种思想和意识形态,来烘托特定的气氛,对中国后代影响极大。比如,受中国传统仪式音乐的影响,当今在接待外国首脑时演奏国歌,重大会议上演奏国歌及国际歌,领导人追悼会上演奏哀乐等。由此可以推知古代仪式音乐的用途和特色。第二类,宫廷舞乐,又称燕乐、宫中乐。帝王在宫中饮宴、游乐时,舞女跳舞,歌姬歌唱,乐师演奏。由于帝王拥有至高无上的权利,因此"宫中乐"使用的乐器是最先进的、最完美的,如曾侯乙墓出土的编钟,即为楚王宫中乐器。唐代的霓裳羽衣曲则是乐师为玄宗选贵妃而特意编的舞蹈曲子。现存的不少古代曲子实际上是当时宫庭舞乐。汉代的琴曲《文王颂》起先在宫中演奏，讲文王在渭水之滨访贤士的故事。宫廷舞乐给后人留下了许多非常优美的名曲。第三类，声乐。声乐这个概念在古代音乐理论中一般用来泛指音乐、音乐活动，又常指规模比较盛大，兼有歌唱和乐舞的音乐，现代所说的声乐，指用人的嗓子演唱的音乐。依照现代人对声乐的理解来分析古代音乐，可发现它包括的范围非常大。首先上至《诗经》下至唐诗宋词，都是可以吟唱的；其次，宫廷音乐中，除用乐器伴奏外，往往还有宫女用嗓子歌唱，因此不少宫廷乐曲都是可以演唱的，古人认为，用嗓子吟唱比用乐器演奏更能体现音乐的美妙，所谓"丝不如竹，竹不如肉"，肉即人的嗓子，可见宫廷音乐也很注重声乐。再次，青楼歌曲，民间小曲也是以声乐为主，在古代不少餐馆，妓院都有专门的歌姬，她们卖艺不卖身，以歌唱弹曲为生。这种场面大家从反映古代生活的电视剧里经常看到。只可惜她们所歌唱的曲子基本上没有流传下来。民间俚曲（民歌）倒是流传下来不少。现存《诗经》中的国风，就是西周至春秋十五个地区的民歌，现在所见到的《诗经·国风》只是唱词，曲谱已无从考查。这以后的汉乐府民歌，如《十五从军歌》《焦仲卿妻》，在汉代也是在民间传唱的。唐代的曲子，明清小说也是可以歌唱的民歌。现在仍然在民间传唱的民歌陕西《信天游》《脚夫调》、川东山歌《摘葡萄》等，可能也是清代以前在民间传下来的。当然这些民歌的作者和产生时代时代是无从考察的。由此可见，民歌也是声乐的重要组成部分。第四类，独奏器乐。独奏器乐是不需要伴奏就能独立地演奏曲子的器乐。中国古代的许多乐器是可以独奏的，比如编钟、编磬、琵琶、琴、瑟、筝、二胡、笛子、箫等，并且留下了许多著名的独奏曲，如琴独奏曲《高山流水》《潇湘水云》，琵琶独奏曲《十面埋伏》，还出现了一些在音乐史上有名有姓的独奏家。例如魏晋时期的嵇康博学多才，既是文学家，代表作《与山巨源绝交书》，又是琴家、音乐理论家。理论著作有《声无哀乐论》，独奏琴曲有《长清》《短清》《长侧》《短侧》等。朱权，明代琴家、戏曲家，明太祖第十七子，花了 12 年时间，编成《神奇秘谱》，为现存最早的琴谱集子，共有宋代至明代的 64 个琴曲。在中国音乐史上有许多著名的琴独奏家、琵琶独奏家，可惜没有几个有名有姓的歌唱家。可见古代更重视独奏器乐。第五类，民乐，即民俗庆典中的音乐。在民间遇有婚丧嫁娶等活动中，往往也以音乐来烘托气氛。比如从古代直到现在，婚丧嫁娶活动中要吹喇叭、唢呐、排箫，还要敲鼓、打锣。民俗庆典，多以吹奏乐和打击乐为主。此外，少数民族花会、耍歌堂、秧歌、花灯、跑旱船、拉花、春牛舞以及少数民族特有的歌舞活动，也都有悠久的历史，应该算作民乐的组成部分。

　　每一个民族都有自己独特风格的音乐，那么中国音乐有那些独特的风格呢？中国音乐的特色主要有以下几点：第一，旋律为主。音乐的表现手段是旋律和节奏，以及和声、配气、对位等。所谓旋律，就是声音经过艺术构思而形成的有组织、有节奏的和谐的运动。乐曲的思想感情都是通过它表现出来的。西方音乐特别是声乐，更讲究和声和配气，唱出来的歌曲给人以深厚之美。他们的歌剧是最能体现西方音乐的特色的。中国古代最发达的纯音乐是器乐，如琴曲、琵琶曲、筝曲、笛子曲等。这些纯音乐的器乐所表现的主要是旋律的线条美，用旋律来艺术的再现生活。听着琴曲《高山流水》，通过琴曲旋律的变化，我们就仿佛置身于深山幽谷、茂林修竹、涓涓流水的景色之中；听着琵琶曲《十面埋伏》，通过琵琶演奏旋律的变化、通过琵琶模拟再现的声音，我们就仿佛置身于两军交战、声动天地、人喊马叫、兵戈相撞之中。总之，在中国古代音乐中占统治地位的器乐，主要是通过音乐旋律来打动人的，或悲或喜、或苦或乐、或怒或怨。中国古代的弦乐最能表现旋之美。第二，节奏喧泄。节奏的含义有两种。广义讲，一切协调、平衡、律动都可称为节奏。如在歌舞过程中组织得好，配合得好，叫做有节奏的歌舞，这里的节奏就包含着协调、平衡和律动。狭义的节奏，就是音的长短关系。在中国古代音乐中，打击乐其实早占有重要的地位。编钟、编磬、铜钟、排鼓、铙锣、拍板等,都是古代的主要打击乐器,这些打击乐器可以独奏,可以伴歌伴舞。人们在演奏这些打击乐器时,通过敲打有节奏的节拍,使人们的情绪激动,引起人们内心的共鸣,强烈地作用于人们的情感领域,使人振奋,使人陶醉,从而获得美感享受。在中国古代,不仅在宫廷音乐中大量使用打击乐,而且在民间音乐中也大量使用打击乐,甚至在两军交战中也鸣鼓敲锣。究其原因,无非是借助打击乐的节奏,组织动作,协调行动,振奋人心,宣泄情感,可见中国古代的打击乐表现的主要是节奏之美。第三,理性之美。歌舞更强调表现人的内心情怀,但即使是情怀的表现,也要发乎情,止乎礼。因此,中国古代的音乐都是合乎礼节、充满理性的。《大风歌》《秦王破阵歌》都是充满理性精神的歌舞。

### (六)戏　曲

中国戏曲是指中国的传统戏剧。汉代的百戏,可以看作中国戏曲的萌芽。而实际上在春秋战国时代,百戏已相当盛行,包括杂技魔术、武术、幻术以及某些民间歌舞、杂戏等。汉代张衡的《西京赋》中有对百戏演出场面的描写,他描写了当时流行的《湘妃怒》的情景,当时的戏曲表演已经相当精湛。元代马端临在《文献通考》中也记录了汉以来百戏节目及其发展过程。另外,一些陶俑也塑造了汉代百戏的演出场面,如长沙马王堆汉墓出土的"彩绘木乐俑",是汉代五个百戏演员,两人吹竽,三人鼓瑟的场面。唐代的帝王崇信佛教,允许佛教自由宣传,佛教徒用讲唱的方式对听众宣讲佛理,这就是"变文",后来,"变文"为文人们所采用,用来讲唱民间传说的故事。例如"伍子胥过昭关""昭君出塞"等都是通过这一类形式流传下来的。"变文"对后代的弹词和戏曲有很大的影响。唐代中叶,在都市繁华和音乐发达的基础上,产生了"参军戏"。参军戏是各种伎艺(滑稽戏、傀儡、皮影、歌舞、杂技、武术等的泛称),与百戏意义相近。有些可作单独节目演出。但只是以第三者的身份又说又唱又表演来叙述故事。当时以宫廷为中心的帝王,醉生梦死,歌舞升平,常常在宫廷梨园中演出参军戏,繁华都市中的富豪巨商也广设歌台戏院,令伎人演出参军戏。总的来看,唐代的参军戏还不是人们所说的"真戏曲",因为这种参军戏,有歌舞、有说唱、有武术,但都是以第三者口吻来咏唱和叙述故事的。没有"真戏曲"中的角色,是戏曲的萌芽。宋代的南戏是元杂剧的前身,成就较高。南戏是指流行于我国南方的一种戏曲。为区别北方的杂剧而被称为南戏。因起源于浙江温州,又名温州杂剧,或永嘉杂剧。当地人称为戏文。关于南戏形成的年代,大约是在宋宣和年间。南戏是由温州地方的民间歌舞,吸收了宋杂剧和其他民间伎艺,融歌舞、念白和插科打诨于一体,所用音乐是南曲,已具备了戏曲的主要要素,但是也无角色。宋代南戏传世很少,仅有《永乐大典戏文》中所列的三种。宋代南戏中戏曲的形式已初具规模。金院本是金代的一种戏曲,剧中有各种不同的角色(前代均无)用大曲演唱。剧中模仿表演各种社会职业的人物,如和尚、秀才、算命看相者、农夫等,反映的生活也更广阔了,表演技艺也更成熟了。后来的元杂剧,即脱胎于金院本。宋金时也有清宫调,这是一种大型说唱形式,因歌唱部分由多种宫调不同的曲牌所构成,所以称清宫调。清宫调体制宏大,音乐丰富,又说又唱,标志着我国说唱艺术发展的一个新的高度,对后世戏曲,说唱的发展影响较大。

元杂剧是元代文学的精华。元代时戏曲艺术步入高峰。杂剧臻于完善,呈现出空前的繁荣局面。元杂剧是一种以人唱曲为主的戏曲,所采用的音乐称为南曲。剧词、音乐的结构十分严谨。一本戏通常分为四折,外加"楔子"演出形式,这种戏,全剧只由主角一人歌唱,其他角色只是说白,可见这是一种由说唱故事转化为扮演故事的戏曲形式。剧中主唱的男主角称为"正末",女主角称"正旦"。杂剧的剧目可称为"末本"和"旦本"两种。元杂剧优秀的作家和作品极多,如关汉卿的《窦娥冤》《望江亭》《救风尘》;王实甫的《西厢记》;马致远的《汉宫秋》;白朴的《墙头马上》;郑德辉的《倩女离魂》等。这些作家和作品在文学史、戏剧史上影响很大,有不少作品改编后至今尚流传在舞台上。元杂剧的歌唱艺术也有很高的成就,不少知名演员都是出色的歌唱家。关汉卿可与同时代的英国戏剧家莎士比亚媲美。到了明代,杂剧逐渐衰退,传奇代之而起为主要的戏曲形式。传奇盛行于明代与清代前期,所以又称清传奇。比起元杂剧来,传奇篇幅较大,一本戏往往分为数十出或十折,每一出(折)戏曲情节的组织、乐曲的联套布局、以及词句四声的和谐、韵、脚的流畅等,都极讲究,并且非常重视曲词的可歌性。传奇的代表作品有明代高则明的《琵琶记》、汤显祖的《牡丹亭》;清初洪升的《长生殿》、孔尚任的《桃花扇》等。

中国古代戏曲最优秀的代表作是昆曲和京剧,昆曲又称山腔、昆腔或昆剧。最初是在元代昆山(今属江苏)一带流行的民间清唱。元代有位叫"顾坚"的,就以擅唱此调闻名。明代戏曲音乐家魏良辅和传奇作家梁表鱼改编了新的昆曲。比如伴奏乐器兼用笛子、笙、箫、琵琶,创作了传奇《浣沙记》,随后昆曲扩展到江苏各处。后来昆曲戏班入京,成了皇家大戏之一。昆曲在舞台艺术上继承了古典戏剧的遗产,形成了完整的表演体系,音乐和表演、说白都有独到之处,因此自明清以来数百年对许多地方剧种有广泛深远的影响。现在仍有不少昆曲仍在演出,如昆曲《牡丹亭》。整理改编的昆曲有《十五贯》《墙头马上》等。由此可见,昆曲是我国古典地方戏当中最优秀的。

京剧流行于全国,来源于清代乾隆年间的徽调和汉调。安徽的徽班于清乾隆五十五年进京,汉调艺人于清嘉庆年间进京。徽调和汉调在北京吸收了昆曲、梆子诸腔之长,形成了早期京剧。因此在京兴起,具有北京语音特点,故名京剧。京剧自清代以来剧目已有"三千八百出"之多,有的是歌颂民族英雄和民族气节的,如《苏武牧羊》《文天祥》;有的是表现反封建压迫和礼教的,如《打渔杀家》《野猪林》《闹天宫》《宇宙峰》《白蛇传》;有的是歌颂抑恶扶善的,如《铡美案》《四进世》;有的是歌颂忠贞爱情的,如《孔雀东南飞》;有的是反映历史上的重大事件和英雄人物的,如《完璧归赵》《鸿门宴》《霸王别姬》《空城计》等。新中国成立以来整理改编的有《将相和》《海瑞罢官》《十五贯》《穆桂英挂帅》等。在唱调上,京剧是以七字句或十字句为基本句式的唱词,以西皮、二簧等板腔体为主要腔调。在乐器上,京剧场面用京胡、二胡、月琴、月笛、唢呐等管弦乐和鼓、锣、铙、等打击乐器伴奏。在角色上,京剧角色根据男女老少、俊丑、正义与邪恶、文戏与武戏分为"生""旦""净""丑"四大行当。生(即男性主角),又分为老生、小生、武生;旦(即女性主角),又分为青衣、花旦、武旦、老旦和彩旦等,除老旦和彩旦外,其他都用小噪(假声)唱念;净(即脸上涂成五颜六色的次要人物,故又名花脸),根据性格和身份,可分为正净、副净和武净;丑(即扮演风趣幽默或阴险狡诈一类的角色),其中的人念做兼唱的文丑,扮演念和武打的为武丑,丑角好比"味精",提味而已。在表演手段上,京剧的表演,唱、念、做、打、翻五功并重,表情与身段兼顾,运用程式化的表演方法,程式化的表演是对生活的高度概括。京剧与其他传统戏曲相比,历史较短,从乾隆五十五年进京不过短短二百年。1995 年全国举行徽班进京二百年纪念活动,实际上是纪念京剧诞生二百年。京剧是我国三百多个剧种中艺术风格与表演体系最为完整、最为成熟而且影响最大的剧种,人称"国剧",京剧在二百年来出现了许多优秀表演艺术家,其中在演唱和唱腔方面有突出贡献的就有几百人。生行的艺术家有程长庚、余三胜、张三奎、谭鑫培、汪笑侬、刘鸿声、言菊朋、高庆奎、马连良、周信芳等;旦行的艺术家有时小福、余紫云、陈德霖、王瑶卿、梅兰芳、程砚秋、尚小云等;净行的艺术家有何桂山、金秀山、刘永春、金少山、裘盛戎;小生行的有徐小香、姜妙春、叶盛兰等。其中,在国外影响最大的是梅兰芳。由于梅兰芳等京剧表演艺术家访日、访美、访苏获得极大成功,中国京剧使为世人所知,外国人称"中国京剧是世界第一流艺术"。

中国戏曲艺术的第一个特征是综合性。中国的戏曲要求演员运用唱、念、做、打、翻等综合艺术手段进行表演,在演出中把音乐、舞蹈、文字、雕塑、绘画等艺术完美地结合在一起了。"唱"在戏中居于首位,人们一般把看戏叫做听戏,演员演出叫唱戏,可见"唱"在戏中的地位不一般。一个演员应当是一位声乐家,不仅要求熟练掌握曲腔和板式,还要掌握四声、五音的规律,并且通过这种规范的吐字、发声、用气等方面的技巧,把各种不同的人物和他们在不同情景下的思想,清晰而优美地表现出来。不但要唱得"字正腔圆",使观众听懂每句唱词,而且要唱得荡气回肠,激动人心,让观众受到感染,得到声乐美的享受。"念"需要演员具有"嘴皮子"的功夫。要使台词达到清脆洪亮、清晰爽朗、感情真切的目的。演员的念白,有时是韵文,有时是标准普通话,有时是方言,均为语言精华。"做",是戏曲表演身段和表情的统称。在京剧表演中主要体现在"手、眼、身、步"四个方面。手式有虚指、怒指、弹指、搓手、摊手、拍手、按掌、抱拳等式类,用以表现各种情绪和神态。眼是指眼睛和眼神的表演,用转眼、笑眼、媚眼、怒眼、泪眼、叙视、鄙视等来揭示人物内心感情。"身"是指身段,要求"站如松,坐如钟,躺如弓,行如风。"身段包括甩发功、甩袖功、手帕功、扇子功、纱帽功等。"步"指舞台上的各种脚步。老生走八字步,文丑走摆步、武丑走矮子步、老旦走鹤行雀步、武生走跨腿颠步,还有鬼魂行的魂步等。这一系列表演身段和表情的"手眼身步",实际上体现了舞蹈的节奏和韵律和定型时的雕塑美。"打"指表现剧中的两军对阵和持刃格斗。京剧中有许多表现打斗的场面。打斗包括拉开、会阵、起打、交战、追过场、耍下场、亮相等场面。打斗过程除向观众显示演员的武功特技之外,还显示出舞蹈之美。"翻"指演出中翻跌技巧,俗称跟头。借以显示演员的腰功。总的来看,"唱念"为听觉艺术,通过唱念展开戏剧矛盾,吸收小说的情节技巧再现在舞台之上,"念"取散文、韵文和白话之精华,再现在舞台之上,"唱"的是韵文(如京剧为七字或十字为一句押韵)把诗、词、曲融为一体再现在舞台之上。"做打翻"为视觉艺术,吸收绘画、雕塑、舞蹈艺术之精华再现在舞台之上。因此我们可以断言,仅以戏曲的唱、念、做、打、翻几个方面就可以看出它是把音乐、文字、舞蹈、雕塑、绘画融为一体的艺术。可以说,戏曲是中国古代各门艺术的大展示。

中国戏曲艺术的第二个特征是程式化。中国戏曲在不同的朝代,不同的剧种中都逐渐地程式化了。在角色方面,京剧中的生、旦、净、丑把角色程式化了。生为男性主角,旦为女性主角。在脸谱方面,中国戏曲常用面具或各种颜色给演员画脸谱。一般来说,红色表示血性、忠勇、正义;黑色表示刚毅、耿直;白色表示多谋、狡诈;紫色表示稳重、老练;黄色表示干练、凶狠;蓝色表示凶狠、骄横;绿色表示倔强、残暴等,神仙鬼怪多绘为金黄色,京剧中脸谱甚多,主要有:水白脸——善于弄权或奸诈阴险之人物,如曹操。三块窝脸——黑色眼窝、眉窝、鼻窝,印堂勾黄色,表现其性格忠厚倔强。三块窝脸谱有多种,还有的是三窝勾白色,表现其傲慢、刚愎自用。十字门脸谱——眼窝和通天鼻柱成十字形,表现老年人虽老迈,然而气血尚在,体魄犹键。蝴蝶脸谱—眉窝像蝴蝶,表现风趣人物,如张飞、李逵等都是这种脸谱。相形脸谱——这是一种以飞禽走兽的相形勾画在脸上的脸谱,如《闹天宫中》的孙悟空勾画"倒栽桃"的脸谱。总之,不同剧种有不同的脸谱勾画,难以尽数,但这些脸谱都是代表某种类型人物,它是程式化的。在唱法分类上也是程式化的,如老生用本嗓,老旦、彩旦用宽厚高昂的本嗓演唱,而青衣、花旦要用小嗓。在表演手段方面,也就是唱、念、做、打、翻方面,也是程式化的。比如演员走的步子,走垫步、趋步、滑步表示急切心情,走跨步、辗步表示安闲,东倒西歪的步子表示醉酒等。需要注意的是,许多程式化的动作都是美化后形成的,如骑马的动作程式:带马、扶鞍、执鞭、勒马。生活中的许多动作原是很平凡的,如举手、抖袖子、起立、坐下、起路、行船、走马,大家司空见惯,没有什么好看的,但经过加工程式化以后,一招一式,举手抬脚都舞蹈化和雕塑化了,好看多了。程式剔除了生活原型中粗糙和不美观的部分,对富有特征的部分加以适当的夸张,使它更富于多样化、统一、和谐、对称和节奏。另外,程式化的表演对于常看戏的观众来说,由于非常熟悉它,所以更加喜欢它。

中国戏曲艺术的第三个特征是虚拟化。所谓虚拟即利用舞台的假定化,通过夸张的变形来表现生活。戏曲反映生活多用虚拟手段,舞台上的场景多靠演员的动作表情表现出来,演员好像一个魔术师,一个手势、一个表情就可以突出各种各样的事物,如演员扬扬马鞭就表现骏马奔腾。中国戏曲特有的程式化和虚拟化,体现了我国戏曲的特色,也是它吸引人给人以美的享受的主要因素。中国戏曲的虚拟化与西方戏剧模仿写实的观念有巨大区别。

### 三、中国古代艺术的整体风貌

（一）中国艺术的内在精神：气韵、虚实

气韵生动是中国艺术的根本精神,虚实相生是中国艺术的根本准则。气韵生动就是用任何一种艺术形式再现生活、反映生活时,要有生气,有风韵,要与宇宙生气相一致。"气"有一个由哲学的宇宙生命本原之"气",到艺术本体之"气"的演变过程。"韵"也有一个从音乐和谐之"韵",到一切艺术内在情趣意味之"韵"的演变过程。气韵生动深刻地概括了古代绘画艺术的审美特征和基本精神,同时也反映着中国古典艺术的审美要求,从而成为中国古代艺术的基本精神。气韵生动要求艺术家以生动的艺术形象,使其含蕴无限情趣和勃勃生机,从而给欣赏者造成"形有尽而意无穷"的审美想象空间。气韵生动是自然艺术的统一,神似与形似的统一,也是主体与客体的审美统一。主要是强调直感、生动、韵味与情趣。虚实相生就是用任何一种艺术形式反映生活时,首先必须创造出鲜明生动的实在形象,但艺术不必把客观事物的形象全部表现出来。所谓"实",就是用文字、色彩、线条、音响、动作、表情等直接表现出来的实在形象。所谓"虚",就是艺术作品中间接显示出来的形象,它不直接显示出来,只有让人们通过想像才能把握,即"思而得之",而且,唯有虚实相生的艺术品,才能产生"气韵生动"的效果,因此虚实相生的手法被广泛运用于诗、小说、绘画、书法、戏剧、园林、建筑等艺术门类。比如原始彩陶中的"人面鱼纹",可以让人有不同的"思而得之"。也就是说,虚实相生的意蕴是通过有限的艺术形象含蕴着丰富而生动的审美意蕴,给人以无穷的情思与遐想,从而产生迷人的审美魅力。古人对虚实相生进行过多方面的研究,虚实的关系可以概括为:化实为虚、化虚为实、虚实相生;虚中有实、实中有虚、虚实结合。虚实相生的内涵包括:①艺术与现实生活的关系:其中既有生活真实与艺术真实的关系,又有真与美的关系;②艺术品与欣赏者的关系:其中既有作品的审美效果问题,又有欣赏者如何运用想象去进行欣赏的问题;③艺术形象的塑造问题,包括题材的虚实处理,创作中的实写与虚写,以及实字与虚字、情与景的处理等。

(二)中国艺术的基本类型

古人在长期的生活中,通过观察发现,天地、日月、阴晴、昼夜、男女等一系列矛盾现象,随后在长期的实践中概括出了阴阳范畴,并把事物运动、变化、发展的原因归结于阴阳二气的消长。例如中国古代典籍贯《易经》和阴阳五行说就是运用阴阳的变化来解释事物的矛盾的。在艺术领域,阳刚与阴柔被用来描述两种不同的艺术风格。中国艺术的基本类型,从不同的角度可以有不同的分类。现在我们从美学角度来给中国古代艺术分类,大致可分为阳刚之美和阴柔之美。阳刚之美,就是壮美,其特点是强大、外表不光滑,显得伟大、雄伟、壮丽、威武、坚强。阳刚之美能引起人的愉快、崇高、振奋。崇高、振奋、恐惧等情感。比如青铜器以厚重、威武、雄伟的造型和凹凸不平的铜铸的纹饰,让人感到壮美;高大深庄的宫廷建筑和帝王陵也使人感到阳刚之美。颜真卿和柳公权的楷书以"颜筋柳骨"特有的粗犷浑厚凝重的笔法和结构使人感到振奋,觉得壮丽、威武。中国音乐中占有相当比重的打击乐,如编钟、编磬、铜鼓等,其造型是显示壮美的,演奏时发出的浑厚、凝重悠远的声音也使人感到阳刚之美。阴柔之美,就是秀美,其特点是让人觉得娇柔小巧,感到优美或美丽。秀美的事物外表光滑,完全不会让人产生恐怖。原始彩陶的造型和纹饰都能让人感到阴柔之美,其造型光滑小巧,其纹饰或像动物或像植物,或者是几何图案,决不会像青铜器上的饕餮让人感到恐怖。

娇柔的造型和纹饰叫人愉快,因此是秀美。宫廷舞蹈,舞女妩媚的笑容、杨柳细腰、扭着优美的身子,叫人感到愉快,这就是享受着阴柔之美。在书法方面,行书、草书均以线条的变换、如行云流水、字体结构极尽变化,而体现出阴柔之美。园林是把自然风光浓缩到一个人造的景点之上,比起真正的自然风光来它小巧玲珑,清山绿水、小桥流水人家的景致,无不体现出阴柔之美。当然,阳刚之美和阴柔之美并不互相排斥,有些优秀的中国艺术品,同时包容有阳刚之美和阴柔之美,如一幅绘画中,既有英雄又有美人。古人曾对阳刚之美和阴柔之美作过深刻的阐述。例如《乐记》这本论述我国最早音乐理论专著的书,一开始便以阳刚阴柔之说来阐述音乐的美,说明阴阳相摩、刚柔相济才有音乐之美。魏晋以后,阳刚阴柔不仅用于人物评价,还用来论述艺术家的创作个性与艺术风格。曹丕、刘勰认为作者之气有刚柔之分,这自然会影响到其创作个性和风格。清代姚鼐论述了阳刚之美与阴柔之美相互联系、相互补充的关系,认为二者不能偏废。总之,阳刚、阴柔二者各自都存在着美,许多时候阳刚之美与阴柔之美应当是和谐统一的。中国古代艺术所体现出来的阳刚之美和阴柔之美有其历史根源,那就是阳刚之美受儒家思想影响,阴柔之美受道家思想影响。

(三)中国艺术的最高境界:中和

中国艺术的最高境界,用一个字概括就是"和"。包括人与人相和,人与社会相和,人与宇宙相和(天人和一),"和"的精神贯穿在整个中国社会文化之中,在古人眼里,"和"被视为诸多对立因素的统一,它既是对象本身属性的和谐,又是主客观关系的和谐,这是中国文化总体特点中最显著的特点之一。中国古代艺术家用"和"的基本精神来感受生活,并用艺术的形式表现"和"。"中和"可视为"天、人、文"三者相互作用与相互制约与协调的系统。其中"天和"决定着"人和","人和"决定着"文和"。当然,"文和"反映和影响着"人和","人和"也反映和影响着"天和",进而达到天人相合、人人相和的境地。在原始彩陶中,有人鱼合一的"人面鱼纹";文字符号有在青铜纹饰中有人与虎共存的"虎头衔人头"的纹饰。这些都是人兽共存思想的艺术反映。在中国书法中,秦代大篆、小篆,汉代隶书,唐代楷书,宋代行书,不管采用何种字体,都力求整体布局的和谐,整体匀称。绘画中这个特点更是鲜明,连一幅字画右上的上款,左下的落款都力求和谐。元杂剧,明清传奇中的悲剧,都以大团圆结局,也是追求和谐的体现。中国古代艺术门类中所表现的"和"与"中"是联系在一起的,许多艺术门类都追求"中和"的境界,"中"在艺术上表现为对中心的追求。古典建筑中,不管面积大小,所有建筑必须围绕中线对称的摆设。在一个宫殿必须有一个高于其他建筑物的主体建筑。帝王陵墓必有一个神道,帝王的棺木一定放在坟冢的正中;佛教雕塑中,佛像一定在每一庙或窟中正中的位置,旁边的雕像小于正中佛像,对称地服从于主佛像;绘画中总要突出主要人物或主峰。书法要"每字中立定主笔"在音乐中也必须有主音及主旋律;戏曲中主要演员不是生,就是旦;戏曲乐器中,鼓板是中心,类似于西方的乐队指挥。

## 第三节　传统科技的演化发展分析

要分析传统科技的演化发展,先要明确两个概念,科学是指人们关于自然现象和规律的知识体系,包括数学,物理,化学、天文、地理、生物学,农学、医学等学科。技术一般被理解为关于工具,物质产品以及他们被用来达到实用目的的方式的知识,分为纺织、建筑、机械、冶金、车船、兵器、陶瓷、造纸、印刷等部门。总之,我们在这里所说的科学技术是把人文社会科学排除在外的。中国古代科学技术曾经有过辉煌,对近代欧洲科学的昌盛曾产生过巨大的影响。正像英国著名科学家李约瑟在《中国古代科学技术史》中所说:"我们必须记住,在早些时候,在中世纪时代,中国几乎在所有的科学技术领域,从制图学到化学炸药都遥遥领先于西方。从我们的文明开始到哥伦布时代，中国的科学技术常常为欧洲人所望尘莫及。中国古代的科学技术是足以令中国人感到骄傲和自豪的。"下面择其精华以概观之。

## 一、古代科学的主要门类和成就

### （一）天学（天文学和历法）

#### 1. 天象记录

我国古代天象记录的特点是记录准确丰富，而且从未间断。关于太阳黑子、彗星、流星雨、新星及超新星的记录，资料相当丰富。在汉成帝河平元年（公元前 28 年），就有世界上最早的、正确无误的太阳黑子记录。从汉至明，仅在史籍中关于太阳黑子的记录就有 100 多次。欧洲人关于太阳黑子的记录比中国记录晚 800 多年。世界上最早的一次哈雷慧星记录，是在春秋战国时期鲁文公十四年（公元前 613 年）。从那时起至今，我国关于哈雷慧星的记录就有 30 多次。难怪法国人巴尔代断言：彗星记载最好的，当推中国的记载。关于流星雨的发现和记录，也是中国最早。鲁庄公七年（公元前 687 年）的记录是世界上流星雨最早记录。中国对日月食的记载，也是世界上最早最丰富的。古代史书上有许多关于日食、月食的记载。月食，在民间俗称天狗吃月亮。中国古代在天象记录方面，对现代天文学贡献最大的，要数新星和超新星的记录。所谓新星，是指光度突然增至原来的几万倍、几十万甚至几百万倍的爆发性变星。"超新星"是指"爆发时光度突然增至原来的一千万倍"以上的新星，我国古代把新星和超新星称作客星。殷商时代《甲骨文词》中已载有"七日新大星并火"等记录。而从汉代开始，这种记载见于典籍。关于超新星的记载最早见于《后汉书·天文志》。在我国史书上有记录的，在 18 世纪以前出现的新星和超新星约有 90 多个。这是古代恒星观测上的伟大成就。

2. 天体测量

天体测量是通过测定天体的位置和天体到达某个位置的时间来为各种科学目的服务的一门学问。我国古代在这方面成绩卓著,尤其是在测天仪、星表、星图、测定子午线长度等方面取得的巨大成就。

(1)测天仪

不论是天体测量、天象记录或是历法制定,都离不开测天仪器。我国一直重视制造和改进天文仪器,并且构成了以漏壶、浑仪、浑象、简仪为主的传统天文仪器系统。漏壶又叫漏刻,是古代的一种记时仪器,漏壶装水以记时。在《周礼夏观》中,已记有周代有专人管漏壶之事。浑天仪是我国古代观测天体位置的仪器。浑天仪又叫浑仪,浑象。许多文献记载,我国远在五六千年以前葛天氏、黄帝、尧舜时代,就有了浑仪。简仪,是我国古代观测天体坐标的仪器。现代天文台大型光学望远镜的一些装置就是由简仪的结构演化而来的。我国元代郭守敬于 1276 年制出简仪,在其后 300 多年里,不论是在设计思想还是在制造水平上,都遥遥领先世界。郭守敬曾在 1276 年在全国范围内设立了 26 个观测站,进行过大规模天文测量。由东汉天文学家张衡所创制的浑象,后经宋人苏宋的发展,成为世界上最早的天文钟。

(2)星表

星表是把测量出的若干恒星的坐标汇编而成的表册。它是天文学上一种很重要的工具。我国古代很早就开始测量星表了。早在五六千年以前,中国先民就开始把天体黄道、赤道附近的恒星分为 28 个星区,各个星区取一星为主,称为二十八宿。春秋以后,中国二十八宿传入印度、波斯、阿拉伯等地。战国时期,天文学家石申著《天文》八卷(后世尊称《石氏星经》),除二十八宿星之外,还记录了 121 颗恒星的坐标位置。这是世界上最古老的星表。石氏星表比希腊天文学家测编的西方最早的星表早 200 年。石申所用的赤道坐标系,欧洲 1598 年才有。

（3）星图

将分布在天空上的恒星，按照他们的球面视觉位置投影在平面上的图叫做星图。秦汉以前我国就有了星图。三国时陈卓绘制了一张有283组，1 464颗星的全天星图；约于初唐绘制的"敦煌星图"，标有1 350颗星，是世界上现存星数最多而又最古老的星图；宋代黄裳于公元1190年所作，由王致远于公元1247年所建的闻名世界的苏州石刻天文图，上刻1 434颗恒星，也是我国流传至今的最早、最完整的星图之一。

（4）子午线长度的确定

子午线长度是天文学、地理学上的一项极其重要的数据。世界上通过实际测量而算出子午线长度的工作，始于我国唐代。因编制历法的需要，唐朝和尚张遂（一行）于公元724年发起了规模宏大的实际测定子午线长度的活动。他发起在全国24个地方测量北极高度和夏冬二至、春秋二分的日影长度，并设计了一种叫"复矩图"的仪器，其工作之精细，规模之宏大，是"史无前例"的。他计算出的"大约三百五十一里八十步而极差一度"，即子午线上一度长的数据，是世界上首次子午线的测量，对后人从事天文大地测量提供了科学依据。

3. 历法

我国古代天文学的最主要组成部分是历法，古历法的内容，包括年月日的安排，日、月食的预报和节气的调整等。据载，我国远在一万年前氏族公社期的"人皇氏"时期，就发明了用"十二天干"和"十二地支"搭配记时的方法。这是人类历法的开端。

（1）岁实的确定

岁实即一年的天数，夏历、阴历、周历都是使用四分历（春夏秋冬），每年的天数是365.25日，这是当时世界上最精密的数值。南宋的杨忠辅的《统天历》和元代的郭守敬的《授时历》中的岁实是365.242 5天，均为世界上最精确的数据。

（2）置闰与节气

我国古代使用的阴阳历，以朔望月的长度为一个月的平均值。全年十二个月，这样就同回归年差 11 天左右，因此，必须置闰（设立闰月）。在阴历中确立了 19 年 7 闰的方法。这比西方早许多年。后来，在南朝祖冲之创制的大明历中，对闰法作了改进，把 19 年 7 闰改为 391 年 144 闰，更符合天象实际了。由于太阳位置的变化，地球上有气候的寒暖，于是古人创立了二十四节气。二十四节气的名称，估计在战国时期已经产生，这是中国古人的独创。

（二）数学

在世界古代数学中，古希腊欧几里德几何学尽人皆知，他著有《几何原本》，但对中国古代数学成就，人们却知之甚少。其实，中国古代数学的成就是十分灿烂辉煌的。

1. 记数和十进位制

今人习以为常的十进位制，就是中国的一大发明。在商代，我国就已采用了十进位制。从现已发现的商代陶文和甲骨文中，可以看到当时已能够用一、二、三、四、五、六、七、八、九、十、百、千、万等 13 个数字能记 10 万以内的任何自然数。十进位制的记数法，对世界科学起着十分重要的作用。而当时欧洲使用的是罗马累计法，Ⅰ、Ⅱ、Ⅲ、Ⅳ、Ⅴ、Ⅵ、Ⅶ、Ⅷ、Ⅸ、Ⅹ、Ⅺ、Ⅻ，无法进行累加计算。巴比伦是六十进位，玛雅人是二十进位。

2. 计算和《九章算术》

在计算数学方面，中国大约在商、周时代已有了四则运算。到春秋战国时代，整数和分数的四则运算已相当完备。其中出现于春秋时期的正整数乘法口诀"九九歌"堪称是最先进的十进位制记数法与简明的中国语言文字相结合的产物。与此同时，中国人发明了特有的计算方法和计算工具，即用"算筹"进行计算，

"筹"是一种粗细、长短一样的小竹棍，也有用木头或骨头制成的。通过算筹的摆列进行四则运算及开方运算，筹在运算时有诸多不便，于是在宋元时期，珠算代替了筹算。珠算出现于我国宋代。中国古代数学一向以擅长计算著称于世，并逐步形成了独具特色的数学体系。约成书于 1 世纪中叶的《九章算术》是此体系的重要标志。该书采用应用题集形式写成，共九章，收集了实际生产和生活中的数学问题 246 个，并给出答案，是古代计算方法的总结，对世界数字的发展有很大影响。《九章算术》著者不详，相传西汉初张苍、耿寿昌等人曾对它进行过增订删补，其后又经人补订，全书分为"九章"。①方田：田亩面积计算法；②粟米：粮食交易换算法；③衰分：分配岁收时按比例分配计算法；④少广：从已知田亩面积计算周长、边长等方法，其中提出了开平方和开立方的方法；⑤商功：工程技术中各种体积的计算方法；⑥均输：求粮食运输均匀负担的计算方法；⑦盈不足：财务盈亏计算法，讲述了二元一次联立方程的解法；⑧方程：叙述三元一次方程和四元一次方程的解法；⑨勾股：提出勾股定理，用以解决各种几何问题。书中有很多数学成就，如分数的四则运算、负数的概念和正负数的加减运算法、十进小数概念等，在当时世界上都遥遥领先。书中的"盈不足"算法，在欧洲和阿拉伯被称为中国算法，朝鲜和日本均曾将此书作为教科书。

### 3. 魏晋南北朝算学与圆周率

三国景元四年，著名数学家刘徽把极界的思想用于圆周率的计算，他用割圆术计算出圆周率为 3.141 6。南朝的祖冲之继承了刘徽的工作，求出精确到七位有效数字的圆周率：3.141 592 6～3.141 592 7 之间。直到一千年后，才有外国数学家求出更精确的数据。

### 4. 宋元算学与开方术和方程论

宋元是中国古代数学高度发展时期，涌现了一大批卓有成就的数学家：贾宪、秦九韶、李冶、朱世杰等在开方术和方程论等方面做出了突出贡献，他们的计算方法居世界一流地位。秦九韶、李冶、杨辉、朱世杰还被称为"宋元"四大数学家。秦九韶著有《数学九章》对后世影响很大。

### （三）医学

#### 1. 中医学理论概况

中医学是中国古代科学的组成部分，可以说独具特色是中国三大国粹之一，至今与西医并驾齐驱，颇有携手结合之妙。我国医学知识起源甚早。远古时期有神农氏勇尝百草，为民治病的传说。春秋战国时期，出现了医和、扁鹊等名医，还有《五十二病方》《足臂十一脉灸经》《阴阳十一脉灸经》和《导引图》等医学著作，诊断手段、治疗方法在当时水平较高。在此基础上，产生了我国现存最早、内容丰富的传统医学著作《皇帝内经》，为我国传统医学理论体系奠定了基础。中医学五大理论体系——阴阳五行学说、脏象学说、经络学说、形神学说、天人学说，均起始于《皇帝内经》。其中，形神学说是探究生存环境与人体关系的。秦汉时期，我国第一部系统的药物学专著《神农本草经》问世。东汉张仲景撰著的《伤寒杂病论》，提出了"四诊""六经辨证""八纲辨证"等辨证施治的原则和方法。后人根据《伤寒杂病论》整理的《伤寒论》《金匮要略》二书，与《皇帝内经》《神农本草经》并称为"中医学"四大经典。东汉神医华佗发明全身麻醉剂"麻沸散"，能成功地实施外科大手术。晋代名医王叔和著成我国最早的脉学专著《脉经》，皇甫谧著成我国最早的针灸学专著《针灸甲乙经》。隋唐时期出现了世界上由国家颁行的最早一部药典——苏敬的《新修本草》，明代李时珍对《新修本草》作了修订，写成了《本草纲目》，《本草纲目》仍是迄今世界上最完备的中医药典。

#### 2. 中药学

现在人们食用中药，实际上是指以中国传统方法制作的中草药。中药学内容丰富、自成体系、风格独特。其独特之处主要有三点：一是完备扎实的药学和中医学理论体系。在汉代《神农本草论》中，有当时药学基本理论的阐述，如"上药一百二十种为君，主养命；中药一百二十种为臣，主养性；下药一百二十种为佐使，主治病。用药须合和君臣佐使"。这里主辅药之间的"君臣佐使"理论，阐明了药物配伍原则。二是独树一帜的药物学分类方法。汉代的《神农本草经》是我国第一部药物学专著，书中收录了药物365种，又把各种药物详细分类，分别列为上品、中品、下品。陶景弘在《神农本草经集注》中作了更详细的分类，按药物的性能和治疗功效分80多类。三是成熟的药物加工制造方法。中国古代传统药物加工制造方法叫"炮制"。在张仲景的《伤寒杂病论》中，有研磨法、搅拌法、筛法等。中药的泡制在用水、用锅、煮法上都是很讲究的。

### 3. 临床治疗技术

第一，人工呼吸的最早应用。东汉张仲景在《伤寒杂病论》中记载了人工呼吸法的应用。书中说遇到自杀时间不长或自杀后心脏还有热气者时，就马上对其进行人工呼吸。而国外的人工呼吸术的应用，比我国至少晚 1 600 年。

第二，全身麻醉外科手术。东汉末年的神医华佗，在医学史上最早应用了全身麻醉法实施外科手术。

第三，免疫法的先驱。晋代道士葛洪著有《肘后备急方》一书，书中记载了"疗狂犬咬人方"，就是人被狗咬后，迅速将咬人的狗杀掉，取其脑髓，敷于被咬之处，以防狂犬病，因为狂犬的脑中有大量狂犬病毒，这已被现代科学所证实。这是世界史上最早的免疫法。

第四，人痘接种法的发明。早在 16 世纪，我国就发明了预防天花的人痘接种法。1688 年，俄国医生来北京学习此法，此法后从俄国传至法国和欧洲各地。

第五，独具一格的针灸疗法。针灸疗法是祖国医学中的一枝奇葩。早在两千多年前的春秋战国时期，针灸疗法就已相当普及。秦汉以后,针灸疗法传到朝鲜、日本、东南亚和中亚各国。宋元以后,又传到欧洲,至今欧、亚许多国家仍采用针灸疗法。

## 二、四大发明——中国古代最伟大的成就之一

世界最先了解的中国技术是古代的四大发明。四大发明对于推进整个世界的文明起了至关重要的作用。

### (一)火药

许多史书表明,最早的火药是在 9 世纪后半叶唐末宋初问世的。最早完整地刊载火药配方和制造工艺的是北宋由曾公亮、丁度编成的《武经总要》,该书成于 1044 年,说火药配方是"一硝二磺三木炭"。我国宋代时已能大规模生产火药枪械,最近在我国南方出土了明朝制造的地雷。13 世纪,火药传到阿拉伯国家。13世纪下半叶,欧洲人才从阿拉伯书籍中得到有关火药的知识。然而,几千年来,"中国人发明的火药只用来制作鞭炮,驱逐鬼神,而西方人用枪炮打开了中国大门。"

### (二)指南针

我国是世界上最早发现磁铁极性的国家。早在战国时期,就利用磁铁极性发明了指南仪器——司南。北宋时,人们发明了人工磁化法,并制成指南鱼、指南龟和指南针。宋代时人们把司南用于航海。当时,中国的航海业高度发达,中国商船在南洋、印度洋、西至波斯湾一带极为活跃,阿拉伯人不久就从中国人这里学会了使用指南针来指导航向。1180 年,指南针从阿拉伯人传到欧洲。磁针罗盘的使用,为远洋航海创造了有利条件。

### (三)造纸术

东汉蔡伦最早发明了造纸术。最初的纸是指植物纤维纸。在造纸术发明之前,我国曾用龟甲、兽骨、竹简、缣帛等作物书写材料,非常不便。《后汉书·宦者列传》记载,蔡伦用"树皮、麻头

用敝布、鱼网以为纸",从而大大提高了纸的质量。汉以后,中国的造纸工艺得到了提高。

（四）印刷术

中国人发明的印刷术分为雕版印刷术和活字印刷术两种,这两种方式都是当时世界上最先进的。

1. 雕版印刷术

在隋代,我国发明了雕版印刷术。这种技术可使千百部书籍一次印刷出版。唐代,此种技术传到日本,12世纪传至埃及,欧洲直到14世纪才有雕版印刷品。我国宋元时期的刻版极为珍贵。

2. 活字印刷术

北宋庆历年间,平民毕昇首创了活字印刷术。他用胶泥刻成单字烧硬,再用拼版印刷。元代出现了木活字、锡活字和铜活字。明代又在世界上最早使用铅活字。中国的印刷术传到国外,对人类文化的传播和发展起了十分重要的作用。

### 三、中国古代科技的特点和近代落后的原因

（一）中国古代科技的特点

中国古代科技的众多领域虽然内容各异,但却存在着几乎完全相同的思维定式和精神特质。探讨中国古代科技的总体特征有利于我们了解中国古代科技为什么曾经有过辉煌,但最终没有充分地发展壮大。

1. 实用性

中华民族是一个注重实际的民族,中国古代的科技形态属实用型而非理论型,中国人注重实用效果,充满了务实精神。

在天文方面,中国古代的天文学之所以高度发达,主要是

由于统治者的重视,而统治者之所以重视天文学,主要是由于两个方面的需要:其一是统治者顺应天意和农业立国,中国历代王朝的更替,一向被视为出于天命,所以皇帝总是自称为真命天子;其二是农业生产离不开历法,同天文历法有关的天体现象观测,就成为统治者最关心的事。所以,中国古代的天文学比较发达。

在数学方面,数学是一门工具性学科。地理情况的了解、地图的测绘、土地的丈量、赋税的计算,包括制定历法,观测天象等等都离不开数学,出于这些实用功利目的,古人在数学方面进行了大量的探索,并取得了伟大的成就。

### 2. 辩证整体性

所谓辩证整体性就是在考察事物时总是将其作为变化的、运动的、发展的、相互联系的统一整体来把握。例如,中国古代人认为,天的运动与人类的活动有着密切的关系,将天、地、人作为一个系统的整体,它们之间相互作用、相互影响,因此,天文学在观测天象方面是很下功夫的。其结果是中国古代的天文学十分繁荣。中国古代的农学也是如此,强调天时、地宜、人和。最能体现辩证整体性的是中国古代医学。中医学认为人体是一个有机的整体。比如"脉诊"是一项十分独具特色的诊断方法。中医学不仅把人看作是一个整体,而且把人和宇宙也看作是一个整体。特别注重把人体放在自然界整体运动和动态平衡中来研究。因此,中国病理学说中,特别强调疾病与人体自身精神状态、生活习惯以及外部环境,尤其是气候变化对人的影响。

### (二)中国近代科技发展迟滞的原因

举世公认的中国古代科技曾经在世界文明史上写下了辉煌灿烂的篇章,中国科技曾经辐射亚洲、远播世界,但到了16世纪(明清)以后,西方科技以惊人的速度突飞猛进,而中国的科学技术却每况愈下,渐渐被世界抛开,这是什么原因呢?

### 1. 传统科技思维的局限

其一是重实用，轻理论。注重科技的实用性曾经是一种子巨大的推动力，促进了中国古代科技的发展。但是过于讲究实用而轻视理论的探讨则很难形成完备的、系统的、富有逻辑性的理论体系。中国古代除了医学之外，其他各个领域都缺乏系统的科学基础和理论建树，因而很难获得长足的进步。比如天文学，古代人观测天象，主要是应用于政治需要或者王朝的更替，而一直未能进入哲理推理和科学抽象的殿堂。数学以实用计算为前提，缺乏古希腊欧氏几何的精密逻辑体系。比如《九章算术》只是一部总结日常生活中诸多问题的习题集，并且在书中都给以正确答案，没有证明，也没有必要的逻辑推理，因而没有建立起中国数学的科学体系。

其二，重印象，轻分析。中国传统科学的辩证思维方式，使中国古代科学家在认识客观事物时，满足于通过直觉得到总体印象，而不习惯于做周密的、详细的分析。中国古代的圣贤显示了与古希腊的智者极为不同的知识结构。古希腊的智者力图用理性的逻辑方法描绘自然世界的真实图画（求真），而中国的圣贤总是用直观的方法表现主观精神的总的理想图景，且许多时候具有神秘色彩，往往以"求善"为先导。

所以，重实际应用、轻理论探讨；重整体综合，轻个案分析的研究方式和思维方法，使中国古代科技没有顺利地转向现代科技，除了中医学至今尚属科学之外，其他科技都已被近代科技所取代。

### 2. 重政轻技、重道轻器等传统观念的束缚

重政轻技就是重视政治轻视科技。中国是一个文化政治化倾向非常强烈的国家。可以说，从古至今，推崇政治。重视做官，鄙视技艺，轻视学问，成为整个国家的时尚。孔子一句"学而优则仕"，把所有的读书人都引上了"千里求学为做官"的歧路（万般皆

下品,唯有读书高),很多科学巨著无人理睬,甚至成为绝版,《九章算术》在北宋以后,其术已不传,至明朝时已无人知晓,倒是传到日本和朝鲜的此书,一直被用来作为教科书而代代流传。明末宋应星著的《天工开物》,因与功名无关而很快失传,在日本却发展成为"天工学",用以指导他们的科技发展。李时珍花了整整 27 年时间,完成了《本草纲目》,没想到献给朝廷后,明神宗只批了"书留览,礼部知道"的字样就被束之高阁了。重道轻器,就是重视宏观之道的探索,重视事物总体特质、事物与环境关系的探求,而轻视一事一物具体形质的研究,轻视社会生产领域具体器物、具体技能的研究。中国古代,知识分子只热衷于参加科举考试,博取功名,而对科学技术持嘲笑的态度。古代知识分子重视政治、重视功名的观念也对古代科技的发展起到了阻碍的作用。

### 3. 封建制度的扼制

封建专制制度对科技进步的束缚和障碍主要表现在以下几方面。

第一,知识分子热衷功名仕途,科技人员社会地位低下。在中国古代有成就的科学家当中,几乎都是社会地位低下、淡于名利、安于贫贱的知识分子,精通医术的华佗被曹操所杀就是一个证明。唐朝僧人张一行淡薄名利,不愿与武三思之类为伍,只好跑到河南嵩山做了和尚,他始终过着清贫的生活,完成了子午线的测量。

第二,明清两代的锁国政策、文化专制及其腐败的官僚政治,使得中国近代科技发展渐渐与世界脱节。明清时期的统治者普遍认为,治国平天下,不需要科技,不需要设备,关键在于修身。

## 第四节　传统教育演化发展分析

中国古代教育历史悠久,源远流长。经过历代教育家的不断实践及概括提炼,形成了比较完整系统的教育机制,构成了中国传统文化不可或缺的重要组成部分。可以说正是中国古代辉煌的教育成果，才使传统文化得以不断延续和发展。中国教育塑造和形成了中华民族独有的精神品格和民族心理。中国古代文化是靠教育传递下来的。

## 一、中国古代教育机构和选士制度

据历史文献记载，中国古代教育的起源可以追溯到传说中的伏羲、神农、黄帝、尧、舜、禹时代。最初的教育与生产劳动密切相关，传说中的伏羲、神农、黄帝、尧、舜、禹等都亲自教育人民如何劳动和生存。黄帝的妻子还教人们养蚕织衣服。下面按照时代先后介绍古代教育机构和选士制度。

夏商周：夏、商、周三代，开始有了专门的教育机构。据古籍记载，早在夏朝，就有了学校。西周时，学校分国学（国家官学）和乡学（地方官学）。天子所设大学叫"辟雍"。商周时是中央高等学府又是祭祀场所，各诸侯国所设大学叫"泮宫"。西周时代由于各种学校前建筑水池而得名，这种学校建筑形势曾为后代王朝所采用，明清两代还在泮宫供奉孔子遗像供书生参拜。一般说来，只有贵族子弟才能入国学，平民子弟只能入乡学。奴隶子女没有入学资格。当时的教学内容有礼、乐、射、御、书、数六艺。

春秋战国：春秋战国时期，随着贵族社会制度的崩溃，赖以生存的官学一度衰落。社会对新型文化的教育需要为私学的产生创造了契机。当时产生了一批学识渊博、充满智慧的私学大师。当时，孔子提出"有教无类"的主张，广收门徒，只要能交纳"束"履行入学礼节，不问来者出身贵贱，一律施教。因此，他创设的私学规模愈来愈大，有"弟子三千，贤士七十有二"之称。春秋战国时私学的发达使学校教育开始走上官学、私学并存的二元化轨道。

汉代官学分为中央官学和地方官学两类。中央官学主要是太学（太学时最早的官办大学，汉代太学取代了商周时的辟雍。

西汉的辟雍仅保留祭祀功能)。西汉时期的太学规模宏大,档次较高。汉武帝元朔五年开创太学,设在京师长安的西北城郊,规模相当可观。太学作为中国当时最高学府,与西方的雅典大学、亚历山大尼亚大学等同为世界上最古老的高等学校。太学的教师是五经博士,博士中的领袖叫仆射,学生叫"博士弟子"。西汉平帝元始四年为太学扩建校舍,能容纳万人。东汉太学学生最盛时曾达三万多人。在洛阳有汉太学遗址,另外汉代的私学也很发达,有压倒官学之势,学生人数远远超过太学。汉代凡未从政或罢官还乡或得不到博士机会的经学大师都从事私人讲学,收徒教授,人数之多曾达数百,乃至上千人。如东汉有名的经师马融教养诸生,常有千数。就连西汉著名经师大儒董仲舒晚年谢官以后,都在家专门收徒著书讲学。汉代不管上官学还是上私学,都以儒家经典为教材,而且不管官学还是私学毕业,都可以求官。魏晋南北朝时期,战乱不息,使官学处于时兴时废、若有若无的状态。但总的来说还是中央官学与地方官学并存的。一般说来,这个时期的官学是衰颓的,只有个别朝代或个别地区的地方学校短期内比较发达。晋代中央学制分为国子学和太学两种,前者限五品以上贵族子弟入学,后者为平民子弟所设。

汉代的选士制度实行察举制。汉高祖以来就有选举士人的举措。汉文帝二年,下诏选士,对各地选上来的士人,经过测试加以任用。汉武帝时,初选考外,又有察举孝廉等举措。孝廉每年察举一次,中选以后,不必考试就可以委任以官。所谓举孝廉,本是选拔官吏的两种科目名。孝,指孝子;廉,指廉洁之士。汉武帝元光元年初,下令各郡国举孝、廉各一人,后来合称为孝廉。汉代的察举结果主要有孝廉、贤良方正、茂才(秀才)。例如董仲舒以贤良方正的身份任官职,汉末曹操在 20 岁时被地方举为孝廉,后来当了洛阳北部尉。察举制本是选拔推举孝子、廉洁之士的制度,但到了东汉末年也出现了假冒作伪、走后门等现象。这种制度与文革期间推荐工农兵学员上大学有相似之处。另外,孝廉中也有假冒的,如有人为了赢得"孝"之名声竟然割下自己腿上的肉给父母吃；有人爬在冰河上，等冰融化了从冰下捕鱼给父母吃。可是一旦被举为孝廉很快就原形毕露了。民间有"举孝廉，父别居"的说法，即当了孝廉就不跟父母住一起了。

魏晋南北朝时期，学校教育以北朝为盛，北魏太学也设五经博士，学生为州郡所派。南朝宋文帝时，在京师设立四学——儒学、史学、玄学、文学，史称"四学制"，打破了儒学一统教育的状况，这对后世专科学校的设立及分科教学制度的发展具有开创意义。

魏晋南北朝的选士制度，除了察举孝廉、贤良方士、秀才仍沿两汉旧制外，又增添了"九品中正制"。曹魏时期，曹操曾下达"求贤令人"，提倡"唯才是举"。他的儿子曹丕（魏文帝）开始实行"九品选人法"，就是推选各州士人按才能分别评定为：上上、上中、上下、中上、中中、中下、下上、下中、下下九品（即九等），每十万人举一人，政府按等选用，授以官职。魏文帝后，中正官任用世族豪门担任，所以为世族豪门的子弟开放，一般平民不得进入士流，从此形成了"上品无寒门，下品无世族"的门阀制度，这一制度实行了近400年。隋文帝时废除此制，改行科举制。总之，九品中正制是魏晋南北朝时为保证世族特权而定的官吏选拔制度，九品实际上是门第高低的标志，成了世族地主操纵政权的工具。

唐代的教育十分繁荣，学校教育达到了新的高峰，建立了从中央到地方完备的学制体系。中央设国子监，国子监具有双重性质，既是大学，又是教育行政管理机构（教育部兼大学）。下设国子学、太学、四门学、书学、算学、律学等，此外还有弘文馆、崇文馆等等，通称"六学二馆"。地方官学、府州县学和专门学校也很发达。唐代出现了律学、书学、算学、医药学、兽医学、天文学、音乐学等专业学校。比如医学又分为医、针、按摩三个专业，医学专业包括体疗（内科）、疮肿（外科）、少小（儿科）、耳目口齿（五官）、角法（拔火罐）五科；针学专业学针灸；按摩专业学按摩治病和正骨术。由于大唐教育先进，吸引了大量周边各国的留学生，比如日本来过十三批留学生,学习经史、法律、礼制、文学、医学等中国文化。当时的大唐长安成为东西方各国文化教育交流的中心。在选士制度方面,隋唐时期创立影响以后历代乃至现在的科举考试制度,隋文帝时废除自魏晋以来的九品中正制,实行推介的方法选拔官吏,隋炀帝时实行考进士选官吏。唐代取士之法,主要有"生徒法""贡举法""制举法"。从京师中央官学和地方学校中选在校里成绩优秀者,选入京师尚书礼部受试叫"生徒法"。成人先试于州县,及格后再送至京师复试叫"贡举法"。所谓"制举法"是特种考试,让全国考试中最优秀的状元在京师殿廷应试,以选拔非常之才。武则天时,又兴"武举"。武则天曾亲自出马,在殿前考试武状元,为以后考试状元的制度奠定了基础。唐代科举制度在不同的时期,其科目设置也不尽相同。比较流行的是秀才(试方略五道)、金石(试时务策五道等),又有书法、算学、诸史、诗歌等。

宋代,基本沿袭唐代学校体制,中央在京师设有国子监及贵族学校,地方则设有府州县学。值得一提的是民办学校"书院"。书院名称的出现始于唐代,但唐代的书院多为藏书教书之地,或私人治学隐居之地。真正具有聚徒讲学性质的书院起源于南唐时期的庐山国学,即著名的庐山白鹭洞书院。北宋初年,讲学之风勃起,书院成为著名学者授徒讲学,培养人才之地。当时著名的书院有江西庐山的白鹭洞书院、湖南长沙的岳麓书院、湖南衡阳的石鼓书院、河南商丘的应天府书院、河南登封的嵩阳书院等。南宋时期是书院的兴盛时期,据统计,宋代共建书院 173 所,南宋占 136 所。南宋书院建立了一套严密的组织制度。在教学上形成了鲜明的特色,对后来的书院产生了深远的影响:一是教学活动与学术研究相结合;二是教学实行开放政策,学生可不受学派的限制,允许学生中途易师;三是建立"讲会"制度,不同学派的学者可以往来讲学,进行学术交流,使不同的思想出现在同一书院的讲坛上,体现了一定的争鸣精神。在选士制度上,宋代仍沿袭唐代的科举考试制度。但元代中断科举考试八十余年。元代中断科举考试八十余年，教育上成就不大。元代的书院有民办、官办、民办官助等多种形式。元代书院多选址于山林名胜之地。便于与世隔绝，自由讲学。

明清两代，书院教育仍有发展。据不完全统计，明代书院达1 500所以上。但是明朝中后期相继出现了四次摧毁书院的破坏性行为。最严重的一次是在天启五年(1625)发生对东林党的大残杀。当时宦官魏忠贤不仅残酷杀害东林党人，而且下令"摧毁天下书院，首及东林"。另一方面，自元代至清末，官方对书院控制日趋严重，加强了财政，思想上的监督。允许书院推荐学生参加科举考试，使官学、书院、科举逐步一体化。书院失去了宋代书院的本来特色。清雍正十一年，清政府下令创办书院，至此，书院开始从幽静的山林向中心城市发展，各省相继建立了书院，直隶保定的莲池书院便建于此时。

明代学校，中央有国子监及宗学(贵族学校)，地方各级学校也很齐全，府州县学及专门学校已发展到1 700余所。学校体制已相当完备。特别需要介绍的是明清两代的蒙学(也称乡校、村学、小学)。蒙学教材多是字书，最著名的《三字经》《百家姓》《千字文》《千家诗》《古文观止》《唐诗三百首》流传广泛，影响很大。据说，前几年联合国教科文基金会组织已经把《三字经》列为世界儿童道德启蒙丛书之一，可见其影响之广。明清两代的选士制度仍实行科举考试，考试程序分乡试、会试、殿试三种。乡试选在京城和各省城举行的一次考试。乡试考中者为举人，第一名为解元。如果能够中举，从此可以迈入仕途，并有声名于乡里。《儒林外史》中范进中的就是举人，但他中举后发了疯。会试每三年在京城举行一次，各省的举人都可以应考。会试第一名为会元。殿试是会试之后由皇帝对会试录取者亲自在殿廷策问的考试，殿试第一名称状元。所谓连中三元，就是指乡试的第一名解元，会试第一名会元，殿试第一名状元。明清科举考试的内容，一般有三大类：第一类是经义，出题限于四书五经，文体要用八股；第二类是诏告律令，即应用文，公文之类的写作；第三类是经史时务策，即针对历史或现实事物发表看法提出对策。清光绪三十一年明令废除了科举。自隋唐至清光绪年间,科举制度实行了 1 300多年。

## 二、中国古代的教育思想

中国古代产生了无数著名的教育家,他们的教育思想是中国文化的重要组成部分,如春秋时的孔子,春秋战国之交的墨子、孟子、荀子,汉代的董仲舒等。唐代韩愈在《师说》中明确提出教师的责任是"传道、授业、解惑"。明代王守仁(王阳明)重视"躬行实践""自求自得""循序渐进"。明末清初的黄宗羲在治学上反对空谈,提倡经世致用。颜元也是明末清初的教育家,一生从事教育事业,主张教育"经世致用",教育必须以"实学、实习"为主。

对以上著名教育家的教育思想加以概括,不难发现中国古代教育思想具有几个鲜明特色:一是综合观,即大教育观,突出教育的重要地位,教育作为整个社会大系统中的一个小系统,它与社会经济、政治的发展有密切的联系。从孔夫子开始,历代教育家都不同程度地认识到了教育的发展与经济的强盛、政治的稳定、社会的进步的关系。中国历代统治者,尤其是处于上升时期或政治清明时期的统治者,如汉武帝、唐太宗等都很重视教育,促进了教育的发展。二是辩证观,即对立统一观,强调教育的必要性。在春秋战国时期,人性与教育的关系已经成为许多教育家注目的焦点。孔子首先提出"性相近也,习相远也",肯定人生来性情非常接近,差别是后天教育和学习的结果。孔子还在自己的私学中实践了这一理论。孟子则进一步提出,只要用心学习,依赖后天的教育,"人皆可成为尧舜"。另外,古代教育家强调要把道德教育放在首位,同时也不忽视专业知识教育的作用。德智结合,突出德育的重要性,重视人文教育。三是内在观,即强调启发主体的内在道德功能和自觉性。中国古代教育注重自我修养,强调启发主体以修身为旨归,同西方和印度的宗教相比,中国古代教育不用到上帝或佛祖那里，而是在自己心中寻找善恶美丑的标准，追求道德的自律。古代西方的教育场所是宗教场所，而中国古代教育的场所是各类学校通过学校教育提高学生文化素养。孔子要求每个人的视、听、言、动都要符合社会规范，并力图做到"从心所欲不逾矩"的境界。荀子提倡"一日三省乎己"。《大学》一书中提出了"慎独"的修养方法，也就是要求自我省察，自我克制，在自己独处、没有别人监督的情况下更加谨慎地严格要求自己。这种重视启发内心的觉悟，相信主体内在力量的观点，是中国古代教育思想的一个重要特点。

中国古代教育还有以下一些特点：一是学校教育、家庭教育、社会教育三者并重和有机结合；二是注重教育方式的灵活性，采用灵活的因人因事而异的教育方式；三是德智结合，突出德育、美育重要性；四是强调教育与实践相结合；五是重视人文教育，文史哲不分家。

### 三、中国古代的教学原则和方法

中国古代教育家在长期的教育实践中，概括和总结了自己的教学经验，形成了某些规律性认识，提出了许多有价值的教学原则和方法。

（一）因材施教，启发诱导

"因材施教"是公认的优秀传统教学思想之一。因材施教即根据教学要求，针对教育对象的不同特点，从学生的实际出发进行教育，使学生各尽其才。孔子是最早注意到这一方法并加以实施的教育家。孔子注意到了学生的不同特点，根据学生的知识水平、接受能力、品德、才识等方面确定不同的教学内容和进度。孟子也强调因材施教，注意到了教学方式的变化。后来的教育家如朱熹、王守仁都继承了这一优秀的教学方法。

启发诱导是调动学生积极性的有效形式。孔子在教学中对能够闻一知二、闻一知十的学生大加赞扬，认为他们有独立钻研、自求自得的精神。孟子也很重视启发式教育,教师如同射手,引满了弓却不发箭,作出跃跃欲试的姿态,以启发和诱导学生。他特别强调培养学生自得的兴趣和能力。

(二)学思并重,温故知新

学习与思考是学习过程中两个决定性环节。孔子提出了学思并重的思想,主张"学而不思则罔,思而不学则怠;成为历代教育家一致赞同和普遍遵循的原则。思孟学派在《中庸》一书中提出了"博学之,审问之,慎思之,明辩之,笃行之"的思想,充分肯定了学、问、思、辩、行的相辅相成关系,发展了孔子的"学思并重"的思想。孟子尤其强调"思"的重要性,甚至说"尽信书不如无书"。王充更重思考,说"唯精思之,虽大无难"。朱熹重视读书和思考相结合,"学便是读,读了又思,思了又读,自然有意"。王夫之说得更透彻:"学非有碍于思,而学愈博则思愈远;思正有功于学,而思之困则学必勤。"这些主张都是对学、思辩证关系的精辟总结。

在温故与知新的关系上,古代教育家既重视时习温故,又不忽视探索新知识。《论语》第一句话便是孔子说的"学而时习之,不亦乐乎",他还说"温故而知新,可以为师矣"。宋代朱熹进一步发展了孔子的这种思想,认为"故"是"新"的基础,"新"是"故"的发展。"时习"能使其所学融会贯通,转化为技能并应用无穷。他说:"温故又要知新。唯温故而不知新,故不是以为人师。"

(三)循序渐进,由博返约

中国古代教育家普遍重视循序渐进的教学原则。孔子的学生颜渊赞扬孔子"循循然善诱人",表明孔子善于引导学生由浅入深,有步骤地学习。孟子认为教学是一个自然发展的过程,把教学过程比作流水一样不分昼夜地前进,但在遇到坎坷时必须一个个的等水盈满才能继续前进,"源泉混混,不舍昼夜,盈科而后进,放乎四海。"孟子还以禾苗的自然生长来比喻人受教育的时候,一方面要尽心耕耘,绝不可放任自流;另一方面又切忌拔苗助长,急于求成。后代的教育家普遍认识到,知识的累积,智力的增长,是一个循序渐进的过程。

由博返约是强调教学中正确处理广博与专精的关系。孔子非常重视博学,又强调用一贯之道去驾驭广博的知识。孟子提出学习深造的途径,不仅要博学而且还要善于由博返约。荀子认为缺乏广博的知识,就失去了专精的基础,而没有专精的功夫就会散乱无章,一无所得。王夫之认为,广与专、博与约不可偏废,由博返约,以约驭博,教学效果才可以提高。

(四)长善救失,教学相长

长善救失,就是长于发扬学生的优点,又要善于补救学生的缺点。在学习过程中,有的故步自封,畏难而退,"多、寡、易、止"是学生对待学习的不同心态,教师只有了解这些心理状态,才能有针对性地帮助学生克服这些毛病。清代王夫之进一步就"多、寡、易、止"作了辨证的研究。"多、寡、易、止"各有弱点,但其中又有一定的积极因素,教师要掌握具体情况,因势利导,发扬优点,克服弱点。

中国古代教育家还强调教学相长。《礼记·学记》中首先提出了教学相长的思想,教因学而得益,学因教而日进。教能助长学,学也能助长教,这就叫"教学相长"。韩愈继承与发展了《礼记·学记》的"教学相长"的思想,进而提出了"相互为师"的观点。他一方面肯定教师的主导作用,另一方面又提出了"弟子不必不如师,师不必贤于弟子"的思想。他教人要向有专长的人学习,树立"能者为师"的观念。

(五)言传身教,尊师爱生

中国古代教育家大都直接从事教育教学工作,对教师的甘苦深有体会,对教师的修养有明确的认识,对如何处理师生关系也有很深的感受。对于教师的条件和修养，古代教育家尤其重视以身作则、言传身教，孔子要求教师时时处处以身作则，身教重于言教，以自己的模范行为作为学生的表率，这就是他说的"其身正，不令则行；其身不正，虽令不从"。他相信这种"无言之教"对学生影响和教育的威力是巨大的。荀子认为教师必须具备四个条件，一是教师要有尊严，能使人敬服；二是教师要有崇高的威信和丰富的教学经验；三是教师需要具备有条有理有系统地传授知识的能力；四是了解精微的理论而且能解说清楚，可见古代对老师的标准是很严的。

关于师生关系，中国古代教育家提倡学生尊敬教师，教师热爱学生，建立良好的师生关系。孔子热爱学生，对学生非常好，他关心学生的志愿，多次让学生言志，并加以引导，关心学生的出路，根据学生的专长推荐给上层统治者。荀子主张尊师重道，特别强调教师的威严和学生的服从，强调教师对学生的严格要求正是对自己高度负责的表现。如果说孔子是和善可亲的先生，荀子则是威严可敬的老师。他们分别代表了中国古代教师的两种风格。

# 第五章　基于传统文化的社区生态建设模型

## 第一节　伦理道德与传统文化

中国传统文化的形成有两个重要的基础：一是小农自然经济的生产方式；二是家国一体。在这个基础上产生的必然是以伦理道德为核心的文化价值系统。在以自然经济为主的社会里，在以家族为中心的社会里，社会生活的秩序的构建和人际关系的调节主要靠伦理道德，而不是依靠法律。人们的服饰举止、社交礼仪，都被限定在传统的伦理道德范围之内。孝亲敬祖、尊师崇古、修己务实、乐天安命等，是农业宗法社会环境下形成的社会心理和观念形态，渗透到传统文化的方方面面。血亲意识形成了独特的宗法制度，六亲、九族观念构成了社会意识的轴心。六亲——父子、兄弟、夫妇。九族——父族四层、母亲三层、妻族两层。"六亲不认"和"不忠不孝"成为犯法的首恶。万恶淫为首，至孝善为上。可以说，正是传统的伦理道德才使得漫长的中国古代社会维持了几千年。因此，传统伦理道德在传统社会里的地位是至关重要的。

### 一、传统伦理道德在中国传统文化中的地位

#### （一）古代哲学体系的核心是伦理道德学说

中国哲学是伦理型的，古代哲学体系的核心是伦理道德学说。中国古代哲学的各家各派都很重视伦理道德的研究，比如儒家强调天人各一，要求人们顺应天意，强调"内圣外王"，即以"仁、义、礼、智、信"修养自己的身心，规范自己的行为。人主（王）只有自己修养好，才能施仁政，才能推行王道政治。儒家还强调以"三纲五常"规范人际关系。"三纲"要求臣、子、妻要绝对服从君、父、

夫。"五常"是用以调节君臣、父子、兄弟、夫妇、朋友等人伦关系的行为准则。儒家的这些思想实际上都属于伦理道德范畴。道家的许多思想也是属于伦理道德范畴。老子曾从本体论的角度说明"万物莫不尊道而贵德"。至于道家的逍遥自在的人生观,崇尚自然、返朴归真的观念,追求自由平等、个性解放的思想,都与道德修养息息相关。由此看来,中国古代哲学体系的核心是伦理道德学说,如果我们把伦理道德从哲学中抽出来,那么中国古代哲学就成了一个空架子了。正如梁启超所说:"儒家舍人生哲学外无学问;舍人格主义外,无人生哲学。"

(二)古代文学及艺术是以"善"为价值取向的

"文以载道,美善合一"。强调文学对人的道德修养的"潜移默化"的作用,是文人作家一贯坚持的原则。文学作品中的褒贬美丑都能体现多数人的道德价值判断。惩恶扬善是多数作品中体现的主题。尤其是作品的结局,大都是正义战胜邪恶,幸福降临人间,大团圆。实际上这是对读者进行"善有善报,恶有恶报"的提醒,借此进行道德教育。

(三)政治学、史学、教育均以道德提升为己任

除哲学文学外,政治学成为道德评判,政事被归结为善恶之别,正义与邪恶之争,君子与小人之辨。史学往往不依存史为基本任务,而以惩恶扬善"寓褒贬、别善恶"为宗旨。教育更以德为首"德、智、体、美、劳",德育为先,传授知识退居其次。《三字经》曰"首孝悌,次见闻",强调首先要懂得孝悌,其次再去扩展见闻学识。总之,中国文化是伦理型的文化。

## 二、中华民族的传统美德

(一)传统道德规范

传统道德规范又称德目,按其来源可分为两种:一种是由伦

理学概括出来的，或者由统治阶级提倡或上升为理论规范（官方规范），另一种是民间在世俗生活中得到了广泛认同以奉行的习俗性规范（民间规范）。下面介绍的是官方提倡的道德规范。孔子构建起第一个完整的规范体系——男女授受不亲，仁者爱人。之后孟子、管仲又作了进一步完善。到了宋代，董仲舒整理出"三纲五常"，成为宋元明清一直遵循的传统道德规范。另外，"三从四德"也是封建社会对妇女伦理道德要求。"三从"即妇人未嫁从父，即嫁从夫，夫死从子。"四德"妇德、妇言、妇容、妇功，要求妇女讲贞节、修言辞、学温顺、治丝麻。可以看得出来，传统道德规范是良莠并存的，当中包含着许多现在应该抛弃的东西，如"三纲五常""三从四德"等。

（二）传统美德

传统美德是传统道德规范中的精华。下面主要介绍中华民族的十大传统美德。

1. 仁爱孝悌

仁爱就是对人有同情心，关心他人，处处为他人着想。孝悌就是父慈子孝、兄友弟恭，就是孝心献给父母，兄弟朋友亲如手足。这种美德不仅在家庭内适用，也适用于社会大家庭。在中国传统社会中出现了无数孝子慈父，仁兄贤弟，还有孝女，如孝女缇萦。西汉初年有个叫淳于意的，是个医生。有一次，淳于意替一个商人的老婆看病，吃药不见好转，过几天就死了。商人告状，说庸医杀人。当地官吏就把淳于意判了肉刑（砍断腿，割去鼻子，在脸上判字）。因为淳于意当过县令，根据当时的法律要押解到京城长安受刑。淳于意有五个女儿，缇萦最小，那年才十一岁。押解起身那天，缇萦跟着父亲一块上长安。一路上，缇萦餐风露宿，服侍着父亲，终于来到了长安。淳于意被关进了大牢，等候受刑。缇萦来到皇宫门口，要上殿去见汉文帝，但被士卫拦住了。缇萦便写了一封信，恳求士卫把信送给汉文帝。汉文帝听说一个小女孩写了信来,很是好奇,就一口气把信读了下去。信上写到:"尊敬的皇上,我父亲这次犯了罪,听说要受肉刑,我不但替父亲伤心,也替天下所有受肉刑的人悲痛。一个人被割去鼻子,砍掉腿,再也长不出来了;即使以后想改过自新,残废的身体已不可弥补了。我愿意替父亲赎罪,收我为奴婢吧,可千万不要对我父亲及所有犯罪的人施肉刑了。"汉文帝看了信,觉得缇萦是个仁爱孝悌的女孩,觉得肉刑太残酷了,于是发布诏令把肉刑改为服役或打板子。缇萦作为孝女,千古留名,她不仅爱父亲,也对天下受肉刑的人怀有仁爱之心。

### 2. 谦和好礼

谦和就是谦让、谦虚、和气、和为贵。好礼就是注重礼仪、礼节,讲礼貌。例如尧、舜禅让帝位,尧在位 70 年,最后经多方面考察,让位给舜。后来舜也以同样的方式让位给禹。尧、舜在退位时不传位给自己的儿子,而是征询众人的意见,选贤任能,这就是谦和的典范。说到好礼,古代礼法是十分严格的,如臣下参见皇上要九拜。现代也讲礼仪,仪表、言谈、体态、社交、婚嫁、丧葬、书信都讲礼仪。

### 3. 诚信知报

"诚"就是真实无妄,诚于自己的本性,待人诚恳。"信"就是言行相符,言必果,说到做到,遵守诺言,守信用、讲信誉。"知报"就是知恩必报,"滴水之恩,当涌泉相报"。因此,在中国人眼里,恩将仇报、忘恩负义的人都是被谴责的对象,《东郭先生与狼》《农夫与冻僵的蛇》都是这种寓言。

### 4. 精忠报国

精忠在古代就是忠于皇帝,忠于皇帝也是爱国的表现,因为在古代中国是家天下,皇帝是国家的代表,忠君的背后,是一种强烈的爱国意识。爱自己的家、爱家乡、爱国家、忠于朝廷就是爱国。中华民族曾出现过杨家将、抗金名将岳飞、抗倭名将戚继光、收复台湾的郑成功，这些人都是"舍身取义""杀身成仁"的志士仁人。

### 5. 克己奉公

克己就是克制自己的私欲，奉公就是服从于整体。克己奉公并非毫不利己、专门利人，其本质是先公后私，个人私利服从社会公利。范仲淹《岳阳楼记》中的名句"先天下之忧而忧，后天下之乐而乐"，道出了克己奉公的精神境界。大禹治水三过家门而不入就是克己奉公的典型。

### 6. 修己慎独

修己就是自我修身，加强修养和自觉性，加强自我修养最关键的是"慎独"。所谓慎独就是在自我独处时要严于律己，有高度的自觉性，战胜自己。慎独不仅表现出一个人的修养，也同样反映出一个人战胜自我的能力。只有能够战胜自己的人，才能无敌于天下。1975年湖北睡虎地11号汉墓出土的秦简中有《为吏之道》一文，此文的开篇首句就是"欲赦其身，止欲去恶"。意思是作为官吏，首先要遵循的原则是严格管好自己，克制自己的欲望，去除自己身上的恶习，实际上这就是加强自身修养的首要原则。

### 7. 见利思义

关于"义"，在中国古代有不同的理解，从大处说，"义"是指一切正义的事业；从小处说，是指所有公正、合理、应该做的事情，有时也指义气。所谓利，就是利益、好处、经济效益。关于义和利的关系，传统的伦理道德观对此问题的说法也不尽一致。总的来看，先义后利、见利思义是传统义利观的基本内容和合理内核。提倡"舍身取义"，反对"见利忘义"是中华传统美德的重要内容。南宋文天祥，在他47岁那年被杀害，为孔孟之"仁义"而死，舍生取义，死而无憾。

### 8. 勤俭谦正

即勤劳节俭、谦明正直。对于普通平民来说,主要是勤劳节俭,不要奢侈浪费。对于为官者来说,更强调廉洁、正直。例如北宋的包拯、明朝的海端,均为官清正廉明,执法严峻,不避权贵,不特循私情。包拯信奉"廉者,民之表也;贪者,民之贼也"的信条。明朝于谦信奉"清风两袖朝天去,免得百姓说长短"的信条。

### 9. 笃实宽厚

笃实:忠诚老实。宽厚:待人宽宏大量。笃实宽厚是在为人处事方面的道德品质。它要求人们尊重客观事实,襟怀坦白,言行一致,表里如一,反对言行不一,说了不算的欺骗行为。古时候有一个人叫曾子。有一天曾子的妻子要上街,孩子闹,她对孩子说:"等我上街回来杀猪给你吃。"妻子上街回来,看见曾子正准备杀猪,急忙阻止说:"怎么真的杀猪给孩子吃呢? 我只是哄哄孩子的。""怎么能说谎呢?"说着就把猪杀掉了,曾子杀了一头猪,留下了诚实的美名。

### 10. 勇毅力行

勇毅就是做事有胆量、有勇气、有毅力、不怕困难、不怕危险。

### (三)典范道德人格

传统美德形成了一种崇高的民族精神,造就了各种道德人格。这些道德人格包括圣人、贤人、仁人,还包括君子、善人。古代开明的君主,古代名相、古代名将、古代思想家的身上都体现出了典范的道德人格,如周公姬旦礼贤下士,他自称:"我一沐三握发(洗澡时多次握发),一饭三吐哺(吃饭时多次把饭放下),起以待士,犹恐失天下之贤人。"可见他为招揽人才而操心忙碌,因此被儒家尊崇为理想人物的化身和典范道法人格的化身。孔子强调"克己复礼",就是要复辟周公礼法和道德规范。

（四）中国传统处事之道

讲道德主要是为了协调人际关系，因此处世之道就成为传统道德的核心。中国传统处世之道包含的人生智慧可提炼出十二个范畴："宽、恕、诚、信、中、和、忍、让、防、藏、圆、报。"其中，宽以待人能在人际关系的实际运作中赢得众多的朋友；以"已所不欲""勿使于人"为基本内涵的"恕"，要求以自我的情感、意志去推想他人的情感和愿望，从而慎重地对待自己的行为，不对他人造成伤害。

然而中国传统处世之道也有陈旧性。一个民族把处世之道放在人生头等重要的位置涉世处，即是自己做学问处。另外，中国社会的血缘宗法制，使人人都生活在亲朋故旧的网络中，这种社会结构和价值观的合一使得中国人对家庭、群体、社会关系等有很强的依附性；对"中和"过于看重，压抑个性的发展，导致了民族性格中竞争与开拓意识的缺乏。

下面对宽、恕、诚、信、中、和、忍、防、藏、圆、报进行理解和分析其积极和消极影响，因让同忍，故此处不再赘述。

1. 宽——严以律己，宽以待人

积极：宽厚的性格、宽容别人的过失，能赢得众多朋友。消极：压抑自己的个性的发展，苦了自己。

2. 恕——己所不欲，勿施于人

积极：能以自我的情感、意志去推想他人的情感和愿望，从而慎重地对待自己的行为，不对他人造成伤害。消极：宽恕在一定程度上纵容了坏人，有时甚至打左脸，给右脸。

3. 诚——待人忠诚、老实、忠诚国家、忠诚皇帝，对朋友也忠诚

积极：造就了一批"舍身取义，杀身取义"、忠君报国的民族英雄。消极：对皇帝的忠诚有时是愚忠，皇权被视为至高无上，对小人的伪忠往往上当。

4. 信——讲信誉；言必行；行必果；说话算数；讲义气；君子一言，驷马难追；君无戏言

积极：强调信誉至上，见利思义，能赢得交往者的信任。消极：说出去的话如泼出去的水，无法收回，即使说错了，也不能反悔，古时有枫叶封弟的故事。

5. 中——不前不后取其中，即儒家的中庸之道

积极：形成了"温柔敦厚"的民族性格，反对偏激的行为。消极：导致民族性格中缺乏竞争与开拓意识。"出头的椽子先烂"，"人怕出名，猪怕壮"。

6. 和——古代文化精神的凝聚，追求人人相合，天人合一，社会同人应该在万物相和中求得发展

积极：把天地之和、人人相合、人心合一作为处理人与人、人与自然关系的旨归，有较多的积极意义。家和万事兴，人心齐泰山移，和气生财。天时不如地利，地利不如人和。消极："和"的观念使中国人对家庭、群体、社会关系等有很强的依附性，缺乏独自闯天下的精神。

7. 忍——忍让，为人处世"和为贵""忍为好"，倡导以忍让求和气

积极：化解矛盾，避免争执。消极：缺乏斗争精神。

8. 防——同忍，防备他人，害人之心不可有，防人之心不可无，对他人存有戒心

积极：避免"祸从口出"、言行不慎给他人留下把柄，所以言行谨慎。消极：不能快言快语，说话办事绕弯子，对他人存有戒备之心，不能坦诚相见、随心所欲。

9. 藏——藏而不露，讲话含蓄，办事不露锋芒

积极：不做出格的事，不做过分的事，感情不外露，讲究含蓄

之美。消极：缺乏开拓、创新精神。正确的做法：如同作画，当藏则藏，当露则露，扬长避短。

10. 圆——圆滑，为人处世"内方外圆，如同铜钱"，办事圆滑，力求八面玲珑，各方都满意，谁都不得罪

积极：在亲朋故友的网络中能够求得各方满意和欢心。消极：有时不坚持原则，墙上草随风倒，无主见，看菜下碟，见什么人说什么话，虚伪。

11. 报——知恩必报；滴水之恩，当以涌泉相报；对仇人要报仇

积极：对别人的恩惠铭记在心，有机会要报恩；对他人的恶行要寻机报复（君子报仇十年不晚）。消极：个人恩怨心太重，往往凭感情办事，有时置国家利益和公众利益而不顾。

### 三、传统伦理道德的积极效用和负面影响

传统伦理道德，自有其正面的积极作用，在中国传统文化中，强调在道德面前人人平等。例如孟子认为人皆可以为尧、舜，王阳明说认为满街都是圣人，都是肯定凡夫俗子也可以通过道德修养达到最高境界的。与此同时，传统伦理道德对包括君王在内的统治者也可以形成道德制约和严格要求，自周朝开始，帝王死后有谥号，群臣根据先王德行政绩加一概括语，如康是褒义，历是贬义。这种人格评判式的道德制约，在古代中国所发挥的社会调节功能不可低估。传统伦理道德还能鼓舞人们自觉维护正义，忠于国家民族，抵御外来侵略，保持高风亮节。千百年来，无数"舍先取义""杀身成仁"的志士仁人，如文天祥、岳飞，都从传统伦理道德思想中汲取营养，立德、立言、立功、修身，以至千古流芳。

传统伦理道德的负面影响，主要是它将伦理关系凝固化、绝对化了，以至在某种程度上成为人身压迫、精神虐杀的理论之源，如"三从四德""三纲五常"、设立"贞节牌坊"，残害了无数妇女。

总之，我们要对传统伦理道德进行具体分析，批判地继承其

中优秀的文化遗产,剔除其糟粕,创造性地建设中国特色的新的伦理道德规范。

### 四、中国伦理思想的历史发展及其基本原理

（一）中国伦理思想发展三个阶段

1. 先秦时期

先秦时期是中国伦理精神孕育展开阶段。其中最重要的是孔子对春秋以前中国文化成果进行总结。孔子之后的孟子对儒家伦理进行深化、完善。此外,老子、庄子的道家也构建了自己的伦理体系。儒道两家对中国伦理精神的发展产生了广泛而深远的影响,秦朝信奉法家。

2. 汉唐

从汉到唐,汉唐是中国伦理思想的抽象发展和大一统封建化阶段。从汉到时唐,大致有三种伦理思想分别占居统治地位。

汉代是儒家。汉武帝采纳了董仲舒的"罢黜百家,独尊儒术"的建议,全面推行董仲舒的"三纲五常"。

魏晋时期,玄学伦理占居主导地位,魏晋玄学伦理实质上是道家思想的复兴。他们以《周易》《老子》《庄子》为主要依据,企图用道家学说调整失衡的社会关系和伦理关系,其宗旨是"贵无",崇尚自然。在玄学伦理的熏染之下,老庄轻人事、任自然的价值观以前所未有的规模渗透到人们的心灵,铸造了中国士人玄、远、清、虚的生活情趣,也形成了苟且偷安、纵欲混世的生活态度。

隋唐时期,佛学伦理道德占据主导地位。隋唐时期佛教达到鼎盛。佛教认为世间万物都是因缘的和合,而没有实在的本体。万物的实质是假有真空,所以世间一切都不值得执著。让人以空的态度对待世界,人们就不会一味地向世界索取和掠夺。人们就会少一分对功名利禄的热衷。佛教的一个主要流派是禅宗,禅宗

兴起后发明了一系列的修行方法,如机锋、棒喝、拳打脚踢、观花、赏目、做诗、绘画、书画、品茶、喝酒等方法。佛教的这些人生修养方法促进了隋唐各门艺术的繁荣。佛教有许多道义上的规范,如不许杀生、不许偷盗、不可奸淫等。这些规范维护了社会的安定。佛教的基本教义是人生皆苦,而痛苦的最根本原因在于人有欲望,人要想摆脱苦海,唯一的方法是克制以至于完全消除自己的欲望。佛教还主张善有善报、恶有恶报,行恶者将入地狱,从而劝诫人们不要作恶。由此看来,佛教伦理对于维护大唐的繁荣稳定、维护社会的和谐起到了不小的作用。

### 3. 宋元明清

宋元明清时期是中国伦理思想的辩证综合阶段。这个阶段,在伦理道德皆占统治地位的是宋明理学。宋明理学即不是孔孟的古典儒学,也不是董仲舒的官方儒学,而是融合了道玄与佛学,又以儒学为主的"新儒学"。因此我们称宋明理学为辩证综合的中国伦理学。宋明理学形成于北宋,完成于南宋。元、明、清三朝上升为官方意识形态(包括伦理道德),是中国封建社会后期(约六七百年)占统治地位的哲学伦理道德思想。理学以承续儒家道统为旗帜,但又充分吸收了佛教与道教思想的营养,建立起以儒家为主,充分吸收其他各家的积极因素的思想体系,因此理学又被称为新儒学。新儒学(理学)内部有许多派别。传统的说法有洛学(二程)、关学(张载)、闽学(朱熹)以及路学(陆九渊)、王学(王守仁)等。其中最重要的学派是程朱理学和陆王心学。程朱理学奠基于宋代程颢、程颐两兄弟,集大成于朱熹。程朱理学建立了"天理"为核心的伦理思想体系。"天理"是以纲常名教为核心的伦理道德体系。他们提出了"存天理,灭人欲"的口号,目的是维护封建秩序的长治久安。陆王心学创始于明代陆九渊,完成于王守仁,所以称陆王心学。陆王心学以信作为最高范畴和思想核心,其主要观点是"心即理,心外无理,心外无物"。加强人的道德修养,关键就是将天理良心加以推及、恢复和显露即可。由此可见,陆王心学强调人的内心天理良心是道德的提升。

（二）中国伦理学的结构和基本原理

中国伦理思想体系主要由三个方面内容构成:人伦关系原理,道德主体品格要求,人性的认同。概括地说,就是人伦、人道、人性。"礼"的人伦法则,"仁"的人道原理,"善"的修养人性,是构成中国伦理体系的基本结构要素。下面稍作解释。

1. 人伦

中国人伦秩序与人伦原理的最集中体现和概括就是"礼"。中国伦理的秩序就是"礼"的秩序。历朝历代虽然对"礼"有不同的解释,但他们都把人伦关系固定在"礼"的框架之上。

2. 人道

这是对道德主体品格的要求。"人道"就是讲仁义道德,讲仁义道德不但是为人之道、待人之道,而且是治人之道。

3. 人性

人性论是中国伦理思想体系的基础。性善论(人之初,性本善)始终是中国人性论的主流,因为人的本性是善的,因此每个人只要加强修养都有道德高尚的可能,也都有成为圣贤的可能。有的学者认为人性中有恶的可能,如荀子的性恶论,但只要修身养性,克制自己的欲望,克己修身,照样可以成为道德高尚的人。总之,人伦、人道、人性是中国伦理思想体系的三大构成要素。

**五、中国古代宗教**

（一）宗教的内涵

一提起宗教,不少人就把它和封建迷信结合在一起,认为宗教界的求神拜佛、烧香叩头是愚昧的、可笑的。其实这种看法是片面的、愚昧的。宗教有其深刻的内在蕴涵,也是一种文化现象,要了解中国文化,不懂得古代宗教是极大的缺憾。有些人被"法轮功"迷惑,说明人们还不能理性地认识宗教,不能区分宗教与邪教的本质不同。世界三大宗教是佛教、基督教和伊斯兰教。

### 1. 宗教是社会意识形态之一,属于上层建筑的组成部分

宗教教徒相信在现实世界之外还存在着超自然、超人间的神秘境界和力量,主宰着自然和社会,因而要对之敬畏和崇拜。文化学家泰勒说:"宗教是对神圣的存在物之信仰。"马克思主义认为:宗教是支配人们日常生活的外部力量神、自然在头脑中的幻想的反映,在这种反映中人间的力量采取了超人间的力量的形式,自然人的心灵死亡祖先等以超人间的形式出现宗教的本义,是指人与神的一种关系。所谓"神",是某种被神秘化了的超自然力量,如基督教的"上帝"、伊斯兰教的"真主"、佛教中的"菩萨"、道教中的"神仙"。人们信仰这些神秘的偶像,谋求心灵安慰与心理平衡,于是就有了各种各样的宗教活动。

### 2. 宗教也是一种文化现象

在凡夫俗子看来,宗教是迷信,是对神秘物的盲目信仰和崇拜。但是对于艺术史、文学史、哲学史及科技史的研究者来说,他们一致认为宗教是一种文化现象。为什么说宗教也是一种文化现象呢?

(1)宗教的产生是人类精神文化活动的结果,是人类文化发展史上的一个重要环节

关于宗教的产生,各国研究者有不同的看法。有"魔术说",认为宗教起源于原始人的巫术魔术,古人解释不了洪水、地震、电闪、雷鸣,于是就用巫术魔法举行祭祀仪式来与之沟通,进而产生了对它们的崇拜;有"灵魂说",认为宗教起源于人对"生"的崇拜和对"死"的恐怖;有"生气说",认为宗教界是对生命和灵气的信仰和崇拜。不管是哪种说法,它们的共同点是宗教都属于人类精

神文明的组成部分,是人类对自身的本质与自身与自然界相互关系的一种自我意识。因此我们说宗教的产生是人类文化活动特别是精神文化的重要组成部分。

(2)宗教的发展与各种文化现象有联系

宗教在漫长的发展过程中,与各种文化现象结下了不解之缘。宗教涉及政治、经济、历史、哲学、绘画、雕塑、书法、建筑等广泛的内容。纵观人类发展的历史,几乎所有的文化形态都与宗教有密切的联系。步入道观寺庙,你会为宗教雕塑的特有魅力所折服,你会为塑像旁边的壁画和书法艺术赞叹不已,你会从和尚尼姑们的生活习俗和虔诚的祷告中得到解脱。如果我们剥去宗教的神秘外衣,它里面蕴藏的丰富而珍贵的文化遗产确实是一个深远的文化宝库。如果我们致力于研究哲学、科技(化学——炼丹)、艺术、建筑,就会发现宗教当中包含着极为丰富的值得继承和借鉴的东西。宗教是一种国际间的共同文化,是人类共同的精神文明的向导。它对人类的各个方面尤其是精神文化方面产生了巨大而深远的影响。

基于以上两点,我们说宗教是人类的文化现象。

(二)宗教的起源

宗教作为一种社会现象,萌芽于旧石器时代的中期。在原始社会里,它以自然崇拜、图腾崇拜、祖先崇拜、神灵崇拜等形式表现出来。在人类走向文明的过程中,它逐渐形成了包括教义和神学、经典、教义、戒律规矩、组织机构等的一整套宗教体系。其中某些宗教由多神教演变为一神教,国家的宗教演化为世界性宗教(佛教印度—亚洲—世界)。世界各国的远古宗教产生于魔术、灵魂信仰和崇拜,中国的宗教则起源于自然神崇拜、动植物崇拜和图腾崇拜、鬼魂崇拜和祖先崇拜等原始的宗教形式。

1. 自然神崇拜

自然神崇拜就是把诸如日月星辰、风云雪雨乃至名山大川等自然现象神化,进而把它作为一种超自然力量加以崇拜,祈求它的保护和赐福。自然的人类难以驾驭的自然物都可能成为远古人类的崇拜物。它表现为人们把诸如山岳峡谷、江河湖海、日月星辰、石头、洞穴、风雨、雷电、水火等自然物及自然力视作具有灵魂、意志超人力量的对象加以崇拜。人们常常以唱歌、跳舞、绘画、雕塑以及食物、金钱供奉,甚至杀人、杀牲畜等活动来表达对自然物的敬畏,寄托自己的希望,祈求它赐福避灾。人们在寺庙和山上的面对自然物烧香叩头的行为即属于自然物崇拜。"大海航行靠舵手,万物生长靠太阳",离开了太阳动植物都不可能生长,于是自远古时期,直至夏、商、周三代我们的先人都很崇拜太阳。在原始彩陶上有太阳神或太阳图案,在各种典籍上有人们对太阳神崇拜的记载。日神是群神之首,太阳是人类最先的崇拜对象。《后羿射日》神话传说中说:十日并出,植物枯死。羿射去九日,民得安宁。古希腊神话中的太阳神是阿波罗。除了对日神崇拜外,中国古代还盛行月神崇拜,在不少少数民族地区,崇拜月神的尤多。鄂伦春族在发生月食时,竞相敲击一切能敲响的东西。汉族也有这种习惯,称之为防止"天狗吃月亮"。八月十五祭月仪式流传至今。对山神的崇拜,对河神的崇拜也很盛行。历代皇帝登基后举行封禅天地的重大活动,说明人们对山神的崇拜,而"河伯娶妇"的传说;则证明战国前人们有祭河神的习俗。除此之外,夏朝以前,人们还有崇拜风、云、雷、雨的习俗。

### 2. 动植物崇拜和图腾崇拜

远古时期,人们对庞大的狮、虎、豹等动物是既害怕又崇敬的,对养活自己赖以生存的植物也怀着敬畏的心情,认为动物和植物都有灵性,因此把它们当作神灵崇拜。这是原始社会的先民普遍具有的宗教意识,如原始彩陶和青铜器上多为动植物图案。与动植物崇拜有着千丝万缕联系的是图腾崇拜。图腾崇拜也是原始社会中流行的一种宗教信仰,"图腾"是印第安语"它的亲族"的词的音译,在那时原始人相信每个氏族都与某种动物、植物有着神秘的亲属关系或其他特殊关系。此物就成为这个氏族的图腾，成了这个氏族的保护者和象征。多数氏族的人以动物（如熊、狼、鹰、鹿等）为图腾，并往往以它命名，人们以本氏族的图腾禁杀禁食，还时常举行崇拜仪式。传说中国上古时期的黄帝曾训练虎、豹、罴、貔、貅等几种野兽与蚩尤等部落作战。其实，这几种动物就是黄帝部落所属的氏族的图腾符号。另外，澳大利亚东南部的一些部落还分性别搞图腾崇拜，男子以蝙蝠为图腾，女子以夜鹰为图腾。可见图腾崇拜是远古人类的一种普遍的宗教行为。崇拜者把图腾视为自己群体或个人的保护者而对其敬畏、崇拜。有些氏族曾禁杀、禁食甚至回避视为图腾的动植物，但有的氏族却在举行一定宗教仪式中宰杀和食用它，企求图腾之优良特性传承给氏族成员体内。图腾崇拜可能对推进人类由血缘乱婚杂交向氏族外婚制转变有一定的影响，相同图腾不能婚配，也可能对提高人类身体素质和形成民族的文化和心理有深远影响。图腾崇拜的遗迹至今在一些少数民族犹存，如中国民间对龙的偏爱，一些国家在国旗上饰以狮、鹰、象等图案。

### 3. 鬼魂崇拜和祖先崇拜

远古时代的人由于不能解释做梦、生死等现象，普遍地认为有一种独立于身体之外或不随形体的灭亡而消失的精神实体，即灵魂。由于这种灵魂不会死亡，不受时间和空间的限制，具有超人的能力，原始人既惧怕受到它的危害，又希望能得到它的恩赐，久而久之，不死的鬼魂成为人们普遍崇拜的对象。这就是鬼魂崇拜。与鬼魂崇拜紧密联系的是祖先崇拜。祖先崇拜是一种以祖先的"灵魂"为崇拜对象的宗教信仰，同样流行于远古社会。当时人们认为死去的祖先的"灵魂"仍然存在于人间，为了使它不扰乱后代的生活，并祈求得到祖先的保护，人们就举行各种形式的安灵祭，于是出现了祖先崇拜。祖先崇拜长期保留于奴隶社会和封建社会之中。祖先崇拜萌生于旧石器时代中期，大量的墓葬考古能证明这一论断，到旧石器时代晚期，母系氏族产生以后，氏族的女祖先,生前是本民族生存、发展的奠基者,死后便受到民族成员的崇拜。当父权制取代母权制以后,人们转而崇拜男性祖先。在以血缘为纽带的社会中,崇拜祖先之灵成为社会的礼仪制度。历代皇帝都设置祖先灵位,定期祭司。汉族普通百姓长期家家供奉祖先牌位,设置家族祠堂表达对祖先亡灵的尊崇。港台大户人家至今置设祖先牌位供奉。

总之,远古宗教反映了远古人类对自然和人类自身问题的模糊认识,也说明了人类具有了丰富的想象力。它是人类文化的最初精髓之一,也是后来宗教发展的基础,对人们的精神文化生活影响极大。

### (三)道教与中国古代文化

道教是在中国古代社会宗教信仰的基础上发展起来的一种宗教,具有汉民族思想和信仰的特点,是产生于中国本土的一种宗教。道教的思想渊源,或者说道教的起源,主要有五个方面:①中国古代的鬼魂崇拜,特别是殷商时代的巫术祭祀鬼神;②战国以来的神仙方术,主要是战国、秦汉时代的方士求仙采药、练丹术;③秦汉时期的黄老道;④道家哲学与阴阳家思想的影响较大;⑤阴阳家哲学,主要是老子和庄子的哲学和邹衍的阴阳五行术。道教成为一个有组织的独立的宗教,竖起宗教的旗帜招兵买马,始于东汉时期,创始人张陵在巴蜀(四川)创立了道派,也代人治病,因入道须交纳五斗米,故称为五斗米道,奉老子为教主,以《老子五千文》(《道德经》)为主要经典。张陵的孙子张鲁在三国时期的汉中建立了割据政权,势力很大。他控制的范围内,对过往穷苦百姓无偿供给食宿。张鲁的政权持续了二十年,后来被曹操所灭。张陵被道教徒尊称为张天师,他的子孙后代,也都沿用天师的称号。东汉时道教还有另一个教派叫"太平道",是农民起义黄巾军的首领张角创立的,信奉黄老道《太平经》,"以善道教化",符水治病。张角的太平道曾征集徒众十万。黄巾起义失败后,太平道深受打击。魏晋时道教有一个大发展。东晋时的葛洪撰写了

《抱朴子》内外二篇,内篇属道教,整理并阐述了战国以来神仙方术理论,认为世人通过修炼吞丹而得道后,可不死而登仙。与此同时,"天师道"在江东盛行,即张陵的后代。南北朝时,嵩山道士寇谦之创立"北天师道",庐山道士陆修静创"南天师道",都与张陵有继承关系。隋唐两代是道教的兴盛时期,因为隋唐两代有许多皇帝相信道教,唐代开国皇帝以老子为自己的祖宗,所以唐代皇帝及亲眷多信道教(武则天信佛教)。宋代道教在真宗和徽宗时最为兴盛,大建宫观,出现了许多道教学者,多强调气功健身修炼。唐宋以后,南北天师道与上清、灵宝等各宗派逐渐合流,到元代归并于以符箓主的"正一派"中,即"正一道"。同时,金元时期,王重阳创立了以道为主,兼容儒释的"全真道"。从元代开始,道教正式分为"正一、全真"两大教派。明代仍继续流传,清代日渐衰落。

## 1. 道教的信仰特征和基本教义

道教虽然派别繁多,但都有共同的信仰特征和基本教义。道教的基本信仰是"道",他们所说的"道"出自老子《道德经》,但在道士眼里,道是宇宙万物之本源,同时又是"灵而有性的""神异之物"。宇宙、阴阳、四时、万物都是由道化生的。与"道"并提的是"德",道之在我者就是"德",故道教规定信徒要"修道养德"。他们认为,"道"乃"虚无之系,造化之根、神明之本、天地之元",万象"因之而生",五行因之而成。同时,不管是谁,只要认真修道养德,都可以成仙。道教信奉的最高神是"三清尊神",一是"玉清元始天尊",即天宝君;二是"上清灵宝天尊",即太上道君;三是"太清道德天尊",即太上老君(老子)。此外,玉皇大帝等四个帝王,风雨雷电、土地、灶君、门神、财神等大大小小的众神;历史上的圣哲贤才和忠孝英烈,如关羽、岳飞等,也是道教信奉的神。道教的最终目标是"得道成仙",经过"修道养德"能使人返本还原,与道合一,最终成为神仙。成了神仙就能灵魂常在,肉体永生。传说中道教中有八位俗胎凡子修炼成仙,这就是道教八仙——铁拐李、钟离权(汉钟离)、张果老、何仙姑、蓝采和、吕洞宾、韩湘子、曹国舅。此外,道教供奉的仙还有各种天仙、地仙、尸解仙、日月五星、二十八宿诸星、北斗星、四方之神、各种守护神、引业神、功能神等,可见道教崇拜诸神各仙已形成一个庞大的神仙系统。道教吸收和融化了许多中国传统的东西,如气功健身祛病强身、炼丹吃丹药,因而与中国古代文化的关系十分密切。道教的基本教义是长生久视、全性保真。道教相信人生只是一个有限的时间过程,却要想方设法使自己长寿。"长生"就是高寿,年龄大视力却很好就是"久视",才是健康的长寿者。而真正的长寿者是对道的体悟,正如老子所说:"不失其所者久,死而不亡者寿。"得道才是真正有价值的人生。全性保真,就是永远保持自己的天性,做"赤子""婴儿"类的真人。道教认为,得道之人,不是权势、地位显赫之人,而是"赤子""婴儿"类的真人。他们无知、无为,真正处于纯真、朴实、自然的状态,却不被外物所伤害,完全保持自己的天性。要想全性保真、长生久视,首先,必须采取自足的生活态度,因为五色、五味、五音等令人心跳的人间享受,其实都是对人的挑逗和诱惑,应该拒绝这些物质和精神的诱惑,满足于清淡简朴的生活,过一种"抱拙守朴"的生活。不知足是起祸之端,知足者才能常乐。知足才不会招致屈辱,适可而止才不会遇到危险,从而达到长生久视的境界。其次,要学会守气,学会关闭自身的感觉通道,学会心斋坐忘,真正达到忘我、忘他和忘忘的境界。要专守一窍,吐纳运气要像婴儿那样平和,清除杂念,净化心灵。唯有如此才能"全性保真"。道教的教义可以让人们在紧张纷争的生活中平抑内心的躁动,寻找灵魂的港湾,也可以让人们在逆境挫折中得到精神抚慰和生活的勇气。不过对于我们来说,道教中那种不求上进、明哲保身的成分是应该警惕和批判的。

2. 道教对中国古代文化的影响

(1)道教对中国古代科技的影响

在一般人看来,宗教是迷信,是反科学的,但事实上道教与不少科学学科有关。比如道教与古代尚未与冶炼术分家的化学有密切的关系。道士们为了炼造长生不老的金丹,做了许多实验,并且把炼丹术用文字记录下来。正是他们常年的炼丹活动和著书立说,为古代化学作出了令人惊叹的贡献,晋代葛洪在《抱朴子·金丹篇》中记录了炼丹过程中的各种化学反应,对火药的发明很有影响。再比如道教与古代医学、药物学也有着密切的关系。道教炼丹家为了炼丹在不知不觉中成了医学和药物学专家。晋葛洪、南天师道代表人物陶弘景都有大量的医学著作,对古代医学和药物学的发展作出了重大贡献。特别是隋唐之际的著名道士孙思邈,著有《备急千金方》30卷,《千金翼方》30卷,合称《千金方》,共收集800多种药物,5 300多个处方。他首创复方,提出一方治多病或多方治一病的方法;主张独立设科,重视妇科和儿科。孙思邈对今天的医学和医学院的大学生仍有影响。医学开处方有时仍用孙思邈的处方,中医学院的学生仍要学习孙思邈的文章,把他的文章当作医学古文来研读。道教对古代医学的影响,还表现在气功方面。现在早晨和夜晚市民们练气功已成为城市文化的一道璀璨的风景线,其实他们正在修炼的气功,都源于道教,只是现代人对道教修养方法的一种运用,比如讲究守一、存思服气,比如要求清静、息虑、守丹气,都是古代道教的现代化运用。

(2)道教对中国古代文学艺术的影响

道教对文学的影响比较明显,比较突出的是中国古代的神话传说。中国古代的诗歌有不少表现神仙、道士的作品,李白自号谪仙人,写了许多与道教有关的作品。小说从魏晋南北朝到明清,许多作品深受道教的影响。魏晋南北朝时的志怪小说,其代表作是东晋干宝的《搜神记》。《搜神记》是志怪小说集名,共20卷,书中多记叙神怪灵异之事,它对唐传奇、明清志怪小说影响很大。唐代传奇短篇小说中也有不少宣扬道教的作品,明代余象斗等人的《东游记》《南游记》《北游记》写了八仙、灵官大帝、真武大帝等。明代的许仲琳的《封神演义》,借武王伐纣的故事,借神魔斗法大力宣扬了"三教合一"。此外,冯梦龙的三言(《喻世明言》《醒世恒言》《警世通言》)、凌濛初的二拍(《初刻拍案惊奇》《二刻拍案惊奇》)中也有一部分篇章是宣扬道教的。道教对戏剧也产生了一定的影响,元杂剧分十二科,第一科就是"神仙道化"。另外,道教对中国古代的绘画、音乐都有一定的影响。需要补充的是,道教对雕刻、建筑、绘画等艺术也有影响。

(3)道教对中国古代民俗的影响

在中国古代,道教对信道的,不信道的各族人民都有影响,结婚拜天地,几乎流传至今。在当今的农村,人们对道教供奉的众神都很恭敬,祭台上贴上"上天言好事、下地保平安",旨在为一家人祈福保平安,还有桃符,在汉代是用桃木木板画神象,后来在桃木板上写上神的名字,最后演变为用红纸写春联。这些风俗均出自道。年画上钟馗、关公都是道教崇拜的神仙。

综上所述,道教是本土教,它源于中国又对中国文化的各个方面产生过极大的影响,道教蕴含着浓郁的中国传统文化。我们研究中国传统文化,许多问题都能在道教中找到答案。鲁迅先生曾指出了道教是中国文化的根砥之所在。

(四)佛教的中国化与中国化佛教

与道教是一种土生土长的宗教不同,佛教是一种外来的宗教。但是佛教传入中国之后,受到中国传统文化的影响,于是佛教在中国这片土地上中国化了。

1. 佛教的基本教义和教派

(1)佛教的基本教义

佛教产生于公元 6 世纪的印度,创始人姓乔达摩,名悉达多。释伽牟尼是佛教徒对他的尊称,意即"能仁""能儒""能忍""能寂"的圣人。他又被称为"佛"或"佛陀",意思是"觉悟了真理的智者"。释伽牟尼确有其人,他是古印度净饭王的王子,生于公元前565 年。他对世间的种种苦难和生老病死苦苦思索,又读了不少

书,但始终找不到解脱人间苦难的答案。于是在他 19 岁(一说 29
岁)时,舍弃了王位,离开了妻子和一个儿子,剃发出家,他父亲劝
他无效,只好在亲族中选派五人随他一起出家。他们到深山修练
苦行六年,尝够了艰苦辛酸,但毫无收获。六年后的一天,他在河
里沐浴,接受了一个牧羊女的羊奶,恢复了气力,随后他独自来到
波罗奈城的一棵菩提树下,铺上了吉祥草,向着东方盘腿做着打
坐,发誓说:我今,如不证到无止大觉,宁可让此身粉碎,终不起此
座。经过七七四十九天的打坐沉思,终于在一天夜里,战胜了最
后的烦恼,悟到了解脱烦恼的真理,大彻大悟尽除烦恼,证成佛
果,立地成佛了。释迦牟尼悟到的真理是:世间一切都是因缘而
起的假象、幻影,都是空的,因此人们对世间的一切都不必刻意追
求,对一切都无所追求、执着,就没有烦恼了。释迦牟尼悟道成佛
后,就开始收徒传法。他的主要传教地区是印度。公元前 485 年
他病倒了,随后在河边洗了个澡,在一处四面都有菩提树的中间
安置绳床,枕着右手侧身卧着。后来所有的卧佛像(即佛涅磐像)
都是这种姿势。佛逝世后,遗体火化,八国信徒将佛的骨灰分成
八份,各在本国建塔安葬。释迦牟尼创立的佛教中心理论是"缘
起说",认为世间万物万事均因缘而生,因缘而灭。"因"指产生事
物的直接原因,"缘"指产生事物的间接原因。缘起说认为:万事
万物都处在一定的因果联系之中,并随着因果关系的改变而改
变。其典型的表述形式为:"因此有彼,无此无彼;此生此彼,此灭
彼灭"。诸佛因为觉悟了缘起法,才得以成佛,故后世有"见缘起
即见佛法身"的说法。其具体的运用实例则为十二因缘。十二因
缘是说明人生苦难的原因以及从轮回中解脱出来的途径。中心是
世界是苦的,主张前世因果,概括为因、果。"前世因果"——前世
造因,今世受果;今世造因,来世受果。六道轮回——随着自己的
善恶行为,或生天界而为天人;或为阿修罗(一种和天人差不多的
好战斗的神);或为畜牲;或为饿鬼;或堕地狱。一切众生永远升沉
于天、人、阿修罗、地狱、饿鬼、畜牲六道中,犹如车轮没有始终的转
着,所以叫轮回。原始佛教的基本教义是"四谛八道"和"觉行圆

满"。"谛"是实在、真理的意思。这四谛是：①苦谛——是对社会人生及自然环境所作的价值判断，认为世俗世间的一切，包括生、老、病、死等，本质都是苦。有四苦、八苦之说。四苦即生、老、病、死之苦。②集谛——是说一切苦因在于欲望，有欲望就有行动，有行动就势必造业，造业就得受轮回之苦。换句话说，集谛指造成世间人生及其苦痛的原因。原始佛教认为，造成人生痛苦的最根本的原因是"烦恼"，而烦恼是由"三毒"引起的，即"贪欲""瞋"：发怒时睁大眼睛，就是执着地看问题和"愚痴"：就是痴迷于某事。③灭谛——断灭世俗诸苦得以产生的一切根源，是佛教修行所要达到的目的。就是说，只有消除欲望，入涅磐界，才能消灭苦因，得到解脱。佛教认为涅磐界是一种超越因缘、超出三界、超言绝象、超越时空、不生不灭、无差别相、圆满清净、无限妙乐的永恒存在。④道谛——超脱苦海的方法，佛教认为只要按照佛法修行，就能跳出生死苦海，到涅磐彼岸，进入一种"常乐我净"的境界。原始佛教所说的修行方法很多，最著名的是八正道——正见，即对佛教四谛的正确见解，树立正确的佛教观点；正思，即对四谛教义的正确思维，思想意识符合佛教观念；正语，即修口业，不说一切非佛理之语，语言符合佛教规范；正业，即倾注于清净之身业，行动符合佛教规范；正命，即过符合佛陀教导的正当生活；正精进，即勤修涅磐之道法，正确的勤修趋于涅磐的道法；正念，即牢记四谛等佛教真理；正定，即修习佛教禅定，心专注于一境。佛教认为按八正道修行，可由凡入圣。当然，这其中还有大量的佛教术语，我们必须通过进修才能彻悟。

（2）佛教的教派

释迦牟尼逝世百年后，佛教徒发生了大分裂，印度的佛教分为众多派别，其中影响较大的是大乘和小乘。两者的主要区别是：小乘追求个人自我解脱，大乘则追求大慈大悲、普渡众生。大乘佛教大约萌芽于公元前2世纪至公元1世纪，大乘贬斥传统的佛教只求自我解脱，不讲普渡众生，贬之为小乘，自称为能运载更多的人抵达涅磐彼岸的大乘。大乘佛教认为任何人均可通过六波罗蜜来求得解脱,即布施、持戒、忍辱、精进、禅定、智慧。印度的佛教虽派别繁多,但主要是大乘、小乘。从 8 世纪起,伊斯兰教不断进入印度,11 世纪逐渐在印度形成强大的势力,到 13 世纪,印度佛教基本消亡。

### 2. 佛教的中国化及其在中国的发展

佛教在印度开始是原始佛教,后来是部派佛教,两者合称小乘佛教。小乘,原是大乘佛教教徒对它们的贬称,后为学术界沿用,而无褒贬义。大乘佛教,产生于公元 1 世纪中叶,它分为中观学派和瑜伽行派,前者属空宗,后者属有宗。在汉代佛教初传入中国时,小乘、大乘两派的东西都有。到两晋南北朝时,小乘佛教的传播,已趋衰竭。大乘空宗却和魏晋玄学相结合,形成了中国式的空宗理论。在南北朝时,南方的佛教偏重于理论的阐发,通常被称为教家;北方的佛教偏重于实践修行,通常被称为禅家。隋唐时实现了全国统一,南北佛教开始融合,"教"和"禅"之间趋向统一。

佛教传入中国后,与中国的道士方术结合了起来,当时的信奉者认为,佛教与中国的黄老道差不多,造祠供奉可以祈福永年,长生不老。但是释迦牟尼提出的四谛、十二生缘起的宗教学说,教人不要相信有不变的事物,"一切皆空",更不用说长生不老的人可以飞升了。这样,中国本土的道教与外来的佛教的教义发生了冲突,怎么办呢? 只有改头换面才行。汉代传译的佛经《四十二章经》与其说是译的,不如说是"改写"的,"它与《太易》《老》《庄》相表里"。可见汉代的佛教是经过一番改造的,并非真正的印度佛教。中国的佛教不赞成"一切皆空"的说法,主张"精神不灭"。魏晋时期,佛教始则依附于玄学,继而给玄学以影响,终则取代了玄学的地位。玄学与佛教合流之后形成了"六家七宗",按其基本教义又可分为三派:"心无派",主要是从破除"心执"(一心执着)的角度去谈空,认为只要"心中无物",即是空,至于心外之物空与不空不去管它;"即色派",从否定外境外法的角度去谈空,认为一切外境外法本身就是幻化而有，并非实有，因而都是空的，这种观点更接近印度佛教的观点；"本无派"，认为空就是不真，世间万物因为都是不真实的，所以都是空的，"四大皆空"。各家各宗各派虽说法各异，而论证现实世界的虚幻不实是一致的，他们都是引导人们追求并不存在的彼岸世界的天国快乐。南北朝弘扬佛性学说的代表人物是：慧远以"法性"谈佛性；梁武帝以"真神"谈佛性；竺道生以"理"说佛性，实际上都掺杂了个人理解的佛教，强调"神不灭"。比如，印度佛教讲"渐悟成佛"，竺道生独创说"一切众生悉有佛性""顿悟成佛"，他的这种说法更容易被人接受，因为人们可以不经长期修练在顷刻之间"顿悟成佛"了，而且人人可以成佛。这种"众生有性"说和"顿悟成佛"义，自南北朝之后，逐渐入主中国佛教界，成为中国佛教的主流。隋唐二代是中国佛教的鼎盛期，也是中国佛教的成熟期，唐代对儒、释（佛）、道都很重视。于是隋唐的佛教学说逐渐渗透了儒家的学说，把儒家的心性佛教化了。在隋唐，出现了许多佛教宗派，这些宗派，都具有各自独特的教义、教规以及传法世系。其中，大乘宗派有以下几种。

（1）三论宗

倡导者是天竺人龙树，传到中国的是鸠摩罗什，中国僧徒的大师是法朗。这一派认为佛教有俗、真二谛。"俗谛"认为有因果、君臣、父子、忠义之道；"真谛"认为"一切法毕竟空寂"。它折中二者，称为"中道"，说什么"言以不住为端，心以无得为主"，实际上模棱二可，不着边际。

（2）净土宗

天竺僧人世亲著《净土论》，中国僧人昙鸾、善导加以推广。这一派提出了一个快速成佛法。依一般说教，菩萨有十地（级），修个初级菩萨也要经过天地成毁无数亿兆次的时间。这一派却说，只要一念阿弥陀佛，迟则七日，快则一日，就可以修成一个八地以上的菩萨，速生净土地。这一派提倡大修功德，营造塔寺。凭着这种廉价的天国入门券，其在中国大行其道。

（3）律宗

佛教修行方法不外"戒""定""慧"三种。"戒"就是遵守戒律，不杀生、不盗、不邪淫、不妄语、不饮酒，这是"捉贼"的功夫。"定"就是持斋守戒，这是"缚贼"的功夫。"慧"就是弄通佛理，坚信不疑，这是"杀贼"的功夫。这三种功夫到家，就可以成佛，唐初终南山白泉寺僧道宣是一宗的倡导者。道宣以后，义净曾亲到天竺，搜寻戒律。

（4）密宗

据说这一派得的是释迦的真传密授，所以也叫"真言宗"，它奉所谓"大日如来"，法力无边。唐玄宗时，这一派正式传入中国。它有许多秘术、妖法。以上四宗都是纯粹的天竺宗教，并无哲学意义。

（5）法相宗

法相宗的创始人是玄奘和他的大弟子窥基。这一派的教义是"心外无法（物）""万法唯识"，所以也叫唯识宗。它认为天地万物、古往今来，都是人心所现的幻象。人们的眼耳鼻舌身所感受的，就是这些幻象；认识不是人的头脑认识外物，只是灵魂认识自己。法相宗所宗的是大乘有宗，即瑜伽行派，由于这一派的理论过于庞杂和繁琐，难以为一般僧众所理解，所以仅在唐初流行三四十年时间，便走了下坡路。

（6）天台宗

天台宗的创始人是慧思的弟子智。这一派以天台山为中心，以调和各派为宗旨。其教义是"三谛圆融"，也就是"亦真、亦假、亦中"。它提倡所谓"止观法"，"止"就是"定"，就是坐禅；"观"就是"慧"，就是领悟佛理。主张"止观"并重，"定慧"双修。这就是说，佛不在西天，而在自己心中。天台宗的"五时八教"（五时：华严时、鹿苑时、方等时、般若时、法华涅磐时，这是按时间顺序解释释迦说教的顺序。八教：藏、通、别、园、渐、秘密、不定）是对释迦的说法重新编排，已经改变了印度佛教的本来面目，由此可见印度佛教的中国化，已发展成为中国化的佛教。天台宗的代表作是《法华经文句》《法华经玄义》《摩诃止观》。其思想曾于9世纪传到日本,开创了日本天台宗。至今日本仍有天台宗。

(7)华严宗

华严宗因以《华严经》为主宗依据,故称为华严宗。其创始人是与智同时的终南山僧人杜顺,法名法藏,他曾给武则天上过课。其教义为"事事无碍",宣称"真如(佛理)即万法(万物),万法即真如,真如与万法,无碍融通"。该教以"五教十宗"为其理论。五教为:小乘教、大乘始教、大乘终教、顿教、悟教。十宗为:我法俱有宗、法有我无宗、法无来去宗、现通假实宗、俗妄真实宗、诸法但名宗、一切皆空宗、真德不空宗、相想俱绝宗、圆明具德宗。该宗的主要理论是用四法界来观察世界。他们认为世界万物相即相入,重重无尽,一法即一切法,一切法即一法。华严宗所宗的虽也是大乘有宗,然而由于它创造了一套与印度佛教不同的理论体系,所以对中国思想史产生了很大影响。

(8)禅宗

在唐代以及后世,在我国流传最广、影响最大的佛教宗派,是禅宗。在印度,没有禅宗,只有禅法。禅法是佛教的修行方法。这种方法,小乘和大乘之间是有区别的。禅宗所宗的是大乘禅法,并以此为基础建立起了自己的理论体系,从而形成了一个独立的佛教宗派。因此,从天台宗至华严宗到禅宗,佛教已彻底完成了其中国化的进程,成为纯粹的中国佛教。

①禅宗的源流

禅,梵语作"禅那",意即坐禅或静虑。天台宗的"止观"也是禅的一种。自从鸠摩罗什译出《禅法要解》以后,禅学开始成为专业。罗什的学生竺道生用玄学解释佛理,已经是唐代禅学的先河。但真正的禅宗是传自南天竺人达摩。达摩自称是禅宗的第二十八世祖,梁武帝时来到中国,因为南方佛学注重义理,北方佛教注重坐禅,所以达摩的禅学在北方得到了发展。禅宗的起源可上至释迦牟尼说法会上的"拈花微笑",迦叶得其真传,这一派传到达摩时已是第二十八代,但在中国达摩却为禅宗首创,称为初祖。后来,他把法衣传给了"博通群书,尤善老庄"的慧可,慧可又传给僧灿,僧灿传给道信,道信传给弘忍,至六祖惠能而初具规模。弘忍传位时,其大弟子神秀本是预定的法嗣,但他怕别人害他并引起争夺法衣的内乱,所以在晚上悄悄把衣钵传给惠能,并让他连夜逃往南方,于是禅宗分为南北两派。后来,惠能的大弟子神会冒险到北方,夺得了正宗的地位,以后,所谓禅宗,就是惠能的"顿悟派"。唐"安史之乱"后,又经唐武宗的"会昌"反佛,唐初盛极一时的佛教各派,如天台、法相、华严等宗,都渐渐衰落了,只有禅宗盛行起来。禅宗的形成是印度佛教转变为中国佛教的一个显著标志。

②禅宗的教义

禅宗形成于南北朝时期,分五家七宗。禅宗的基本教义是"直指人心,见性成佛,不立文字"。从某种意义上说,禅宗的出现使佛学的中心从印度移到了中国,其中惠能成为六祖。他强调修行解脱全凭自己,不能依靠外力;应在现实中寻求解脱,不能离开现实世界去寻求西方净土。

"无念"是佛教的一个基本概念"顿悟"之说,自竺道生以来,在中国佛教的各宗派中已广为流行。而禅宗,则把这两个概念彻底发展了,从而在解脱论的内容和方法上,又辟新径。禅宗的学说,有两个前提。第一,一切众生皆有佛性说,也就是说,在佛性问题上,人与人是平等的。第二,"心性本觉",禅宗之所以认为"心性本觉",是因为它认为"心"本身就具有一种先天的智慧。上述这两个前提表明:在人性问题上,禅宗主张所有的人都先天具有善和智慧的本性。这种人性论正是它们的"无念"和"顿悟"之说的出发点。禅宗以"无念为宗",把"无念"作为他们修行的基本内容。禅宗的"见性成佛""顿悟成佛"的学说,把成佛完全归之于内心的自觉。其结果,一方面是破除了对佛经的迷信。历来佛教各派都把佛经作为真理的标准,即使是自创理论体系的天台宗、华严宗,也还是要以某一部佛经作为自己的理论依据。禅宗当然也吸取了某些佛经当中的理论,然而它们认为佛的智慧在每个人自己心中,因此认为不必以佛经为依据。另一方面是破除了历来被奉为绝对权威的佛祖的神圣性。禅宗否定外在环境的作用时，也否定了一切外在的权威，破坏了佛教的神圣性，从而走向了它的反面，这在我国封建社会中，不能不说是具有积极意义的。

综上所述，隋唐佛学的发展过程，也是进一步和中国传统的文化融合而中国化的过程。在这一过程中，佛学的解脱论逐步充实了世俗道德修养论的内容。至禅宗，把凡人与佛的区别，归结为觉悟与不觉悟的区别，这就极大地减少了宗教的气息。在隋唐佛学的这种道德修养论中，对于修养的内容、途径和方法，都提出了不少新的见解。这些见解，直接间接地为宋明理学所吸收，影响了后世儒学的发展。

### 3. 中国化佛教是中国文化的组成部分

我们之所以说中国化佛教是中国文化的组成部分，是因为佛教对中国古代哲学、文学、书法、绘画、雕塑、建筑及至名山大川都有巨大而深刻影响。

（1）佛教对哲学的影响

魏晋时，佛教始则依附于玄学，继则给玄学以影响，丰富和发展玄学，最终则取代玄学的地位。而在南朝，佛学一度成为最重要的统治思想。隋唐二代，是佛教传入中国后最繁荣的一个阶段。上至统治者下至普通百姓，无不受佛家思想的影响，人人都想成佛。宋明时期的理学（程朱理学）的思维模式和修行方法也受到佛教的影响。清代几个皇帝也把佛教作为进行思想统治的工具。总之，在中国历史上，儒、释（佛）、道三教一直是统治中国的三大哲学和宗教体系。

（2）佛教对艺术的影响

佛教对艺术的影响，这是一个很大的话题。艺术包括面很广，有文学、书法、绘画、建筑、雕塑、音乐、戏曲等。值得深入探讨的是，以上各个门类的艺术，都或多或少地与佛教有联系。许多文学家信奉佛教，在他们的作品里也充满了佛教色彩。晋代的谢灵运是个佛教徒，他的山水诗中就有浓郁的佛教色彩。唐代诗人王维,诗中有画,诗和画中都有佛教所追求的"意境"。特别是南朝刘勰,他是个佛教徒,积十余年,博统佛教经论,参加整理佛经的工作。他的《文心雕龙》是从佛教的角度来分析和评论文学的。再说绘画、书法,许多历史上有名的书法家也是深谙佛教的,作品中渗透着一定的佛学思想。唐代诗人、画家王维特别信奉佛教,有时竟以"谈玄终日以为乐"。他画的"辋川图"据说是"意出尘外"的佳作。南宋的法常、元代的吴镇、清代的石涛等,或出家为僧,或隐居山林,但不管是在寺庙作画,还是在民间作画,他们的绘画都透出佛教境界。还有一些书法家也信奉佛教。诗人、画家、书法家受到佛教思想的影响,按照佛教所设计的道路安排生活,他们也在自己的作品中阐释或反映自己所体验到的佛教徒的理想和愿望。中国古代的雕塑艺术与佛教的联系最为紧密。一说古代雕塑,你会立即想到石窟。石窟是佛教寺庙的一种,就山崖开凿而成,是佛教雕塑的宝库。石窟起源于印度。我国自公元四世纪始开凿,以北魏至隋唐为最盛,唐以后逐渐减少。窟内或雕塑、或壁画、或泥塑,内容均为佛像和佛教的故事。这些雕刻、壁画、塑像形象生动,技术高超,风格独特,是佛教艺术宝库中的珍宝。如果把石窟佛像雕塑从我国雕塑艺术中抽出,那么我国古代雕塑就没有几件像样的作品了。上海博物馆中国古代雕塑展厅,几乎全部都是佛像,如果你有机会可以去看看。不过正宗的石窟是以下几个:甘肃敦煌莫高窟、山西大同云岗石窟、河南洛阳龙门石窟等。

(3)佛教与四大名山

四大名山,又称四大道场。中国佛教所传四个菩萨分别显灵于此四大道场:山西五台山,传为文殊菩萨的道场;浙江普陀山,传为观音菩萨的道场;四川峨眉山,传为普贤菩萨的道场;安徽九华山,传为地藏菩萨的道场。四座名山供奉的菩萨不同,一是显示了佛教在中国的派别不同,二是显示了人们对佛教追求目标的不同理解。求智上五台山,求德上峨眉山,求发展上九华山,求平安上普陀山。四大道场对中国人的文化心态的影响是显而易见的。

### 4. 不同佛教流派对不同地区的影响：宗教的地域性

关于佛教对中国古代文化的广泛影响，还有一个问题必须提到，那就是个别流派在某些地区的影响是极大的。其中地区性影响较大的是蒙藏地区的藏传佛教和西南地区的南传小乘佛教。藏族人信奉藏传佛教，即喇嘛教，尊崇达赖和班禅两位活佛。据说班禅额而德尼·确吉坚赞到青海塔尔塔传讲经，连他尿的尿也要挖地三尺加以供奉，可见其影响之大。历朝历代的皇帝要想统治西藏、青海等藏族居民区，都得和活佛搞好关系，授以官位。除藏传佛教和西南地区南传小乘佛教外，还有许多民间宗教，如萨满教、本教、东巴教等在少数民族地区有很大影响。汉族居住区内，也有许多民间宗教，如白莲教、八卦教、黄天教在某些地区很有势力，对该地区的社会风俗和文化发展产生过影响。

### （五）三教交融与儒学的宗教功能

在中国历史上，常有儒、释、道三教之称，因此谈论、研究中国古代宗教，很难回避儒学与宗教的关系问题。中国的传统儒学，并不是纯粹的宗教，它是一种具有强烈的入世精神与深厚的人文传统的理性主义学说。正因为儒学在中国社会长期占据着主导地位，才使中国未曾出现过其他国家和民族大都经历过的宗教全面统治的时代。

传统儒学的宗教色彩主要表现在以下几个方面。

第一，天命观念。从思想渊源来说，儒家学说是夏、商、周三代思想的继续，而在三代占统治地位的"天""天命""天道"观念仍然是儒家学说的最高范畴。孔子虽然在中国思想史上开始了从"天"向"人"的转变，"罕言命与鬼神"，但在孔子思想和儒家思想中，"天"一直是政治思想和人伦道德之本源，所以说儒家学说仍然具有一定的宗教色彩。

第二，天人感应。董仲舒在"天人感应"的理论下把儒家理论进一步神化、人格化，儒家的"天"又被彻底的宗教化了，从而把先秦儒家所建立的一整套正在逐步脱离宗教外衣的政治、伦理学说重新神学化、宗教化了。

第三，传统儒学的修养理论大量地充满了宗教色彩。他们所走的都是一条通过反省内求以上达天道的道路。

宋明理学也具有一定的宗教功能。宋明理学修行方式逐渐由"修心养性"转向禅宗式的注重证悟的"明心见性"。他们极力提倡的主观内省、半日读书、半日坐禅等更具有浓厚的宗教式面壁修行的色彩。宋明理学最高范畴的"天理""天道""本心""良知"等，在思想蕴涵上，是吸取了隋唐佛教的"佛性"论，从而使宋儒之"心性义理之学"在一定程度上表现出了儒学化了的佛性理论色彩。

## 第二节　基于传统文化的社区生态建设模型

社区文化是指一定区域、一定条件下社区成员共同创造的精神财富及其物质形态，它包括文化观念、价值观念、社区精神、道德规范、行为准则、公众制度、文化环境等，其中，价值观念是社区文化的核心。社区文化不可能离开一定的形态而存在，这种形态既可以是物质的、精神的，也可以是物质与精神的结合。具体来说，社区文化可以包括环境文化、行为文化、制度文化和精神文化四个方面的内容。

### 一、环境文化

社区环境是社区文化的第一个层面。它是由社区成员共同创造、维护的自然环境与人文环境的结合，是社区精神物质化、对象化的具体体现。它主要包括社区容貌、休闲娱乐环境、文化设施、生活环境等。通过社区环境，可以感知社区成员的理想、价值观、精神面貌等外在形象。例如残疾人无障碍通道设施可以充分体现社区关怀、尊重生命、以人为本的社区理念。当然，怡人的绿化园林、舒心的休闲布局、写意的小品园艺等都可以营造出理想的环境文化氛围。现在很多社区积极导入环境识别系统,用意也基于此。

## 二、行为文化

行为文化也被称为活动文化,是社区成员在交往、娱乐、生活、学习、经营等过程中产生的活动文化。通常所说的社区文化都是指这一类的社区文化活动。这些活动实际上反映出社区的风尚、精神面貌、人际关系范式等文化特征,它如社区之"手",动态地勾勒出社区精神、社区理想等。例如郑州大学东校区小区组织开展了多场社区文化活动,涉及娱乐、运动健身、医疗保健等各个方面,如戏剧文艺汇演、医疗保健到社区等。

## 三、制度文化

制度文化是社区成员在生活、娱乐、交往、学习等活动过程中形成的,与社区精神、社区价值观、社区理想等相适应的规章制度、组织机构等。它对保障社区文化持久、健康地开展具有一定的约束力和控制力。制度文化可以粗略地分为两大类:一类是物业管理企业的各种规章制度,另一类是社区的公共制度。物业管理企业的规章制度和社区的公共制度都可以反映出社区价值观、社区道德准则、生活准则等,如奖罚分明可以体现出社区的严谨风格,规劝有加可以体现出社区的人性感悟,条分缕析可以反映出社区的细腻规矩等。为保障社区文化活动深入持久地开展下去,现在很多小区物业管理部门都成立了专门社区文化部,负责社区文化活动建设工作。社区文化部在引导、扶植的基础上成立各种类型的社区文化活动组织,如艺术团、协会、表演队等,同时还对社区文化活动开展的时间、地点、内容、方式、程序等予以规范。

## 四、精神文化

精神文化是社区文化的核心,是社区独具特征的意识形态和文化观念，包括社区精神、社区道德、价值观念、社区理想、行为准则等。这是社区成员价值观、道德观生成的主要途径。环境文化、行为文化、制度文化都属于精神文化的外在体现。这里特别将那些指向性强烈、精神性突出的活动等也算作精神文化建设的范畴，如郑州市内的社区评选文明户或者文明家庭、优秀教育宣传员、保健知识宣传员、中国共产党革命历史展示宣传员、学雷锋演讲员等。由于精神文化具有明显的社区特点，所以往往要多年积累，逐步形成。

# 第六章　改善社区生态文化建设的具体措施

## 第一节　生态环境建设和社会和谐发展

### 一、加强社区生态文化环境建设，营造和谐人居环境

一个良好的社区文化环境，是大多数居民生活中不可缺少的部分。在社区文化建设中，社区的设施生态文化环境的建设和各类文化资源是影响社区文化建设的重要因素，这些重要因素也是顺利开展社区文化工作的前提和保证。其中，健全基础设施建设，可以提供硬件保证。

首先，完善社区活动室。

加大对社区文化阵地建设的投入，添置适合老年人锻炼的健身器材、活动设施，提升活动室的活动功能，丰富居民的文化体育生活。

其次，落实社区公益性活动场地。

社区的小广场、公益性活动场地是社区居民开展文化活动的重要场所。要不断改造完善原有老小区、住宅区的空闲场地，扩展公益性活动空间。

最后，拓展社区文化活动空间。

为弥补社区活动场所有限、活动设施短缺的缺陷，要充分发挥"共驻共建、资源共享"的共建优势，积极与辖区学校、单位联系、协商，通过协调在不影响辖区学校、单位正常工作的情况下，与他们共用健身运动场、活动室、职工之家等文化体育设施和场所，用于社区开展群众文化活动。

在社区文化建设中，社区的各类文化人才资源是各社区文化

建设的宝贵财富和主要力量。各类文化人才资源一般由文化组织管理队伍、文化艺术队伍和群众文艺骨干组成,而这支队伍的整体素质如何,将直接关系到社区文化建设和社区精神文明建设的状况。

为了保证社区文化的广泛性、普及性,社区要注重强化社区文化骨干对社区群众文化建设的业务指导作用,要逐步吸纳社区内热爱体育事业、长期从事社区居民健身活动组织的民间团队的队长、教练组成文化骨干队伍,并选有文化工作经验或有文艺专长的有能力、有精力、愿意参与社区文化活动的居民加入这支队伍,特别是一些离退休老同志,让他们继续"上岗",发挥作用,奉献余热。

## 二、加强社区生态文化环境建设,创造优美居住环境

首先,进行社区生态环境建设可以创造出优美的居住环境。

郑州市的鑫苑景园小区是个花园式住宅小区,占地约 100 万平方米,内辖浓缩夜郎文化的多功能振华广场,是一个适宜居住的新型绿色社区。在小区创建中,始终坚持走"以山、水、人文环境为一体的生态文明社区"路线,在社区"洁、美、宁"上做文章。

其次,注重建设具有一定文化氛围的人居环境。

辖区内小区规划有序,设计新颖,配有花园、池塘,临水的地方,建有楼、台、亭、棚、小桥。尤其是浓缩文化的多功能的广场,是一个集休闲、娱乐、晨练于一体的人文广场,广场设有彩色音乐喷泉,每逢泉水喷涌,吸引着大人小孩争相观看,这些人文景观为小区的居民带来舒适、健康、环保、高效、美观的居住环境。

小区绿化面积大,绿化率高,环境建设卫生、清洁、整齐、美观,人与自然和谐相处。

最后,注重建设一个安全和谐的社区环境。

小区建立了社区巡防治安队,配置了小区保安队伍,形成了全社区群防群治的综治网络,切实做到了工作有组织、有安排、有有保障,遏制了违法犯罪,为小区居民生活安宁增加了可靠

的保障。

## 第二节　生态环境宣传教育和人们自觉行为形成

在改善社区文化建设时要注意利用多种方式广泛宣传生态文明建设的科普知识,从而将生态文明的理念渗透到各个层面,切实增强居民的生态忧患意识、参与意识和责任意识,树立全民的生态文明观、道德观、价值观,形成人与自然和谐相处的生活方式,使生态环境建设和环境保护成为人民群众的自觉行为。

### 一、进行生态意识文明、生态法制文明、生态行为文明宣传教育

坚持从生态意识文明、生态法制文明、生态行为文明三个方面进行宣传教育,引导社区居民树立生态文明观念,自觉参与生态文明建设。

### 二、采用群众喜闻乐见的方式把生态文明观念普及到普通群众中

充分利用广场的人气聚集的优势,开展各种文艺演出、诗歌朗诵等以"树文明新风"为主题的文化活动。在小区,还可举办订报纸宣传会等活动,以此增强小区居民的相互沟通和感情交流。社区文化的发展是一个系统工程。只有运用辩证的分析手法,把社区文化的各个组成部分结合起来考虑,才能统筹兼顾社区生态文化的发展。

（一）软件建设与硬件建设相结合

软件是指那些没有物化形态存在的内容,如思想理论、道德规范、习惯礼俗、行为模式、科学技术和某些种类的艺术等。硬件则是指凝结着人们精神劳动成果的物化了的劳动产品和人们从事精神文化活动所需的物质条件,前者可充分体现人们丰富而深刻的精神文化内涵,后者如图书室、活动室、广场及其内部的各种相应的设施等物质性内容。社区文化建设中,须软件、硬件同时

抓好,而且要相互协调统一,发挥应有效能。

（二）整体规划与主体发展相结合

整体规划就是要在总体上对社区文化设施和文化活动有一个通盘的安排,要坚持"两手抓、两手硬"的原则,促进相互协调发展。要适时引进专业文化、艺术团体来社区开展交流与演出,支持并推动高雅文化的发展,做到雅俗共赏,普及与提高相结合。如果把这些具有进步意义的特色的文化资源加以整合,必然能产生更大的提升作用,从而使社区文化建设跃上一个新台阶。

（三）环境感化与理念灌输相结合

首先要使活跃的社区文化活动不断升温,用更加贴近居民、贴近实际、贴近生活的活动来吸引居民参与,在参与中慢慢地培养他们对社区的情感;其次要充分发挥各类社区教育阵地的思想教育作用,让居民意识到社区家园对个人生活和自身完善具有多大的意义,从而自觉地走出家门去积极参与;最后要发挥社区组织的协调、沟通作用,落实好各部门对社区文化发展的各项要求,及时了解居民对社区文化建设的需求,使各项政策更为贴近现实、贴近居民,快速、有效地解决现实问题,满足居民需要。

（四）创造文化与享受文化相结合

要以人为本,努力营造条件实现居民应有的创造和享受文化的权利。

首先,要最大限度地发挥广大业余文艺爱好者的作用。要始终不懈地为他们创造良好的创作空间和条件,鼓励他们创作出更多、更好的弘扬主旋律、体现时代精神、为广大居民喜闻乐见的文艺精品。

其次,要实现好、发展好居民享受文化的权利。大力构筑公共文化服务体系,着重建设一批小而精、多而全的文化设施,形成交错、点线结合、方便市民的文化服务网络,让居民足不出社区就能享受到公益性文化设施体系及公共服务给大家带来的便利。

（五）先进文化与特色文化相结合

发展先进社区文化，不仅要大力发展各类有益身心健康的大众化文化，潜移默化地影响社区成员健康文明的生活，培养其高尚的思想情操和道德伦理，还要加强培育发展集思想性与艺术性、知识性与趣味性、教育性与娱乐性等为一体的社区文化，吸收更多的艺术精英到社区落户。发展特色文化，更是要发展不同层次、不同特色的文化，为不同的文化提供相应的表达场所、表达方式，促进社区文化的融洽和创新。

**三、把生态文明的宣传重点调整到青少年身上，不断巩固生态文明建设成果**

以宣传展示等方式，在社区青少年中大力弘扬爱国主义精神，使青少年在成长过程中自觉形成科学正确的生态文明观念。

加强为社区居民服务能力，巩固生态文明成果，贯彻落实科学发展观，核心是以人为本。通过创新体制机制，形成"人人为我，我为人人"的团结互助氛围。

（1）建立健全社区团结互助机制。开展公益活动，把温暖和爱心送给社区家庭。

（2）开展文化设施建设。居民群众的素质得到了提高，找到了快乐。

（3）开展特色文化活动，提高社区人居生活质量。

**四、把开展大型活动与推行日常文体活动相结合**

在构建社会主义和谐社会的过程中，高品位的文化氛围能提高一个城市的人居生活质量，提升一代人的精神境界，拉动一个地方的社会全面进步。为此，要保证社区群众文化工作的健康有序发展，可以把开展大型活动与推行日常文体活动相结合作为社区文化建设的强劲动力。

（一）让广场文化成为培育社区文化的一块沃土

社区内的广场、健身点及公共广场是居民室外活动的集中场所。良好的广场文化，不仅直接为居民所接受，更能吸引居民自发性地参与社区文化活动，提高居民的愉悦程度，增强居民对于社区的认知度和归属感。利用大礼拜和节庆长假，结合不同季节，组织开展丰富多彩的群众性文体活动，不断推广普及全民健身运动，让居民能唱的唱起来、能跳的跳起来、能动的动起来，小区里每当夜幕降临或旭日初升时，都能够随处可见跳舞、唱歌、练拳、学武术、舞剑、舞扇的，让健康向上的文化活动成为居民生活中不可或缺的"文化聚餐"。

（二）让文体活动队成为社区文化的主力军

社区要针对小区老同志喜爱文体活动的特点，把文化建设的侧重点放在加强老年活动团体的扶持上。把老年合唱团、老年豫剧团、老年舞蹈队、书画展组织好，让这些特色文化队成为受众面广的社会效益和亮点，营造文化氛围。

（三）让学习文化成为推动和谐社区文明进程的主阵地

把教育引导与创建学习型社区紧密结合，发挥"老年大学"分校、各类协会组织、文化站、图书阅览室的功能，组织"五老"（老教师、老劳模、老专家、老医生、老干部）开办各类知识讲座、技能培训班，有针对性地开展一些大型宣教活动。组织安全文化书画比赛、消防安全知识、职业病防治、交通规则、节能环保等宣教服务活动，学习《劳动法》《合同法》《治安处罚法》等法律法规，最大限度地满足居民不同层次、不同年龄段的学习需求。

（四）让邻里特色文化步入社区文化的主导行列

随着社区文化活动的蓬勃开展，居民的文化需求水平也在逐步提高。一种能及时反映人与人之间的人性交往的文化需求正逐步走入社区文化的主导行列,那就是以促进与家人之间、与邻里之间、与小区这个大家族之间的感情文化为目的的邻里文化。培育社区居民"友善亲和、关爱互助、和睦相处、文明和谐"的意识,形成以邻里文化建设为主线的文化活动平台。广泛开展"文明楼道""文明家庭""有为老人""好儿媳、好婆婆、好伴侣"等评选,既能改善邻里关系,又能增近大家的相互理解和相互沟通,增强大家参与社区建设的热情和积极性,使社区里邻帮邻、老帮老,大家互帮互助,乐安居的和谐氛围日趋浓厚。

近年来,不断加强都市社区生态文化环境建设,积极开展创建生态文化社区建设的活动,推动社会经济文化繁荣,提高了城市文化软实力,满足了人民群众日益增长的精神文化需求,更好地保障了人民基本的文化权益。社区生态文化环境建设充分发挥了基层组织的作用,把社区生态文化宣传和教育作为建设工作中的重点,进一步建设更加和谐的都市社区生态文化环境,帮助人们全面地、科学地认识和处理人与自然的关系,使人们在改造自然的活动中受到理性和道德的约束,自觉地处理好人与自然的关系,走可持续发展道路,这对社会健康持续发展具有重大的积极意义。

# 参考文献

[1]刘信古,李留记,张冠华,张德礼.文学原理教程.郑州:河南人民出版社,1993.

[2]张岱年,程宜山.中国文化与文化论争.北京:中国人民大学出版社,1990.

[3]张中利,宗文举.中西文化概论.天津:天津大学出版社,2002.

[4]葛兆光.禅宗与中国文化.上海:上海人民出版社,1986.

[5]宗白华.美学与意境.北京:人民出版社,1988.

[6]汤一介.从中国传统哲学的基本命题看中国传统哲学的特点.北京:三联书店,1988.

[7]袁行霈.中国诗歌研究.北京:北京大学出版社,1996.

[8]陈建宪.文化学教程.武汉:华中师范大学出版社,2004.

[9]叶朗.现代美学体系.北京:北京大学出版社,1988.

[10]朱立元.接受美学.上海:上海人民出版社,1989.

[11][美]威尔伯·施拉姆,威廉·波特.传播学概论.北京:新华出版社,1984.

[12]成中英.全球化中的东西方文化差异与交融.中国海洋大学学报(社会科学版),2004(6).

[13]蓝凡.中西戏剧比较论稿.上海:学林出版社,1992.

[14]钱钟书.谈艺录.北京:中华书局,1984.

[15]骈宇骞,王建宇等译注.孙子兵法·孙膑兵法.北京:中华书局,2006.

[16]袁晖,李熙宗.汉语语体概论.北京:商务印书馆,2005.

[17]伍蠡甫.西方文论选.上海:上海译文出版社,1979.

[18]叶征芳.现代审美意识的觉醒.合肥:华夏出版社,安徽文艺出版社,1995.

［19］朱立元.现代西方美学史.上海：上海文艺出版社,1993.

［20］马克思.1884年经济学—哲学手稿.北京：人民出版社,1995.

［21］阴法鲁,许树安.中国古代文化史.北京：北京大学出版社,1989.

［22］靳怀春.中华文化与水.武汉：长江出版社,2005.

［23］叶纯之,蒋一民.音乐美学导论.北京：北京大学出版社,1988.

［24］饶尚宽译注.老子.北京：中华书局,2006.

［25］丹纳.艺术哲学.北京：人民文学出版社,1983.

［26］刘乃河.中原文化与传统文化.北京：高等教育出版社,1996.

［27］张前,王次熠.音乐美学基础.北京：人民音乐出版社,1998.

［28］谭霈生.论戏剧性.北京：北京大学出版社,1984.

［29］金开诚.文艺心理学论稿.北京：北京大学出版社,1982.

［30］冯天瑜.中华文化史(第3版).上海：上海人民出版社,2010.

［31］李宗新.再探中华水文化(上).海河水利,2002(2).

［32］黄佐临.导演的话.上海：上海文艺出版社,1979.

［33］施耐庵,罗贯中.水浒传(修订3版).北京：人民文学出版社,2010.

［34］罗贯中.三国演义(修订3版).北京：人民文学出版社,2010.

# 后　记

本书是在我长期教学和科学研究的基础上完成的。在其即将付梓之际，不由得想起研究生导师对我的培养、教诲和关爱。读书期间，我的研究生导师郑州大学张冠华教授的言传身教、谆谆教导，使我终身受益。参加工作后，冠华教授还时常关心我的教学和科研工作。

感谢家人多年来的理解、支持和奉献，给我提供了一个良好的学习环境和条件，使我安心工作，我将终生感谢他们。

由于中国传统文化研究涉及多学科且内容繁杂，加之文献资料和作者的知识水平所限，本书难免出现这样或那样的不足，敬请各位专家学者和读者们批评指正。

舒坤尧

2015 年 5 月

于华北水利水电大学